KB216764

정말 구원받았습니까

정말 구원받았습니까

저자 양형주

초판 1판 1쇄 발행 2021. 4. 2.
개정증보판 1쇄 발행 2023. 11. 1.

발행처 도서출판 브니엘
발행인 권혁선

책임편집 김지연
책임교정 조은경

등록번호 서울 제2006-50호
등록일자 2006. 9. 11.

서울특별시 송파구 백제고분로28길 25 B101호 (05590)
마케팅부 02)421-3436
편집부 02)421-3487
팩시밀리 02)421-3438

ISBN 979-11-93092-11-8 03230

독자의견 02)421-3487
이메일 editorkhs@empal.com

북카페 주소 cafe.naver.com/penielpub.cafe
인스타그램 @peniel_books

도서출판 브니엘은 독자들의 원고를 설레는 마음으로 기다리고 있습니다.
위의 이메일로 간단한 기획 내용 및 원고, 연락처 등을 보내주십시오.

도서출판 브니엘은 갓구운 빵처럼 항상 신선한 책만을 고집합니다.

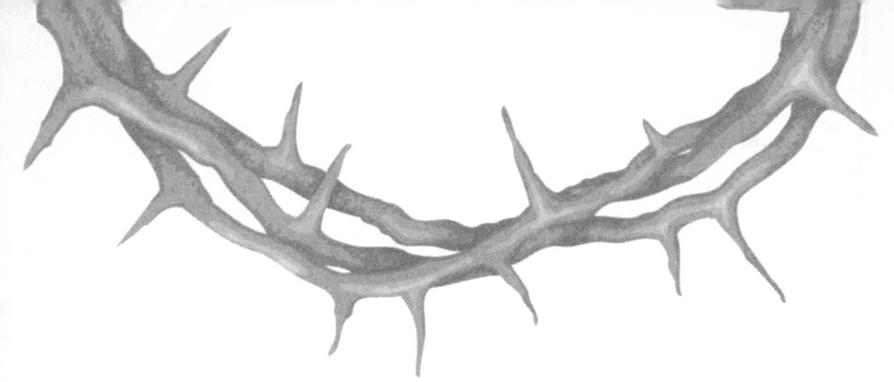

정말 구원받았습니까

작은 속삭임에도 흔들리는 믿음, 나는 과연 구원받았는가?
구원은 감정이 아니라 말씀에 대한 확신에서 찾아온다.

양형주 | 지음

| 추천의 글 |

성경이 말씀하는 구원은 오직 믿음으로 예수 안에 들어갈 때 주어지고 누리는 것이다. 예수 안에서 천국 복락도 누린다. 지옥에 안 가기 위해서 천국에 가는 것이 아니고, 천국이 아닌 것이 지옥이다. 즉 예수가 없는 자가 지옥에 간다. 믿음으로 예수와 연합하는 것만이 구원이고 천국이다. 그 외의 것은 은혜의 구원이 아니고 그리스도의 복음이 아니다. 그동안 독자들에게 백신시리즈로 잘 알려진 양형주 목사의 「정말 구원받았습니까」는 오늘날 많은 교인이 혼란스러워하는 구원론 문제를 교과서적인 말보다는 현장감 있는 접근과 표현으로 일깨워주고 있다. 많은 혼란이 있다는 말은 구원 교리가 제대로 정립되지 못했다는 반증임을 저자는 정확히 진단하고, 이에 대한 처방을 내리고 있다. 삶의 현장을 직시하는 예리함과 교인들의 영적 건강을 염려하는 목회자의 따스함이 느껴지는 책이다. 구원에 관심 있는 사람이라면 꼭 읽어야 할 필독서이다.

강웅산 교수 _ 총신대학교, 조직신학

19세기 말 100만 명에게 복음을 전한 전도자 무디(D. L. Moody)는 "오늘 내가 성경을 붙잡고 읽어두면 내일은 성경이 나를 붙잡고 읽어준다"라고 말했다. 성경을 붙잡지 않는 사람은 의심, 두려움, 혼란의 삶을 살아갈 수밖에 없다. 물론 그 배후에는 하나님을 대적하는 사탄이 있다. 정통신학과 신앙은 철저히 예수 그리스도 중심적이다. 성경 메시지의 중심에는 언제나 예수 그리스도가 계신다. 교회사적으로 이단들은 성경과 다른 구원을 가르쳤다. 정통교회는 인간의 완전타락(total depravity), 하나님의 공의와 사랑, 하나님의 전적인 은혜(irresistible grace), 예수 그리스도의 대속적인 죽음으로 값없이 받는 구원(salvation freely given), 믿음으로 의롭게 됨(justification by only faith), 그리고 하나님 은혜 안에서 지킴을 받는 구원(perseverance of saints)의 진리를 굳게 붙잡고 세상에 전해야 한다. 양형주 목사는 모든 것을 평가하는 기준에 성경을 두고, 교회사적으로 존재해온 비성경적 구원론의 거짓됨을 쉽게 풀어내고 있다. 이토록 구원에 관한 현장의 고민을 명쾌하게 풀어낸 책을 찾기 쉽지 않다. 적극 추천한다.

김승호 교수 _ 한국성서대학교, 한국복음주의선교신학회 증경회장

이 책은 기독교 구원론에 대한 오해와 왜곡을 바로잡기 위한 연구다. 한국교회는 구원론을 강조하지만 구원론을 제대로 가르치지 않아 각종 이단, 사이비들에 쉽게 빠지는 성도들이 적지 않고, 계속 생겨나고 있다. 잘못된 구원론은 종종 성경의 한두 구절, 혹은 어떤 한 측면을 확대, 해석하거나 중요한 구절을 제대로 이해하지 못해서

생겨난다. 이 책은 신약성경의 구원론을 전체적으로 다루면서 동시에 이런 오류들을 바로잡아주는 귀한 역할을 한다. 저자는 성서학자로서 성경을 다룰 뿐 아니라 평소 성도들이 궁금하게 생각하는 질문들에 대답하기 위해 성서학자의 영역을 넘어선 조직신학과 선교신학의 토론 주제들도 다룬다. 한국교회를 더 건강하게 바로 세우는 일에 귀한 보탬이 되는 책을 쓴 저자에게 감사한다.

김철홍 교수 _ 장로회신학대학교, 신약학

지금 한국교회는 부흥시대를 막 지나온 시점에서 잠시 길을 잃고 있다. 구원의 감격과 교회의 양적 성장에서 비롯한 자신감과 기대는 허물어져 의심과 체념이 당연한 분위기가 되었다. 구원을 내세도피적인 것으로만 여겨 자신을 안심시키는 주관적 감상주의에 빠지는 경향도 늘어나고 있다. 무엇보다 진리에 기초한 바른 구원의 감격을 회복하여야 한다. 건강한 구원론에 관한 한 근래에 보기 드문 보석을 발견한 기분이다. 우리에게 주어진 구원을 책임 있게 살아가야 한다고 다짐하며 다시 구원론을 펼친다. 오랜 시간 목회현장에서 씨름하며 빚어낸 저자의 균형 잡힌 구원론의 일독을 권한다.

박영선 목사 _ 남포교회 원로목사

「정말 구원받았습니까」는 흡사 성서학자, 조직신학자, 그리고 현장목회자의 열띤 대화의 성찬을 맛보는 듯한 귀한 경험을 독자에게 선사한다. 성서가 담고 있는 다양한 구원론적 개념에 관심 있는 성도에게는 성서적 전거를 하나하나 살피는 저자의 꼼꼼한 주석적 작업이 큰 도움이 될 것이다. 기독교 신앙의 구원론을 변화하는 시대적 상황에 맞추어 재확립하려는 독자에게는 저자가 제시하는 개혁신학적 관점이 친절한 길잡이가 될 것이다. 이러한 성서학 및 조직신학적 작업의 근저에는 이 주제를 놓고 긴 시간 목회현장에서 치열하게 부딪히고 고민해온 저자의 실천적 고뇌와 성찰이 깊게 서려 있다. 참된 구원을 논하는 이 책이 한국교회에 꼭 필요한 백신으로서 그 사명을 감당하리라 기대한다. 기쁜 마음으로 이 책을 추천한다.

박찬석 교수 _ 미국 우스터대학, 성서학

존경하는 양형주 목사가 「바이블 백신 1, 2」와 「평신도를 위한 쉬운 요한계시록」에 이어 이단교리를 낱낱이 파헤치고 바른 구원론을 정립시키고자 다시금 옥고를 저술함에 진심으로 축하드린다. 이단들은 주로 삼위일체론, 기독론, 구원론을 잘못 설정하여 진리를 왜곡되게 호도함으로써 미혹된 무리들이 멸망을 향해 치닫게 한다. 그 가운데 구원론은 신앙의 근간을 이루는 가장 중요한 부분인 만큼 이단들의 집요한 공격이 많다. 본서는 성도의 구원을 흔드는 온갖 공격으로부터 소중한 신앙을 너끈히 보호하고 지켜줄 수 있는 호심경의 역할을 하기에 충분하다고 사료된다. 저자의 애끓는 구령 열정과 올바른 진리의 나침반을 제시하고자 하는 파수꾼의 모습에 경탄을 자아내게 한다. 이 시대와 한국교회에 적극 추천한다.

심상효 목사 _ 예장통합 이단사이비대책위원장

「바이블 백신」에 이어 양형주 목사의 또 다른 귀한 저작 「정말 구원받았습니까」가 출간된 것을 축하하며 일독을 권한다. 오늘날 한국의 많은 이단이 "구원받았습니까?"라고 질문하고 이에 대한 잘못된 대답을 제시하며 신자들을 유혹하고 있다. 「정말 구원받았습니까」는 이 질문에 대한 성경의 바른 해석과 정통신학의 바른 교리를 탐구하여 이를 요약적으로 제시한다. 독자들은 복음이 제시하는 확실한 구원이 무엇인지 쉽게 이해하고 이를 견고하게 붙들게 될 것이라 확신한다. 본서를 통해 한국교회가 더욱 건강한 교회로 세워지길 기원한다.

안상혁 교수 _ 합동신학대학원대학교, 역사신학

구원은 성경에서 제시하는 올바른 믿음의 열매다. 문제는 우리가 사는 시대가 오염된 믿음, 비성경적인 믿음, 심지어 이단적 믿음이 성행한다는 사실이다. 이러한 영적 춘추전국시대에 성도들의 건강한 믿음의 출발과 보존과 성숙을 위한 바른 지침이 그 어느 때보다 필요하다. 이러한 때 진리의 나침반과 같은 역할을 하는 소중한 책 「정말 구원받았습니까」가 양형주 목사의 치열한 분투 가운데 출판되었다. 양형주 목사는 진리를 왜곡하는 이단과의 치열한 싸움의 최전방에서 씨름하는 가운데 이 책을 출간하였다. 바른 구원을 제대로 알고 하나님의 진리로 무장되기를 갈망하는 분들에게 강력하게 추천한다.

오정호 목사 _ 새로남교회, 미래목회포럼 대표

양형주 목사와 본서를 추천하게 된 것을 개인적으로 매우 기쁘게 생각한다. 본서의 저자 양형주 목사는 성경 진리와 예수 그리스도의 피 묻은 복음에 대한 깊은 확신과 뜨거운 열정을 소유하신 분이다. 청년목회와 일반 목회적 차원에서도 신뢰할 수 있는 탁월한 지도자이며, 신학과 학문적 차원에서도 권위 있는 전문가다. 무엇보다 이 시대 영적 전쟁의 최전선에서 비진리와 이단에 대항하여 거룩한 싸움을 수행하고 있는 영적 전사다.

평소 한국교회 내에 있는 구원론의 심각한 혼란과 극심한 혼돈에 대해서 깊은 우려를 가지고 있었다. 한국교회 일각에서는 여전히 율법주의적 · 공로주의적 구원관이 깊이 뿌리를 내리고 있고, 다른 일각에서는 율법폐기론적 방종주의가 기승을 부리고 있다. 이런 상황에서 본서는 구원론의 혼란과 혼돈을 일소하고, 성경적 구원론을 견고하게 세우는 데 놀라운 공헌을 하게 될 것이라 믿어 의심치 않는다. 특별히 천주교를 비롯한 각종 이단들의 잘못된 구원론을 체계적으로 분석하고 비판한 것은 이 책의 여러 장점 중 하나다. 더 나아가 오직 은혜와 오직 믿음, 그리고 오직 예수 그리스도로 말미암는 구원의 도리를 정확하게 진술하고 있다. 학술적인 문체를 지양하고, 독자들이 읽기 쉬운 문체를 사용한 것 또한 강점이다.

본서를 통해서 무너진 한국교회의 구원론이 바르게 세워지는 역사가 시작되기를 바란다. 그리고 사랑하는 우리 주님께서 본서를 높이 들어 사용하셔서 당신의 몸 되고 신부된 교회를 한 번 더 새롭게 회복시켜주시길 간절히 기원한다. 교회 지도자와 일반 성도들 모두가 반드시 읽어야 할 필독서로 적극 추천한다.

정성욱 교수 _ 덴버신학대학원 조직신학

전문가와 비전문가의 차이는 '디테일'에서 갈린다. 그런 면에서 양형주 목사는 고도의 전문적인 이단대처 사역자다. 어떤 이단단체의 논리도 그는 두루뭉수리 다루는 법이 없다. 수박 겉핥기식이 아니라 단어 하나하나에 담긴 이단 단체들의 핵심적인 개념을 간파하고 파쇄하며 성경적으로 세밀하고 치밀하게 세워갈 줄 아는 몇 안 되는 귀한 이단 사역자다. 그런 그가 구원론을 다룬 책을 냈다. 이 책의 첫 번째 파트에서는 '아무나 흔드는 나의 구원'이란 주제로 바른 구원론을 왜곡하는 가르침을 제시하고 그에 대해 반증한다. 여기서 그는 이단 · 사이비 단체들이 구원론을 흔들기 위해 자주 사용하는 성경 구절들을 총망라한다. 이에 대한 바른 이해를 따라가다 보면 이단 · 사이비들의 잘못된 접근을 예방하는 것은 물론, 두려움과 공포를 자극했던 성경 구절에 대한 왜곡과 오해에서 벗어나게 될 것이다. 두 번째 파트에서는 구원의 참된 의미를 밝히며, 성도들로 고난과 역경이 끊이지 않는 이 세상에서 새 하늘과 새 땅을 소망하며 구원의 확신과 풍성함 속에 살도록 독려한다. 이단은 예방이 최선이다. 양 목사의 저서를 통해 성도들이 바른 구원의 확신을 얻는 것은 물론, 이단 · 사이비들의 구원론과 관련한 어떤 공격에도 끄떡없는 성도들이 되시리라 확신한다.

정윤석 _ 〈기독교포털뉴스〉 대표기자

양형주 목사의 옥저 「정말 구원받았습니까」를 크게 두 가지 이유로 추천한다. 첫째, 본서의 저자가 양형주 목사이기 때문이다. 신학자는 신학이론에는 강하지만 목회와 선교현장에서 실천력이 부족하기 쉽고, 목회자와 선교사는 사역현장에는 강하지만 신학이론에 취약하기 쉽다. 그러나 양형주 목사는 목회와 선교현장에서 탁월한 실천력을 발휘하면서도, 항상 훌륭한 신앙과 탁월한 신학이론을 겸비한 분이기에 이 책을 추천한다. 둘째, 구원론 전반을 담고 있는 본서의 내용과 구성 때문이다. 본서는 바른 성경주석과 복음주의적이면서도 개혁신학적인 입장에 기초하여 저술되었을 뿐만 아니라 목회적이면서도 실천적이고도 선교적인 안목을 가지고 저술되었다. 구원론에 관한한 이런 책을 만나기 쉽지 않다. 나는 기쁨과 확신을 가지고 모든 그리스도인, 모든 신학도, 모든 목회자, 모든 신학자에게 본서의 일독을 강력하게 권해 드린다.

최윤배 교수 _ 장로회신학대학교 조직신학

| 프롤로그 | 당신은 정말 구원받았습니까?

"정말 구원받았습니까?" 이 질문은 이단들이 성도들을 미혹할 때 흔히 사용하는 질문 중 하나다. 처음에는 "구원받았습니까?" "구원의 확신이 있습니까?"라는 질문으로 접근한다. 대부분 "그렇다"고 대답한다. 그러나 "정말 구원받았습니까?"라는 질문에는 자신 없어 흔들리는 성도가 많다. 이 질문에 흔들리면 이단은 교묘한 논리로 지금 우리가 가진 확신으로는 결코 구원에 이르지 못하고 지옥에 간다는 두려움을 심는다. 두려움에 사로잡힌 성도는 구원을 얻으려면 어떻게 해야 하느냐고 묻는다. 결국 이들은 오직 말씀밖에 없다고 하면서 자신들의 독성 있는 왜곡된 성경 공부로 안내한다.

이 질문이 꽤 효과적임을 간파한 이단들은 성도들을 미혹할 때 "정말 구원받았습니까?" 또는 "정말 구원의 확신이 있습니까?"라는 질문을 자주 던진다. 이 질문에 자신 있게 대답하지 못하면 당신은 그 이후에 이들이 전개하는 당혹스러운 왜곡된 다양한 논리에 무방

비로 노출될 가능성이 크다.

“정말 구원받았습니까?”라는 질문은 최근 들어 교회 내에서도 점차 성도들을 불안에 떨게 하는 질문이 되어가고 있다. 내가 섬기는 〈바이블백신센터〉에 걸려오는 신앙상담 전화를 받아보면 최근 들어 이단에 대한 상담 못지않게 구원 문제에 대한 상담이 늘어가고 있다. 교회에 다니는 성도들이 구원의 확신을 갖지 못하고 지옥에 갈까 두려워 떠는 경우가 점점 늘어나고 있는 것이다. 이런 상담은 대부분 666, 베리칩, 일루미나티 등의 시한부 종말론과 음모론 레퍼토리와 긴밀하게 연결되기도 한다. 상당수는 왜곡된 구원관을 퍼뜨리는 유튜브에 영향을 받는 경우가 많다.

주목할 것은 사역자 가운데도 의외로 많은 이가 왜곡된 구원관과 시한부 종말론에 휘둘리는 경우가 있더라는 점이다. 전에 어느 교회의 담임목사에게 전화를 받았다. 그 목사님은 성도의 구원 문제에 대해 이런저런 이야기를 하다가 결론적으로 이렇게 권면했다.

“목사님, 우리 정신 차리고 똑바로 합시다. 우리도 자칫하면 지옥 가잖아요. 목사님도 지옥 가지 않도록 조심하세요!”

알고 보니 그 목사님은 날마다 자신이 목회하는 교회에서 왜곡된 구원론과 시한부 종말론을 설교하였고, 두려움에 견디지 못한 성도가 하나둘씩 교회를 떠나 결국 교회 문을 닫을 지경까지 되었다. 믿는 성도라 하더라도 자칫하면 지옥에 가니 정신 똑바로 차리라고 날마다 성도들을 두려움에 떨게 하고 겁박했던 것이다.

내가 잘 아는 동기 목사 하나도 이런 왜곡된 구원론에 깊이 빠져 있었다. 전에 그와 함께 어느 세미나에 갔다가 같이 방을 쓴 적이 있었는데, 자기 전 그는 방에 누워 무엇인가를 열심히 탐독하고 있었다. 무슨 책이냐고 했더니 보여주는데, 제목이 「지옥에 가는 크리스천들」(변승우, 서울: 큰믿음출판사, 2011)이었다. 그는 내게 정색을 하고 말했다.

"양 목사, 내가 봐도 지옥에 갈 성도들이 많아. 양 목사도 지옥 가지 않도록 깨어 있어."

이때 꽤 충격을 받았다. 이 일이 있고 그는 가끔 전화를 걸어, 곧 "주님이 오시니 지옥 가지 않도록 깨어 있으라"고 하며, '베리칩' 을 받지 말라고 신신당부했다.

그러던 어느 날, 교단신문을 보고 깜짝 놀랐다. 목사면직 공고에 나에게 지옥 가면 안 된다고 신신당부하던 바로 그의 이름이 올라와 있었던 것이다. 얘기를 나누려 했지만 전화를 받지 않았다. 알고 보니 교회에서 지옥과 재림을 설교하며 교인들을 겁박하다 교회를 큰 혼란과 어려움에 빠뜨렸고, 거의 쫓겨나다시피 하였다. 백 명이 넘는 교인들이 거의 다 떠나 흩어졌고, 소수의 인원만 남아 있었다. 그 목사는 주변 사람들과는 연락을 두절하고 어느 기도원으로 들어갔다고 한다. 그렇게 열심히 지옥 가지 말라고 주변에 전하며 자신이 섬기던 교회에도 그렇게 가르쳤음에도 그 열매가 좋지 않았다.

구원은 하나님이 우리에게 주신 가장 귀한 선물이지만 그 귀한 선물이 너무나도 많은 오해를 받고 있다. 이런 오해는 최근 코로나로 촉발된 국내외 위기 상황과 함께 갑자기 찾아온 비대면 시대를 맞이하여 더욱 증폭되고 있다. 이럴 때일수록 신자는 하나님이 믿는 자에게 주시는 소중한 선물인 구원을 바로 알고, 바른 확신 가운데 거하기 위해 힘써야 한다. 그렇지 않으면 비대면 시대에 랜선을 타고 미혹과 거짓에 흔들리는 성도가 많아질 것이다.

무엇보다 올바른 구원론 위에 우리의 신앙을 세워가야 한다. 이를 위해서는 크게 두 가지가 필요하다. 먼저는 구원의 확신을 빼앗는 그릇된 가르침이 무엇인지를 분별하고 이에 대한 바른 이해를 정립하는 일이다. 둘째는 하나님이 성도에게 주신 구원의 길이와 높이와 깊이가 어떠한지 그 풍성함과 충만함을 발견하는 일이다. 그리하여 우리의 구원이 단순히 영혼 구원만이 아닌 하나님께서 태초부터 갖고 계셨던 더 크고 넓은 은혜임을 깨달아야 한다.

본서는 크게 두 부분으로 나뉘어 있다. 제1부 '아무나 흔드는 나의 구원'에는 신자의 구원을 흔드는 다양한 가르침을 크게 다섯 가지 유형으로 분류한 후, 이에 대한 바른 반증을 함께 제시하였다. '구원의 불안감을 증폭시키는 가르침' '구원의 두 단계를 강조하는 가르침' '날과 절기를 지켜야 구원 얻음을 강조하는 가르침' '새로운 구원을 강조하는 가르침' '깨달음의 구원을 강조하는 가르침' 등이다. 이러한 주장들을 검토하고 반증을 따라가다 보면 요즘 신자들의 구원을 흔드는 미혹된 가르침에 대한 거룩한 항체를 형성할 수 있을 것이다. 반증은 개혁신학적 구원론에 기초하였다. 후반 제2부 '흔들 수 없는 구원의 견고한 기초 세우기'에는 구원에 대한 바른 이해를 토대로 구원이 단지 지옥에 가지 않는 차원으로 그치는 것이 아니라 더 크고 넓은 풍성한 차원이 있음을 살핀다. 신자라면 구원의 확신 안에 거함은 물론이거니와 더 나아가 구원이 가져오는 풍성한 삶의 확신 가운데 거하며 경이로운 신자의 삶을 만끽해야 한다.

이 책이 나오기까지 많은 이의 도움이 있었다. 곁에서 묵묵히 기도하며 격려해준 사랑하는 아내와 가족에게 감사드린다. 또한 내가 섬기는 대전도안교회 성도들께 깊이 감사드린다. 구원에 대한 고민과 어려움을 토로하고 함께 이야기 나누며 말씀을 나누었던 보석 같은 성도들이 없었다면 이 책은 세상에 빛을 보지 못했을지 모른다. 부족한 나를 도우며 함께 하나님의 구원역사를 이루어가는 대전도안교회의 동역자들께도 심심한 감사를 드린다. 또 이 책의 내용을 검토하고 추천사를 써주신 강응산 교수님(총신대), 김승호 교수님(한국성서대), 김철홍 교수님(장신대), 박영선 목사님(남포교회), 박찬석 교수님(미국 우스터대), 심상효 목사님(통합 이단사이비대책위원장), 안상혁 교수님(합동신학교), 오정호 목사님(새로남교회), 정성욱 교수님(미국 덴버신학대학원), 정윤석 대표기자(기독교포털뉴스), 최윤배 교수님(장신대)께도 깊이 감사드린다.

특별히 한국교회의 구원론 문제의 심각성을 인지하고 이 책의 내용을 꼼꼼히 검토하여 아낌없는 조언과 제언을 주신 소중한 분들께 감사드린다. 장신대 김철홍 교수님은 연구의 해로 해외에 있으면서도 이 책의 원고를 꼼꼼히 검토하고 국제전화로 유용한 조언들을 주셨다. 칼빈신학의 대가인 최윤배 교수님도 본서의 내용을 꼼꼼히 검토하고 소중한 통찰을 주셨다. 총신대 강응산 교수께도 깊이 감사드린다. 내가 구원론을 집필하며 막히는 문제들에 대해 조언을 구할 때 바른 개혁신학의 입장에서 소중한 조언을 아낌없이 주셨다. 덴버신학교의 정성욱 교수께도 감사드린다. 조국 교회에 개혁신학에 기초한 바른 구원론이 점점 흔들리는 것을 우려하던 중 본서의 내용을 보고 크게 반겨주셨다. 수차례 온라인 화상회의 줌(Zoom)으로 여러 시간을 회의하며 구원론에 대한 아낌없는 조언과 애정어린 격려를 해주셨다. 이처럼 여러분의 도움과 격려가 없었으면 이 책은 세상에 나올 수 없었을 것이다. 본서는 사랑의 빚으로 나온 책이다.

하나님께서 우리에게 주시려는 구원 계획은 사람의 생각보다 크다. 신자는 단순히 지옥에 가지 않는 차원에서 그칠 것이 아니라 성령께서 가져다주시는 새 창조의 크고 놀라운 능력과 은혜를 맛보며 몸의 부활에 대한 소망 가운데 거해야 한다. 부디 이 책을 통해 구원을 잃을 것에 대한 두려움에서 벗어나 구원의 기쁨과 확신, 그리고 벅찬 소망 가운데 거하는 성도가 많아지길 바란다.

글쓴이 양형주 드림

C·O·N·T·E·N·T·S

차 례

〉〉〉 Part 2. 흔들 수 없는 구원의 견고한 기초 세우기

구원의 불안감을 증폭시키는 가르침 | 구원의 두 단계를 강조하는 가르침

날과 절기를 지켜야 구원 얻음을 강조하는 가르침 | 새로운 구원을 강조하는 가르침

깨달음의 구원을 강조하는 가르침 | 구원에 관한 알쏭달쏭한 질문들

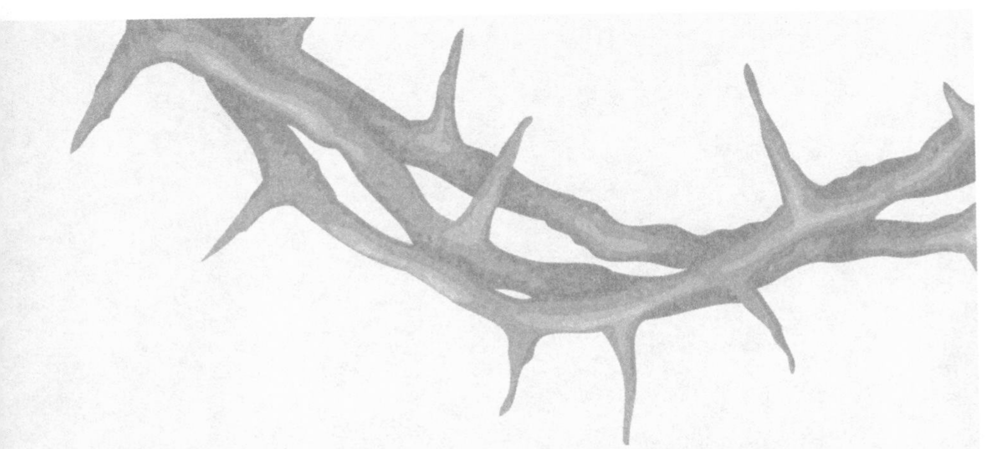

P·A·R·T·1

아무나 흔드는 나의 구원

〉〉〉 CHAPTER · 01

구원의 불안감을 증폭시키는 가르침

전에 한 청년의 요청으로 신앙상담을 했다. 이 청년은 자신이 구원받지 못할 것이라는 두려움으로 벌벌 떨고 있었다. 분명 예수 그리스도의 십자가와 부활을 믿고, 예수님을 자신의 구세주로 고백하고 있음에도 여전히 지옥에 갈 것 같은 두려움에 밤잠을 못 잘 정도였다. 구원받지 못할 것 같다는 이유를 물어보았다. 아무리 결심해도 반복적으로 죄에 빠지고 거룩하게 살지 못하는 모습에 실망했기 때문이라고 했다. 그리고 하나님도 이런 사람을 그냥 두지 않으실 것이라고 하면서 성경 구절을 인용하기 시작했다.

이런 식이었다. 성경은 "나더러 주여 주여 하는 자마다 다 천국에 들어갈 것이 아니요 다만 하늘에 계신 내 아버지의 뜻대로 행하는 자라야 들어가리라"(마 7:21)고 말씀하셨다. 내가 아무리 입술로 '주님'이라고 고백해도 자신의 게으르고 부끄러운 행위로는 지옥 가게 생겼다는 것이다. 또 "두렵고 떨림으로 너희 구원을 이루라"(빌 2:12)고 했다. 이것은 성경이 말하는 구원이 그만큼 어려운 증거가 아니냐는 것이다. 게다가 한 번 죄를 지으면 다시 구원받을 수 없다고 말씀했고(히 10:26), 사도 바울도 "자신이 도리어 버림을 당할까 두려워함이로다"(고전 9:27)라고 했으니, 바울 같은 위대한 인물도 구원의 확신 없이 두려워했는데 어떻게 자신이 두렵지 않을 수 있겠느냐는 것이었다.

좀 이상했다. 이런 구절과 메시지는 보통의 건강한 교회에서는 그런 식으로 다루거나 강조하지 않기 때문이었다. 그런 생각을 하게 된 계기가 무엇일까? 알고 보니 유튜브였다. 이 청년은 유튜브에 나오는 어떤 사역자의 동영상에 심취해 있었다. 그 사역자가 반복적으로 던지는 메시지는 "똑바로 살지 않으면 지옥에 간다"는 것이었다. 좀 이상하다 싶어 알아보니 젊을 때 이단 단체에서 활동한 경력이 있는 사역자였다. 지금은 건강한 교단에서 사역한다고 하지만 여러 이단이 인용하는 성경 구절을 상당수 사용하고, 그릇된 구원론과 극단적 세대주의 종말사상이 그 배후에 자리 잡고 있었다. 일종의 독성이 섞여 있는 메시지였다. 이런 메시지에 심취한 청년의 하루하루 삶은 두려움과 불안이었다. 처음에는 정신이 번쩍 들었지만 들을수록 두려움이 엄습했다. 이러다 지옥 갈까 봐, 이러다 주님 오실 때 데려감을 당하지 못할까 봐 늘 불안해하고 떠느라 밤잠을 제대로 못 잘 지경까지 이른 것이다.

예수께서는 이런 두려움과 불안 가운데 살게 하려고 이 땅에 오셔서 우리를 구원하신 것이 아니다. 예수께서는 "내가 온 것은 양으로 생명을 얻게 하고 더 풍성히 얻게 하려는 것이라"(요 10:10)고 말씀하셨다. 이 말씀대로라면 풍성한 삶을 만끽해야 마땅하다. 하지만 이 청년은 풍성한 생명을 주기 위해 오신 예수를 구세주로 믿음에도, 그가 약속한 생명의 풍성함은커녕 구원받지 못할 것 같은 두려움으로 날마다 벌벌 떨고 있었다. 기억하라! 하나님이 우리에게 주신 것은 두려워하는 마음이 아니다(딤후 1:7). 그런데도 많은 성도가 구원받지 못할 것 같은 두려운 마음으로 신앙생활을 하고 있다.

그렇다면 구원의 불안감을 증폭시키는 주장에는 어떤 것이 있으며, 이들이 인용하는 성경 구절은 무엇일까? 이제 그 주장들을 하나하나 검토하며 바른 의미가 무엇인지 함께 살펴보려 한다. 그럴 때 우리는 두려움의 베일을 하나씩 벗겨낼 수 있을 것이다.

성경적 가르침과 거짓 교훈을 분별하려면

그릇된 해석과 거짓 가르침을 분별하려면 무엇보다 사도 바울이 선교했던 베뢰아 사람들의 태도에 주목할 필요가 있다.

"베뢰아에 있는 사람들은 데살로니가에 있는 사람들보다 더 너그러워서 간절한 마음으로 말씀을 받고 이것이 그러한가 하여 날마다 성경을 상고하므로"(행 17:11).

베뢰아 사람들은 사도 바울이 선포한 말씀이 과연 그러한가 성경을 날마다 상고하였다. 여기 '상고하다'(헬. 아나크리노)는 단어는 말씀 해석에 오류가 없는지 질문하고 검토하고 분별하며 신중하게 연구하는 행위를 의미한다. 우리는 성경을 인용하는 것과 성경적인 것을 분별해야 한다. 단순히 성경을 문자적으로 인용한다고 성경적인 것은 아니다. 자칫하면 괴상한 주장에 빠질 수 있다. 다음의 성경 구절을 살펴보자.

"유다가 은을 성소에 던져 넣고 물러가서 스스로 목매어 죽은 지라"(마 27:5).
"가서 너도 이와 같이 하라"(눅 10:37).
"순종이 제사보다 낫고"(삼상 15:22).
"사람마다 듣기는 속히 하고"(약 1:19).
"행함이 없는 믿음은 그 자체가 죽은 것이라"(약 2:17).

이상의 구절을 연결하면 무슨 말이 될까? 진짜 믿음이 있으면 망설임 없이 유다처럼 목매어 죽으라는 말이 된다. "어서 목매달아 죽으라" 하고 자신은 성경에 나와 있는 말씀을 선포할 뿐이라고 하면서 '자신이야말로 정말 성경적'이라고 주장하는 사람이 있다고 하자. 정상적인 사람이 들을 때 말도 안 되는 소리라고 할 것이다. 그러나 그 가운데 이러한 주장을 진지하게 들을 가능성이 있는 사람이 있다.

누굴까? 정말 진지하게 자살을 고민하는 사람이다. 자신의 자살을 정당화하기 위한 구절로 삼을 수 있는 것이다. 결국 병든 심령의 상태로 말씀을 접할 때 이런 미혹에 넘어가기 쉽다. 따라서 교묘한 이단적 가르침의 어떤 부분이 이상하게 끌릴 때 이렇게 끌리는 자신의 마음 상태를 세심하게 살펴보아야 한다.

위의 주장이 결코 자살하라는 말씀이 아니라는 것을 반증하려면 어떻게 해야 할까? 구절 하나하나를 베뢰아 사람들처럼 꼼꼼히 '상고하는' 작업이 필요하다. 단어의 의미는 물론이거니와 구절이 위치한 문단 전후의 흐름, 더 나아가 장과 책 전체의 큰 흐름과 연결시켜야 한다. 그렇다면 위의 구절들을 갖고 연습해보자.

우선 "가서 너도 이와 같이 하라"(눅 10:37)는 언뜻 듣기에 "너도 가서 가룟 유다와 같이 스스로 목매어 죽으라"는 명령 같지만 본래의 뜻은 바로 앞의 36절에 나타나는 것처럼 "가서 너도 선한 사마리아 사람처럼 강도 만난 사람의 이웃이 돼라"는 뜻이다. 문맥을 고려하지 않고 성급하게 연결하다가는 '선한 뜻을 행하라'는 말씀을 '목매어 죽으라'는 전혀 다른 말씀으로 왜곡하는 이런 해석의 오류에 빠진다.

이어지는 "순종이 제사보다 낫고"(삼상 15:22)는 자살하는 것이 제사보다 낫다는 뜻이 아니다. 사무엘상의 문맥을 살피면 하나님의 종 사무엘이 와서 제사를 집례하기까지 기다리며 하나님을 신뢰하는 것이 자신의 조급함과 성급함으로 선지자를 대신하여 제사를 집례하는 것보다 낫다는 뜻이다.

"사람마다 듣기는 속히 하고"(약 1:19)라는 말씀은 목매달아 죽기를 속히 하라는 뜻이 아니라 듣기는 속히 하되 말하기는 더디 하며 성내기도 더디 하라는 뜻이다. 뒤에 나오는 구절을 싹둑 잘라버리고 입맛에 맞게 짜깁기한 것이다. 이어지는 "행함이 없는 믿음은 그 자체가 죽은 것"(약 2:17)이라는 구절은 자살해야 믿음이 있다는 뜻이 아니라 그동안 믿음의 선한 행실 없이 말로만 믿음을 떠들었던 이들에게 우리의 믿음은 행위로 드러나야 바른 믿음이라며 행동의 변화를 촉구하는 말씀이다.

이처럼 성경 구절 하나의 본래 의미를 제대로 파악하려면 구절을 이루는 단어의 본뜻, 그리고 구절 전체의 의미와 함께 구절을 감싸는 전후의 의미를 파악해야 한다. 더 나아가 그 구절이 위치한 장 전체의 흐름과 함께 성경 각 권, 그리고 신구약성경 전체의 흐름을 고려해야 한다. 그럴 때 그 구절이 본래 의미하는 바를 '성경적'으로 이해할 수 있다.

기억하라! 성경 인용을 나열한다고 성경적인 것이 아니다. 문자적 인용에 불과할 뿐이다. 문자적 인용은 얼마든지 자신의 입맛에 꿰맞춰 궤변에 빠질 수 있음을 명심하자. 우리는 문자적 인용을 상고하며 본래 그 구절, 그 단어가 성경 전체의 맥락을 고려하여 올바르게 해석되었는지, 제대로 된 성경적 인용인지 아닌지 분별해야 한다.

히브리서는 성도들이 단단한 말씀을 받지 못하고 젖이나 먹는 상황이라고 탄식하며 장성한 자가 되어 단단한 음식을 섭취하라고 말씀한다.

"때가 오래 되었으므로 너희가 마땅히 선생이 되었을 터인데 너희가 다시 하나님의 말씀의 초보에 대하여 누구에게서 가르침을 받아야 할 처지이니 단단한 음식은 못 먹고 젖이나 먹어야 할 자가 되었도다. 이는 젖을 먹는 자마다 어린아이니 의의 말씀을 경험하지 못한 자요 단단한 음식은 장성한 자의 것이니 그들은 지각을 사용함으로 연단을 받아 선악을 분별하는 자들이니라"(히 5:12-14).

단단한 음식을 섭취하려면 조건이 있다. 지각을 사용하는 훈련을 받아 선악을 분별할 줄 알아야 한다(히 5:14). 지각이란 옳고 그름을 분별하는 이성적, 도덕적 기관을 말한다. 말씀을 받으면 무조건 덮어놓고 '아멘'할 것이 아니라 지각을 사용하여 전체의 흐름 가운데 이것이 과연 그러한지 바로 분별할 수 있는 역량을 훈련해야 한다. 이런 훈련이 없으면 우리는 계속해서 덮어놓고 '아멘'만을 외치기 쉽다. 젖을 떼지 못한 어린아이 같은 신앙에 머무를 가능성이 큰 것이다.

한 가지 예를 더 살펴보자. 이번에는 좀 더 정교하게 미혹하는 문자적 인용이다. 지각을 잘 발휘해 분별해보기 바란다.

"너희는 여호와의 책에서 찾아 읽어보라. 이것들 가운데서 빠진 것이 하나도 없고 제 짝이 없는 것이 없으리니 이는 여호와의 입이 이를 명령하셨고 그의 영이 이것들을 모으셨음이라"(사 34:16).

이 구절을 문자적으로 보면 하나님의 모든 말씀에는 짝이 있고 하나도 빠진 것이 없는데 이것을 제대로 찾을 때 하나님의 깊은 뜻을 제대로 깨닫고 통달할 수 있다는 뜻 같다. 하나님의 영이 이것들을 모으셨기에 성령의 감동으로 이 짝을 찾아야 하는데 이 시대에 특별한 성령의 영감과 계시를 받은 목자가 풀어주어야 비로소 말씀의 짝이 풀린다고 해석하는 것이다. 사실 이 구절은 대다수 이단 단체가 즐겨 인용하는 구절이기도 하다. 이 구절만 놓고 볼 때는 정말 그런 뜻 같다. 중요한 것은 16절에서 말하는 '이것들'이 무엇이냐 하는 것이다. 이것을 알려면 바로 앞 구절의 맥락을 함께 살펴야 한다. 그런데 바로 앞 구절 15절과 연결하면 좀 이상하다.

"부엉이가 거기에 깃들이고 알을 낳아 까서 그 그늘에 모으며 솔개들도 각각 제 짝과 함께 거기에 모이리라"(사 34:15).

아니, 16절에서 말씀의 짝을 이야기하는데 바로 전 15절에서 부엉이와 솔개들의 짝이 나오는 이유가 무엇일까? 15절과 16절에 공통으로 나오는 '짝'이란 무슨 뜻일까? '짝'에 해당하는 히브리어 단어 '레우트'는 암컷 짝(female companion)을 의미한다. NIV 영어성경에는 이를 'mate'로 진술한다. 이는 짐승의 암수 짝을 뜻한다. 즉 부엉이와 솔개들이 각각 '제 짝', 즉 암수 짝을 이루어 거기에 함께 모여 산다는 것이다. 그렇다면 '거기에'는 어디를 말할까? 이는 13절의 '그 궁궐'을 말한다. '그 궁궐'은 황폐하게 되어 가시나무가 나며, 엉겅퀴와 새품이 자라서 승냥이, 타조, 들짐승, 이리, 숫염소, 올빼미,

부엉이, 솔개 등이 각각 짝을 이루고 사는 야생과 같은 장소로 전락한다. 그렇다면 '그 궁궐'은 어느 궁궐을 말하는 것일까? 바로 '에돔의 시내'에 있는 궁궐을 말한다.

이를 이해하려면 34장 전체 내용을 이사야서 전체의 흐름 가운데 이해해야 한다. 이사야 13장부터 34장까지는 열방에 대한 하나님의 심판을 선언하는 내용이다. 그 심판의 끝자락인 34장은 이스라엘의 형제 나라 에돔에 대한 심판을 선언한다. 에돔은 형제 나라 유다를 이방제국에 넘긴 가증스러운 범죄에 대해 심판을 선고받는다. 심판이 일어날 때 만상이 사라지고 하늘들이 두루마리같이 말리며 대격변이 일어날 것이다(4절). 이때 에돔의 시내들은 변하여 역청이 되고 그 땅은 불붙는 역청이 되어 밤낮 불이 타올라 황폐하게 될 것이다(9-10절). 황폐하게 된 그 땅에는 아무도 지나다니는 사람이 없을 것이고 그 자리는 이제 들짐승이 차지하게 되는데, 이때 에돔의 황폐한 궁궐에는 승냥이, 이리, 타조, 올빼미, 부엉이, 솔개와 같은 각종 들짐승이 모여 살 것이다(13-15절). 하나님은 이 예언의 말씀에서 이런 짐승들이 빠진 것이 있는지 찾아보라고 하신다. 여기서 예언하신 들짐승이 하나도 빠짐없이 모두 에돔의 궁궐에 모여 살 것이다. 왜? 여호와의 입이 이를 명령하셨고 그의 거룩한 영이 모으실 것이기 때문이다(16절).

결국 이사야 34장 16절의 짝은 전후 문단의 흐름으로 볼 때 말씀의 짝이 아니라 짐승의 짝임이 분명하게 드러난다. 이처럼 성경 구절의 인용은 단어가 원래 의미하는 뜻과 함께 문단 전후의 맥락, 그리고 성경 각 권, 더 나아가 성경 전체의 흐름에 맞추어 이해할 때 바르게 해석할 수 있다.

자, 이러한 이해를 바탕으로 구원의 불안감을 증폭시키는 이들의 주장을 하나하나 상고하여 검토해보도록 하자.

주여 주여 하는 자마다 다 천국에 갈 것이 아니요 (마 7:21)

> "주여 주여 하는 자마다 다 천국에 들어갈 것이 아니요…. 내가 너희를 도무지 알지 못하니 불법을 행하는 자들아 내게서 떠나가라 하리라"(마 7:21,23).

이 구절은 구원의 불안감을 증폭시키려는 여러 사역자와 단체가 즐겨 사용하는 구절이다. 입술로 아무리 '주여 주여' 고백해봤자 온전한 행함 없이 불법을 행하면 주님께서 모른다고 하신다는 것이다. 더 나아가 말씀대로 제대로 살지 않는 자는 아무리 믿는 자라 하더라도 결단코 천국에 들어가지 못한다고 주장한다.[1]

이는 구원에 있어서 믿음의 중요성을 강조하는 갈라디아서의 말씀, 곧 "사람이 의롭게 되는 것은 율법의 행위로 말미암음이 아니요 오직 예수 그리스도를 믿음으로 말미암는다"(갈 2:16)는 말씀과 상당히 차이가 난다. 또한 "이 세상의 그 무엇도 우리를 그리스도 예수 안에 있는 하나님의 사랑에서 끊을 수 없다"(롬 8:39)고 하며 구원의 확실성을 강조한 로마서 말씀과도 차이가 난다. 마태복음 7장 21절과 23절은 구원의 확실성을 강조하는 다른 성경 구절과 대척점에 있는 것 같다.

그렇다면 이 구절에 대한 바른 이해는 어떻게 하는 것이 좋을까?

첫째, 이 구절이 위치한 문단(마 7:15-27)의 시작인 7장 15절부터 살필 필요가 있다. 이 문단은 '거짓 선지자들'을 삼가야 할 것에 대한 말씀이다. 거짓 선지자들이 온갖 그럴듯한 감언이설로 성도들을 미혹했지만 그들은 거짓 진리로 인해 나쁜 열매를 맺은 상태로 하나님 앞에 섰다. 지금도 온갖 이단의 거짓 선지자가 참 많다. 입으로는 영생을 말하고 새 하늘과 새 땅을 외치며 그럴듯하게 말하지만, 이들의 미혹을 받아 따라가는 신도의 삶은 처참하다. 이렇게 수많은 양들의 삶을 피폐하게 만든 거짓 선지자들을 향하여 주님은 '불법을 행하는 자들'이라 선언하시며 "내가 너희를 알지 못하니 떠나가라"고 판결하신다. 기억하라! '주여 주여 하는 자들'은 성도를 비진리로 미혹하는 '거짓 선지자들'이다.

둘째, 이 구절은 산상수훈(마 5-7장) 전체의 흐름 가운데 결론 부분(마 7:13-29)으로 해석할 때보다 균형 있게 이해할 수 있다. 산상수훈의 핵심 주제는 제자도이다. 산상수훈이 선포될 때 예수님은 그에게 나아온 '제자들'에게 이 말씀을 주셨다(마 5:1). 산상수훈의 결론으로 예수께서는 제자로서 더 나은 의를 추구하며 살 것을 촉구하신다. 그러면서 일련의 양자택일의 길을 제시하신다. 마치 모세가 이스라엘 백성에게 율법을 낭독한 후 거룩한 순종과 불순종의 길을 제시하며 양자택일할 것을 촉구했던 것과 같다(신 27-28장).

예수께서는 제자들 앞에 산상수훈을 말씀하신 후 좁은 문과 넓은 문(마 7:13-14), 거짓 선지자와 참 선지자(15절, 21-23절), 좋은 열매와 나쁜 열매(16-20절), 반석 위에 지은 집과 모래 위에 지은 집(25-27절)의 대조되는 두 선택을 제시하며 마태복음의 중심 주제 가운데 하나인 '더 나은 의', 곧 아버지의 뜻을 추구할 것을 촉구하신다. '더 나은 의'란 두 갈래의 선택 가운데 나누이지 않는 마음으로 예수 그리스도를 통해 새롭게 계시된 하나님의 뜻을 전심으로 추구하는 것을 말한다. 여기서 좁은 문, 참 선지자, 좋은 열매, 반석 위에 지은 집은 제자가 가야 할 선택으로 제시되고, 넓은 문, 거짓 선지자, 나쁜 열매, 모래 위에 지은 집은 제자로서 피해야 할 경고적인 성격의 선택지로 제시된다.

따라서 "주여 주여 하는 자마다 다 천국에 들어갈 것이 아니라"는 말은 거짓 선지자를 가리키는 표현인 동시에, 그리스도를 따르는 제자로서 절대 따라가지 말아야 할 모델로 제시된다.

두렵고 떨림으로 구원을 이루라 (빌 2:12)

"그러므로 나의 사랑하는 자들아 너희가 나 있을 때뿐 아니라 더욱 지금 나 없을 때에도 항상 복종하여 두렵고 떨림으로 너희 구원을 이루라"(빌 2:12).

이 말씀대로라면 우리의 구원은 매우 불안정한 것 같다. 어떤 이는 주님이 우리에게 약속하신 구원은 완전하지만 우리가 불완전하므로 두렵고 떨림으로 구원을 이루어야 한다고 주장한다. 계속해서 구원을 붙들지 않으면 넘어질 수 있으니 조심하라는 것이다. 이렇게 불안 불안한 구원이기에 바울이 빌립보 교인들에게 "끝날 때까지 끝난 게 아니다"라고 말했다는 것이다.

이러한 해석은 마치 가톨릭의 구원 교리를 연상시킨다. 가톨릭 신자들에게 구원받았냐고 물어보면 이들은 "죽어봐야 알지 그것을 어떻게 아느냐"라고 반문하는 경우가 많다. 이는 그들이 가진 독특한 구원 교리 때문이다. 이들은 세례를 통하여 그리스도의 은혜가 주입된다고 주장한다. 이후 신자는 지속적인 회개(고해성사)를 통하여 하나님의 은혜를 주입받아야 하며 하나님이 받으실 만한 선행을 함으로써 자신의 의를 입증해야 한다.[2] 의롭다는 최후의 선언은 하나님의 심판대 앞에서 결정된다. 그러니 죽고서 하나님의 심판대 앞에서 봐야 아는 것이다.[3] 이들에게 칭의와 성화는 구분되지 않는다.

최근 들어 의롭다는 칭의 선언이 하나님의 마지막 심판대 앞에서 최종 결정된다는 주장이 일부 학자에 의해 생겨나고 있다.[4] 이전에 들어보지 못했던 새롭고 자극적인 주장이기에 많은 이의 관심을 끄는 것이 사실이다. 하지만 이러한 주장은 가톨릭의 주장과 유사하다. 일찍이 종교개혁가 마틴 루터는 이러한 가톨릭의 교리를 "아무도 구원의 확신을 가질 수 없게 하는 스콜라주의자들과 수도승들의 위험한 교리"라고 비판한 바 있다.[5] 이에 대한 반발로 나온 것이 종교개혁의 기치인 '오직 은혜'(sola gratia), '오직 믿음'(sola fide)의 복음이다.

그렇다면 "두렵고 떨림으로 너희 구원을 이루라"는 빌립보서 2장

12절의 말씀은 어떻게 이해해야 할까? 이 구절만 떼어 읽는 것은 오해를 낳기 쉽다. 건강한 이해를 위해서는 항상 앞뒤 문맥의 흐름을 살피며 읽어야 한다.

> 너희 안에 이 마음을 품으라. 곧 그리스도 예수의 마음이니(5절)… (중략) 이러므로 하나님이 그를 지극히 높여 모든 이름 위에 뛰어난 이름을 주사 하늘에 있는 자들과 땅에 있는 자들과 땅 아래에 있는 자들로 모든 무릎을 예수의 이름에 꿇게 하시고 모든 입으로 예수 그리스도를 주라 시인하여 하나님 아버지께 영광을 돌리게 하셨느니라(9-11절).

> 그러므로 나의 사랑하는 자들아 너희가 나 있을 때뿐 아니라 더욱 지금 나 없을 때에도 항상 복종하여 두렵고 떨림으로 너희 구원을 이루라(12절).

> 너희 안에서 행하시는 이는 하나님이시니 자기의 기쁘신 뜻을 위하여 너희에게 소원을 두고 행하게 하시나니(13절).

본문을 문맥의 흐름에 따라 바르게 이해하려면 다음의 여섯 가지 사항을 점검해야 한다.

첫째, 구원을 '이루라'는 표현이다. 신약성경에서 구원과 관련하여 등장하는 표현은 대부분 구원을 '얻다' 또는 '받다'이다.[6] 하나님의 처지에서는 구원을 '베푼다' 또는 '구원하다'는 동사를 주로 사용한다. 이렇게 볼 때 구원을 '이루라'(work out, 헬. 카테르가조마이)

는 사람의 편에서 노력하여 만들어가야 하는 것으로, 일반적으로 신약성경에서 구원에 대해 진술하는 것과는 매우 독특한 진술임을 알 수 있다. '카테르가조마이'는 신약성경 다른 곳에서는 '행하다'(롬 7:15,17-18, 고전 5:3), '이루다' 또는 '성취하다'(고후 4:17, 롬 5:3) 등의 뜻으로 사용되었다. 그렇다면 여기에서 구원은 우리가 알고 있는 신약성경의 구원, 즉 죄와 사망의 권세에서 벗어나는 은혜로 얻는 구원이 아닌 우리의 행위와 노력이 들어가는 빌립보서 문맥에서의 독특한 의미임을 짐작할 수 있다.

둘째, '이루다'와 관련한 '구원'이라는 단어의 의미를 살펴야 한다. 우리는 흔히 '구원' 하면 영혼 구원만을 생각하기 쉽다. 그러나 여기서는 '너희' 구원을 이루라고 한다. 한 개인의 구원을 넘어 '너희', 즉 공동체 차원의 구원을 이루라는 것이다. 빌립보서에서 구원은 개인 영혼 구원의 지평을 넘어선다. 다음 구절을 지각을 사용하여 상고해보라.

"이것이 너희의 간구와 예수 그리스도의 성령의 도우심으로 나를 구원에 이르게 할 줄 아는 고로"(빌 1:19).

언뜻 볼 때 여기에서 구원은 종말에 하나님의 심판대 앞에서 우리 영혼이 천국에 들어가는 것을 의미하는 것 같다. 그러나 그 본래의 의미를 살린 새번역 성경은 다음과 같이 번역한다.

"나는 여러분의 기도와 예수 그리스도의 영의 도우심으로 내가 풀려나리라는 것을 압니다"(빌 1:19, 새번역).

여기서 '구원'은 '감옥에서 풀려나는 것'을 의미한다.[7] 바울은 앞에서 이미 자신이 감옥에 매인 상태임을 언급한 바 있다(12-13절). 만약 앞의 문맥의 흐름을 이해하지 못한 채 영혼 구원의 렌즈로만 본다면 본문을 잘못 읽을 가능성이 크다. 우리는 빌립보서가 진술하는 구원의 풍성함을 보다 입체적으로 이해해야 한다. 빌립보서에 나타나는 구원은 크게 세 가지 차원이 있다.[8] 먼저, 개인 구원이다. 그리고 그리스도의 몸에 참여하고 사랑을 나누는 공동체적 차원의 구원이다. 끝으로 타락한 피조세계가 새 하늘과 새 땅으로 회복되는 새 창조이다(참조 빌 1:10, 2:9-10,16).

셋째, 본문에서 말하는 구원이 '나 개인의 영혼 구원'이 아닌 '너희 구원', 즉 '빌립보 교인들의 구원'이란 점을 주목해야 한다. 이는 개인의 구원을 넘어 '공동체적 구원'을 이루기 위해 힘써야 한다는 의미다.[9] 그렇다면 여기서 말하는 공동체적 차원의 구원이란 무엇일까? 이는 유오디아와 순두게를 중심으로 분열되었던 빌립보교회가 분열을 극복하고 화합된 공동체를 이루는 것이다(빌 4:2 참조). 만약 빌립보교회가 하나 됨을 이루지 못하면 그 틈을 타고 할례파와 같은 이단이 침투하여 그리스도의 몸 된 교회를 무너뜨릴 것이다.

이런 공동체의 일치를 전제해야 13절이 자연스럽게 이어진다. '너희', 곧 빌립보교회 안에서 행하시는 분이 하나님이시고, 자신의 기쁘신 뜻을 위하여 성도들에게 소원을 두고 한마음으로 행하게 하신다. 이를 통해 사도 바울은 장차 하나님 앞에 분열을 극복하고 하나 된 빌립보 교인들로 인하여 자랑할 것이 있기를 소망했다. 이것이 바로 공동체적 차원의 구원인 것이다. 이를 위해 빌립보교회는 모든 일을 원망과 시비가 없이 하고, 세상 풍조 가운데 흠 없는 자녀로 세상에서 빛 된 교회로 나타내야 한다(빌 2:14-15).

이러한 권면은 빌립보서 2장 전체의 흐름과도 일치한다. 2장 처음은 빌립보교회가 같은 마음, 같은 사랑, 같은 뜻으로(2절) 모든 일에 겸손하게 서로를 낫게(3절) 여기고 돌보고 섬기며, 바울의 기쁨을 충만하게 하라(4절)고 권면하면서, 이러한 구원역사에 그리스도의 마음을 품고 그 안에서 행할 것을 권면한다(6-11절). 빌립보교회의 주 되신 그리스도는 참된 하나님이시기에 그 앞에 두렵고 떨림으로 함께 하나 됨을 이루어가야 한다고 말씀하는 것이다.

넷째, '두렵고 떨림'이 어떤 의미인지 살펴야 한다. 구원의 불안감을 증폭시키는 이들은 이를 구원을 잃을 수 있다는 두려움과 공포로 설명한다. 하지만 이는 문맥의 흐름을 무시하는 일이다. 두려움과 떨림은 바로 앞 11절, "모든 입으로 예수 그리스도를 주라 시인하여 하나님 아버지께 영광을 돌리는 일"과 깊은 관련이 있다. 예수 그리스도는 죽기까지 복종하여 십자가를 지셨다. 하나님은 이런 예수를 지극히 높여 모든 이름에 뛰어난 이름을 주시고, 하늘, 땅, 땅 아래 있는 모든 자로 무릎을 꿇고 '주'라 시인하여 경배하게 하셨다. 예수를 '주'라 시인하는 것은 예수를 온 세상의 통치자인 하나님으로 시인한다는 것이다. '주'는 헬라어로 '퀴리오스'이고, 히브리어로 '아도나이'다.

유대인은 여호와라는 거룩한 칭호를 직접 부르기 꺼려 '아도나이', 곧 '주님'으로 불렀는데 하나님은 이 호칭을 예수께 부여하신 것이다. 모든 피조물이 예수 그리스도를 참되신 하나님으로 고백하고 경배한다. 이때 하나님 앞에 그의 백성이 가져야 할 합당한 반응이 바로 '두려움과 떨림'이다! 시편은 하나님을 경배하는 그의 백성에게 종종 두렵고 떨림을 요구한다.

> "여호와를 경외함(두려움)으로 섬기고 떨며 즐거워할지어다" (시 2:11).

본문의 두려움과 떨림은 구원을 잃고 지옥에 갈까 봐 두려운 것이 아니라 크고 놀라우신 하나님 앞에 연약하고 보잘것없는 피조물이 서서 예배하게 된 것에 대한 감격과 놀라움을 말한다. 그래서 이러한 두려움과 떨림은 즐거움이 함께하는 두려움과 떨림이다. 다음 시편은 이를 잘 보여준다.

"오직 나는 주의 풍성한 사랑을 힘입어 주의 집에 들어가 주를 경외함으로 성전을 향하여 예배하리이다"(시 5:7).

주를 두려워함 이전에 주의 풍성한 사랑을 힘입고 나아간다. 구약에서 기쁨이 함께하는 이런 두려움은 아론이 제사장으로 임명받고 첫 제사를 드릴 때 등장한다. 아론이 자신과 백성을 위하여 제사를 드리자 불이 여호와 앞에서 나와 제단 위의 번제물을 삽시간에 살랐고, 이 놀라운 장면 앞에 온 백성이 소리 지르며 엎드렸다(레 9:24). 여기서 '소리 지르며'는 히브리어 '봐야론누'로, 원형인 '라난'은 기쁨의 외침을 나타내는 단어다.[10] 이스라엘 백성은 하나님의 불 앞에 두려움으로 엎드리는 동시에 하나님의 생생한 임재에 기쁨으로 환호했던 것이다. 이러한 두려움과 기쁨은 신약 백성의 예배에도 나타난다.

"그러므로 우리가 흔들리지 않는 나라를 받았은즉 은혜를 받자. 이로 말미암아 경건함과 두려움으로 하나님을 기쁘시게 섬길지니 우리 하나님은 소멸하는 불이심이라"(히 12:28-29).

신약의 백성도 이런 두려움과 기쁨으로 하나님을 예배한다. 기억하라! 빌립보서의 두렵고 떨림은 구원을 잃을 것에 대한 두려움과 떨림이 아니다. 우리를 위하여 십자가에 죽으셨던 예수 그리스도께서 죽음을 이기고 부활하여 지극히 높은 하나님 보좌 우편에 앉으셔서 하늘 위와 하늘 아래, 즉 모든 세상의 크고 놀라우신 통치자요 참된 하나님이신 것에 대한 감격과 은혜에서 비롯된 두려움과 떨림이다.

다섯째, 구원을 이루는 주체가 '내' 가 되는지, '우리 안에서 행하시는 하나님' 인지를 살펴야 한다. 12절을 보면 '너희 구원' 을 이루기 위해서 우리가 아주 열심히 해야 할 것 같다. 그러나 이것은 우리 힘으로 공포와 두려움으로 이루는 것이 아니다. 하나님이 우리에게 감당할 힘을 주신다. 하나님은 자기의 기쁘신 뜻을 위하여 우리에게 소원을 주시고 우리 안에서 행하시는 분이다.

주목할 것은 12절의 구원을 '이루라'(헬. 카테르가조마이)는 단어는 13절에 두 번 나오는 '행하다' (헬. 에르가조마이)의 강조형이라는 사실이다. '에르가조마이' 는 '에너지'(energy)의 어원이 되는 단어다. '에르가조마이' 를 좀 더 자세히 살펴보면 '안에서'(엔) '일하는' (에르고스) 것을 뜻한다. 즉 여기서 빌립보교회 성도들이 구원을 이루는 것은 자기 노력과 힘으로 하는 것이 아니라 그리스도 안에서 행하는 것을 의미한다(12절). 이는 또한 하나님께서 빌립보교회 성도들 안에서 일하는 것이기도 하다(13절). 빌립보서에서 "내게 능력 주시는 자 안에서 내가 모든 것을 할 수 있느니라"(빌 4:13)고 말씀하신 것처럼 구원은 주가 주신 힘으로 이루어가는 것이다.

다섯째, 빌립보서에서 바울은 빌립보 성도들이 구원을 잃을 수 있으니 조심하라고 이야기하지 않는다. 바울의 고민은 성도가 구원을 끝까지 지킬 수 있을지 말지, 혹 구원을 잃지나 않을지가 아니다. 바울의 고민은 성도들에게 시작된 복음의 역사가 장차 그리스도의 날에 자랑할 것이 있도록 아름답게 이루어가는 것이었다(빌 2:16). 바울은 그날에 서로가 서로에게 면류관이 되고(빌 4:1, 살전 2:19-20), 그리스도의 영광의 찬송이 되길 원했다(빌 1:11, 엡 1:12). 빌립보서는 이를 '착한 일'이라고 한다.

> "너희 안에서 착한 일을 시작하신 이가 그리스도 예수의 날까지 이루실 줄을 우리는 확신하노라"(빌 1:6, 참조 고후 9:8, 갈 6:10).

착한 일은 그리스도께서 복음을 통해 성령의 능력으로 우리 안에 시작하셨다. 그리고 이 일을 그리스도의 날까지 온전히 이루실 것이다. 이미 시작되었으나 아직 완성되지 않은 긴 과정이다. 이것이 바로 빌립보서에서 말하는 구원을 이루어가는 구원 서정의 과정이다. 따라서 두렵고 떨림으로 너희 구원을 이루라는 것은 천국에 들어가는가, 못 들어가는가가 아니라 그리스도 예수의 날에 어떠한 모습으로 그 앞에 설 것인가가 초점이며 거기에 이르는 과정 전체가 포함된다.[11]

자신이 도리어 버림을 당할까 두려워하라 (고전 9:27)

"내가 내 몸을 쳐 복종하게 함은 내가 남에게 전파한 후에 자신이 도리어 버림을 당할까 두려워함이로다"(고전 9:27).

이 구절은 구원의 불안감을 증폭시키기에 적절한 말씀 같다. 사도 바울도 최선을 다해 복음을 전파했지만 나중에 도리어 버림을 당해 구원에서 떨어져 나갈 것을 두려워했다는 것이다. 사도 바울이 그렇다면 하물며 우리는 어떻겠는가? 우리도 언제든지 나가떨어질 수 있으니 두려운 마음으로 구원을 잃지 않도록 지켜야 한다는 것이다. 혹자는 이것이 오히려 신자들에게 안전한 믿음이라 주장한다. 하나님께서 늘 나를 붙드시지만 그럼에도 그분은 나를 언제든지 버릴 수 있다고 믿는 것, 언제든지 구원을 잃을 수 있다는 두려움을 갖는 것이 결국 영혼 구원을 위해 안전한 믿음이라는 것이다.

본문에서 '버림을 당한다'는 것은 구원을 잃는다는 뜻일까? 영어성경(NRSV, NIV, ESV)은 이를 'disqualified'로 번역한다. '실격당한다'는 뜻이다. 이 단어는 헬라어 '아도키모스'로 순금에 불순물이 얼마나 끼었는가를 검사하는 품질검사에서 불합격한다는 의미이다(고후 13:5 참조). 이와 마찬가지로 본문에서 '버림을 당한다'는 것은 자격심사에서 부적격자로 판정한다는 의미다. 이것은 바로 앞에 나오는 달리기 경주의 문맥적 흐름(고전 9:23-27) 가운데 살펴야 한다.

바울은 운동장에서 달음질하는 자들이 상을 받도록 경주하는 것처럼 썩지 아니할 승리자의 면류관을 받기 위해 모든 일에 절제하며 승리를 위해 분투할 것을 격려한다. 따라서 여기서 '버림을 당한다', 곧 '실격당한다' 는 것은 바로 이런 면류관을 위한 복음의 경주에서 상 받는 데 실격하지 않도록 주의한다는 뜻이다.[12] 이를 NIV 영어성경에서는 '상 받는 데 실격당한다'(disqualified for the prize)라고 진술한다.

이렇게 말하는 이유는 고린도 교인들도 자신과 같이 상을 위하여 분투하며 절제할 것을 권면하기 위함이다. 앞서 9장에서 사도 바울은 복음을 위하여 자신의 권리를 절제하였음을 밝히며, 고린도 교인들도 모든 일에 절제하며 상을 받기 위해 분투할 것을 촉구한다. 이러한 권면 이후 바울은 10장에서 고린도교회에게 우상 숭배의 유혹을 피하며 절제할 것을 먹든지 마시든지 무엇을 하든지 다 하나님의 영광을 위해서 할 것을 권면한다.

우리가 상받기 위해 분투하면 이것은 종말에 우리의 공적이 불순물 없이 순수하게 그리스도를 위한 것인지, 자신의 사익을 위해 불순한 의도로 한 것인지 불로 자격검사를 받을 것이다(고전 3:12-15). 이때 실격당한 모습은 어떠할까?

> "누구든지 그 공적이 불타면 해를 받으리니 그러나 자신은 구원을 받되 불 가운데서 받은 것 같으리라"(고전 3:15).

시험의 불이 통과할 때 그동안 자신이 불순한 동기로 했던 모든 것이 날아가고 시험의 불 가운데 겨우 구원받게 되는 부끄러움을 당하게 될 것이다. 바울은 여기서 구원받음과 상받음을 별개로 분리하여 진술하고 있다. 구원받는 것은 업적으로 말미암는 것이 아니나 상받는 것은 업적에 해당되며 그 업적에는 판단이 따른다는 것이다.[13)]

고린도전서는 상급을 잃을 수는 있어도 구원은 쉽게 잃는 것이 아님을 진술한다. 바울은 내분으로 문제가 많던 고린도교회를 향하여 그렇게 하다가 '버린 바 된다. 구원을 잃는다' 고 겁박하지 않았다. 도리어 "주께서 너희를 우리 주 예수 그리스도의 날에 책망할 것이 없는 자로 끝까지 견고하게 하시리라"(고전 1:8)는 견고한 확신을 진술한다. 고린도전서 5장에는 아버지의 아내를 취한 음행한 성도에 대한 질책이 나온다. 바울은 그를 출교해야 한다고 하면서 이런 자를 사탄에게 내주어 "육신은 멸하고 영은 주 예수의 날에 구원을 받게 하려 함이라"(고전 5:5)고 말씀한다.

이것의 더 구체적인 의미를 살피면 다음과 같다.

먼저 전제할 것은 죄를 지은 그 성도가 현재 회개하지 않고 그 죄 지은 상태에 머물러 있다는 것이다.

둘째, 사탄에게 내준다는 것은 그가 현재 육신의 죄에 사로잡혀 있고 자신을 붙든 배후의 악한 세력의 통치 아래 넘겨진다는 뜻이다.

셋째, 그렇게 하여 사탄의 통치 안에 있는 것의 비참한 결과와 열매를 맛보고 깨닫고 돌이키도록 하기 위한 것이다. 이러한 결과에는 관계의 파탄, 질병과 저주 등이 따를 것이다.

넷째, 이런 과정을 통하여 죄를 지은 성도가 깨닫고 회개하고 돌이켜 하나님의 통치에 속하여 종말에는 구원을 받아야 할 것이다.

다섯째, 이런 과정을 통하여 죄를 지은 성도는 자신이 했어야만 했던 일, 즉 '몸의 행실을 죽이는 일' (롬 8:13)이 이제 고통스러운 방식으로 그에게 일어나는 것이다.[14]

여섯째, 이런 성도는 구원을 상실한 성도가 아니다. 그러나 불 가운데 받은 것 같은 부끄러운 구원을 받을 것이다(고전 3:15).

선 줄로 생각하는 자는 넘어질까 조심하라 (고전 10:12)

이 말씀은 우리의 구원이 확실하지 않고, 언제든지 잃어버릴 수 있기에 구원을 잃지 않도록 조심하라는 주장처럼 들린다. 이러한 해석이 구원의 확신을 흔드는 이유는 이 구절이 위치한 문단(고전 10:1-13)이 선 줄로 착각했다 넘어진 예로 광야에서 멸망한 이스라엘 백성을 들고 있기 때문이다.

광야에서 받았던 유혹이 감당할 만한 시험이었음에도 불구하고 이스라엘 백성이 이기지 못하고 넘어졌다면, 하물며 우리가 넘어지기는 훨씬 더 쉬울 것이다. 게다가 이스라엘 백성은 홍해가 갈라지는 기적과 만나와 메추라기를 경험하지 않았는가? 그 정도의 강렬한 체험이 없는 우리는 얼마나 더 약하고 쉽게 무너지겠는가? 결국 우리는 더 쉽게 넘어져 멸망의 길로 갈 수 있고 구원을 잃을 수도 있다는 것이다.

이 구절을 바로 이해하기 위해서는 여기 '선 줄로 생각하는 자'

가 누구인가를 파악해야 한다.

먼저, 이들은 고린도교회에서 바울의 사도권에 문제를 제기하는 거짓 교사들과 이들을 추종하는 성도들이다. 이들은 바울이 참 사도가 아니니 더 이상 바울을 따르지 말고 거짓 교사의 가르침을 따르라고 부추긴다. 하지만 바울은 자신이 거짓 교사들과는 다르게 사도의 권리를 함부로 사용하지 않았음을 강조하며 본문을 전개하고 있다(고전 9:4-6,12,18).

둘째, 이들은 자신들이 세례를 받고 성찬에 참여했기에 구원받은 사람이라 확신하고 있던 자들이다(고전 10:2-4). 마치 유대인이 할례를 구원의 확실한 증표로 여겼던 것처럼 이들은 세례와 성찬을 구원의 확실한 보증이라 여겼다.

셋째, 하지만 이들은 악을 즐기고 우상 숭배와 성적 부도덕에 참여하는 이들이었다. 자신들은 이미 세례받고 성찬에 참여했으니 구원은 따 놓은 당상이고 이런 죄악을 행하여도 아무 문제 없다고 생각했던 이들, 곧 율법방종주의에 빠진 자들이었다.

이에 대해 사도 바울은 할례가 구원의 확실한 보증이 될 수 없는 것처럼 세례받고 성찬에 참여했다는 사실만으로는 구원의 확실한 보증이 될 수 없음을 지적한다. 구원받은 자는 예수 그리스도를 주로 고백하는 성도이고, 그런 성도에게는 성령의 인도 아래 사는 삶이 나타난다. 즉 그리스도께 거룩하게 순종하고 그리스도만 예배하는 삶이다. 바울은 고린도교회에서 거짓 교사의 가르침에 미혹되어 흔들리는 이런 성도들을 향하여 "선 줄로 생각하는 자는 넘어질까 조심하라"고 경고한다. 세례받고 성찬에 참여했으니 구원받았다고 착각하지 말라는 것이다.

이는 다음과 같은 의미가 있다.

첫째, 세례와 성찬과 같은 외적 의식이 구원을 보장하는 것이 아니다.

둘째, 세례와 성찬에 참여한 후 거짓 교사의 가르침을 따라 우상숭배와 성적 부도덕에 빠진 이들은 자신들이 굳건하게 선 강한 자들이라고 착각하지만 그렇지 않다고 경고한다(롬 14:1-6 참조). 세례받았으니 구원은 따 놓은 당상이라 믿고 율법방종주의에 빠져 이방 우상 제의에 참여하고, 이방 제의와 연결된 음란한 의식과 성적 부도덕에 빠지는 것은 심각한 죄다(고전 10:14 참조).

셋째, 이들이 음란한 제의에 빠지는 것은 단순한 죄의 미혹만이 아니다. 사회적으로는 고린도 지역에 발달한 상업조합인 길드 조직의 압력도 작용한다. 분야별 상업조합은 저마다 섬기는 신에게 해마다 제사와 음란한 제의를 드리곤 했다.

넷째, 이런 이들에게 넘어질까 조심하라는 경고는 우리의 힘만으로 어떻게든 버텨내라는 뜻이 아니다. 우리의 힘만으로는 버텨낼 수 없다. 이것이 고린도전서 10장 13절의 권면이 이어지는 이유다.

다섯째, 13절에 따르면 성도를 붙드시는 하나님의 확실한 손길이 있다.

> "사람이 감당할 시험 밖에는 너희가 당한 것이 없나니 오직 하나님은 미쁘사 너희가 감당하지 못할 시험 당함을 허락하지 아니하시고 시험 당할 즈음에 또한 피할 길을 내사 너희로 능

히 감당하게 하시느니라"(고전 10:13).

하나님은 신실하셔서 성도가 감당 못할 시험을 허락하지 않으시고, 또 시험 당할 즈음에 피할 길을 내셔서 능히 감당하게 하신다. 성도를 든든하게 서게 하는 동력은 성도를 위해 앞서 일하시는 하나님의 신실하심에서 비롯되는 은혜이다.

여섯째, 하나님의 신실하심을 의지할 때 이러한 유혹을 이겨낼 수 있다.

따라서 본문은 구원을 잃어버릴 수 있으니 정신을 똑바로 차리라는 두려움을 조장하는 협박이 아니다. 이는 구원의 본질은 세례와 성찬 같은 의식에 있는 것이 아니라 신실하신 하나님의 선행(善行)하는 은혜에 있음을 신뢰하는 것이며, 그렇기에 자신을 우상 숭배와 성적 타락에 내던지며 어쩔 수 없다는 식으로 합리화하지 말고, 능히 이런 유혹을 이기며 나아가자는 경고이자 믿음의 권면이다.

행함이 없는 믿음은 죽은 것이다 (약 2:17,26)

그리스도인은 하나님의 아들 예수 그리스도께서 자신의 생명을 십자가에서 내어주신 형용할 수 없는 은혜로 구원받은 자들이다. 하지만 그리스도인이라고 하면서도 은혜받은 자로서 행실의 변화가 따르지 않는 위선적인 신앙행태는 많은 비판을 받는다. 예수께서는 성도의 행실에 대해 다음과 같이 말씀하신 바 있다.

> "이같이 너희 빛이 사람 앞에 비치게 하여 그들로 너희 착한 행실을 보고 하늘에 계신 너희 아버지께 영광을 돌리게 하라"(마 5:16).

베드로 사도 또한 성도들의 행실에 대해 다음과 같이 권면한다.

> "너희가 이방인 중에서 행실을 선하게 가져 너희를 악행한다고 비방하는 자들로 하여금 너희 선한 일을 보고 오시는 날에 하나님께 영광을 돌리게 하려 함이라"(벧전 2:12).

그런데 야고보서에 오면 이를 좀 더 충격적으로 진술한다. 그것은 행함이 없는 믿음은 그 자체가 죽은 것이라는 말씀이다.

> "이와 같이 행함이 없는 믿음은 그 자체가 죽은 것이라"(약 2:17).
> "영혼 없는 몸이 죽은 것같이 행함이 없는 믿음은 죽은 것이니라"(약 2:26).

이와 같은 충격적인 야고보서의 진술은 오늘날 많은 이단이 오용하는 주요 성경 구절이 되었다. 이 구절들은 행함이 구원의 필수조건과 같이 들린다. 행함도 구원을 얻으려면 필요하다는 말처럼 들린다.

하지만 예수를 믿어도 행함이 구원의 조건이 된다면, 예수 믿는 것으로는 충분치 않다는 말이 된다. 그렇다면 과연 누가 구원을 얻을 수 있을까? 만약 어느 성도에게라도 천국 갈 만한 행함이 있냐고 한다면 그 누가 자신 있게 자신의 행함이 천국에 갈 만큼 충분하다고 대답할 수 있을까? 결국 야고보서의 이런 구절들을 오용하면 구원을 오직 믿음으로 얻는 것이 아닌 믿음과 행함 두 단계로 얻는 그릇된 가르침으로 몰고 가게 된다(참조. 2장. 구원의 두 단계를 강조하는 가르침). 그렇다면 이 구절들을 어떻게 이해해야 할까?

첫째, 성경은 분명히 구원은 믿음으로 얻는 것이라고 말씀한다. 로마서는 이렇게 선언한다.

> "그러므로 사람이 의롭다 하심을 얻는 것은 율법의 행위에 있지 않고 믿음으로 되는 줄 우리가 인정하노라"(롬 3:28).

우리가 하나님 앞에 구원 얻을 만한 의를 소유할 수 있는 것은 율법의 행위가 아니라 오직 믿음만을 통해서다. 종교개혁자 마틴 루터는 이 구절에 'allein', 곧 영어로 'alone'을 넣어, 우리의 구원 얻을 의는 '믿음으로만' 얻을 수 있음을 강조하며, 그 유명한 '솔라 피데'(sola fide), 즉 '오직 믿음'이란 슬로건을 선언했다.[15] 부패한 우리의 행위로는 구원 얻을 만한 의를 이루어낼 수 없다. 우리의 구원은 오직 그리스도께서 우리를 위하여 십자가에서 이루신 의를 믿음으로 붙들 때 가능하다. 이는 갈라디아서에서도 분명히 드러난다.

"사람이 의롭게 되는 것은 율법의 행위로 말미암음이 아니요 오직 예수 그리스도를 믿음으로 말미암는 줄 알므로 우리도 그리스도 예수를 믿나니 이는 우리가 율법의 행위로써가 아니고 그리스도를 믿음으로써 의롭다 함을 얻으려 함이라. 율법의 행위로써는 의롭다 함을 얻을 육체가 없느니라"(갈 2:16).

구원에 있어서 믿음의 절대성은 야고보서에도 나타난다.

"네가 보거니와 믿음이 그의 행함과 함께 일하고 행함으로 믿음이 온전하게 되었느니라"(약 2:20).

여기서 주어는 어디까지나 '믿음'이다.[16] 믿음이 행함과 함께 일하는 것이지 행함이 믿음과 함께 일하는 것이 아니다. 믿음을 우선으로 전제하는 가운데 이 믿음이 행하므로 드러나며, 행함은 믿음을 보충하는 역할을 하고 있음을 명시한다.

둘째, 야고보서의 행함은 사랑의 행위를 뜻한다. 신약성경에서 예수님은 우리에게 구약의 율법을 대체하는 새 계명을 주셨다. 그것은 바로 율법의 정수를 요약한 사랑의 계명이다(마 22:37-40). 예수님은 요한복음에서 다음과 같이 말씀한다.

"새 계명을 너희에게 주노니 서로 사랑하라. 내가 너희를 사랑한 것같이 너희도 서로 사랑하라"(요 13:34).

사도 바울 역시 예수께서 주신 사랑의 계명에 잘 알고 있었고, 이를 성도들에게 다음과 같이 권면한다.

"형제들아 너희가 자유를 위하여 부르심을 입었으나 그러나 그 자유로 육체의 기회를 삼지 말고 오직 사랑으로 서로 종 노릇하라. 온 율법은 네 이웃 사랑하기를 네 자신같이 하라 하신 한 말씀에서 이루어졌나니"(갈 5:13-14).

야고보서에서 말씀하는 '행위' (works 헬. 에르곤)는 바울이 그의 서신에서 진술하는 '율법의 행위' 와 다른 의미의 행위다. '율법의 행위' (헬. 에르가 노무)는 율법이 요구하는 행위, 특별히 할례, 안식일과 절기 준수와 같은 율법이 요구하는 선민 됨의 표지로서의 행위를 가리킨다. 반면 야고보서에서의 '행위' 는 사랑의 행위(헬. 에르가 아가페스)를 가리킨다.[17] 이러한 사랑의 행위에 대해 사도 바울은 갈라디아서에서 다음과 같이 선언한다.

"그리스도 예수 안에서는 할례나 무할례나 효력이 없으되 사랑으로써 역사하는 믿음뿐이니라"(갈 5:6).

"사랑으로써 역사하는 믿음"(faith working through love-NRSV, ESV)이란 '믿음이 사랑을 통해 역사하는 것' 을 뜻한다. 신자의 믿음은 서로 사랑하고 서로 섬기는 행위를 통해 역사가 일어난다. 이러한 믿음의 역사와 사랑의 행위 관계는 데살로니가전서 1장에도 잘 나타나 있다.

> "우리가 너희 모두로 말미암아 항상 하나님께 감사하며 기도할 때에 너희를 기억함은 너희의 믿음의 역사와 사랑의 수고와 우리 주 예수 그리스도에 대한 소망의 인내를 우리 하나님 아버지 앞에서 끊임없이 기억함이니"(살전 1:2-3).

셋째, 성경에서 사랑의 행위는 예수 그리스도를 주로 고백하는 자에게 주시는 성령의 선물로 말미암는 열매다. 부패한 우리의 본성으로는 온전히 사랑할 수 없다. 사랑은 하나님이 먼저 우리를 사랑하심으로 그 아들 예수 그리스도를 주심으로 시작된다.

> "사랑은 여기 있으니 우리가 하나님을 사랑한 것이 아니요. 하나님이 우리를 사랑하사 우리 죄를 속하기 위하여 화목제물로 그 아들을 보내셨음이라. 사랑하는 자들아 하나님이 이같이 우리를 사랑하셨은즉 우리도 서로 사랑하는 것이 마땅하도다" (요일 4:10-11).

성령이 아니고는 예수 그리스도를 주로 고백할 수 없고 영접할 수도 없다. 즉 예수 그리스도를 믿는 이들에게 하나님은 성령을 선물로 주시고 그리스도의 임재 안에 거하게 하신다.

> "그의 성령을 우리에게 주시므로 우리가 그 안에 거하고 그가

우리 안에 거하시는 줄을 아느니라"(요일 4:13).

"누구든지 예수를 하나님의 아들이라 시인하면 하나님이 그의 안에 거하시고 그도 하나님 안에 거하느니라"(요일 4:15).

그리고 성령을 따라 사는 이들에게는 성령의 열매를 맺게 하신다. 성령의 열매는 사랑의 행위를 통해 맺는 열매이다.

"내가 이르노니 너희는 성령을 따라 행하라. 그리하면 육체의 욕심을 이루지 아니하리라. …너희가 만일 성령의 인도하시는 바가 되면 율법 아래에 있지 아니하리라. …오직 성령의 열매는 사랑과 희락과 화평과 오래 참음과 자비와 양선과 충성과 온유와 절제니 이 같은 것을 금지할 법이 없느니라"(갈 5:16,18,22-23).

넷째, 야고보서가 행위를 강조하는 특별한 정황을 고려해야 한다. 바울서신이 복음을 처음 듣는 이방인을 향해 그리스도인의 구원 서정(ordo salutis)을 그 기초부터 시작한다면, 야고보서는 구원의 서정의 중간지점에 있는 그리스도인을 향해 권면하고 있다.[18] (참조. 그리스도 안에 있는 구원 서정 도표, 327쪽). 야고보서는 특히 바울의 이신칭의의 복음을 왜곡하여 이미 믿음으로 구원받았으니, 더 이상 아무런 행위도 필요하지 않고, 윤리적으로 개의치 않아도 된다는 식의 '율법 폐기론자들'에 대한 경고를 하는 것이다(율법 폐기론자들의 주장에 대해서는 5장을 참조하라).

야고보 사도는 구원하는 믿음의 필요성을 반박하지 않는다. "너희가 믿느냐? 잘 하는도다"(약 2:19). 야고보서는 그 믿음의 진실성은 행위를 통해 드러나기에 믿음과 행위는 불가분의 관계임을 강조하지만, 행위가 믿음보다 앞선 선결조건임이라고 말하지 않는다. 도리어 믿음이 행위보다 우선적이며 절대적임을 전제한다.

신자는 믿음으로 구원받지만 구원 이후 예수 그리스도와 새로운 관계 안으로 들어가게 된다. 예수께서는 신자의 주(Lord)가 되시고, 신자는 예수 그리스도를 주로 모시고 살아가는 제자가 된다. 예수께서 신자의 생명의 주가 된다면, 신자는 그리스도와의 새로운 관계 가운데 그리스도의 사랑 계명에 순종하며 살아가야 한다. 신자는 구원 이후 그리스도 안에서 이미 얻은 구원과 아직 온전히 이루지 못한 구원 사이의 종말론적 긴장 가운데 살아가며 그리스도를 주로 모시며 친밀한 관계 가운데 살아가야 한다. 이것이 성자의 성화이고 견인이며 반복적인 회개와 믿음이다.

구원받은 신자는 주(主)되시는 예수 그리스도의 눈길과 마음이 가 있는 곳에 함께 있어야 한다. 이런 면에서 야고보서 2장 17절의 "이와 같이 행함이 없는 믿음"이란 말은 바로 앞(15-16절)에서 믿음이 있노라 하지만 그리스도 안에서 같은 형제, 자매 된 이들이 헐벗고 굶주려 가는데 아무런 사랑의 도움을 주지 않고 모른 척하는 위선적인 신앙행태에 대한 비판의 말씀인 것이다. 구원 서정에 있는 성도라면 서로 사랑하는 성도로서의 본분을 계속해서 연습해야 마땅하다는 것이다. 서로 사랑에 대한 말씀은 신약성경에 광범위하게 퍼져 있다. 다음의 구절을 참조하라(요 13:34-35, 15:12,17, 롬 12:10, 갈

5:13, 엡 4:2, 살전 4:9, 살후 1:3, 히 10:24, 벧전 1:22, 4:8, 5:14, 요일 3:11, 3:23, 4:7, 4:11-12, 요이 1:5).

한 번 죄를 범하면 다시 구원받을 수 없다? (히 6:4-6)

아래의 히브리서 말씀은 이단들이 구원의 확실성을 뒤흔들 때 자주 인용하는 구절들이다. 먼저 한번 천천히 음미해보자.

> "우리가 이같이 큰 구원을 등한히 여기면 어찌 그 보응을 피하리요"(히 2:3).
>
> "형제들아 너희는 삼가 혹 너희 중에 누가 믿지 아니하는 악한 마음을 품고 살아 계신 하나님에게서 떨어질까 조심할 것이요"(히 3:12).
>
> "한 번 빛을 받고 하늘의 은사를 맛보고 성령에 참여한 바 되고 하나님의 선한 말씀과 내세의 능력을 맛보고도 타락한 자들은 다시 새롭게 하여 회개하게 할 수 없나니 이는 그들이 하나님의 아들을 다시 십자가에 못 박아 드러내 놓고 욕되게 함이라"(히 6:4-6).
>
> "우리가 진리를 아는 지식을 받은 후 짐짓 죄를 범한즉 다시 속죄하는 제사가 없고 오직 무서운 마음으로 심판을 기다리는 것과 대적하는 자를 태울 맹렬한 불만 있으리라"(히 10:26-27).

히브리서에 주로 집중되어 나오는 경고의 구절들은 언뜻 보기에 성도의 구원을 잃을 수 있다고 말씀하는 것처럼 읽힌다. 우리에게 주신 소중한 구원의 선물을 등한히 여길 때 큰 심판을 받게 된다는 것이다(2:3). 그뿐만이 아니다. 구원받은 성도라 하더라도 자칫 하나님에게서 떨어질 수 있다(3:12). 은혜를 맛보고 구원 얻은 자가 떨어지면 다시 회개할 기회가 없다(6:4-6). 구원의 지식을 받고도 다시 죄를 범하면 심판과 맹렬한 지옥 불이 기다리게 된다고 한다.

그러나 성경은 분명 구원의 확실성에 대해 말씀한다. 작은 자 중 하나라도 잃는 것은 하나님의 뜻이 아니다(마 18:14). 우리에게 영생을 주신 예수님의 손에서 누구도 빼앗을 자가 없다(요 10:28). 영생을 받은 우리는 영원히 멸망하지 않을 것이다(요 10:28). 사망이나 생명이나 천사들이나 권세자들이나 현재 일이나 장래 일이나 능력이나 높음이나 깊음이나 그 어떤 피조물이라도 우리를 예수 안에 있는 하나님의 사랑에서 결단코 끊을 수 없다(롬 8:38-39).

그렇다면 히브리서에 등장하는 구절들을 어떻게 이해하는 것이 바람직할까? 바르게 이해하지 못하고 자칫 오해하면 이상의 구절들은 오용되기 참 쉬운 구절이다. 성도들을 겁박하는 데 악용되기 쉬운 구절인 것이다.

가장 먼저 살펴야 할 것은 히브리서를 받은 공동체의 상황을 이해하는 것이다. 히브리서의 공동체는 제사제도에 관심이 많은 유대인 그리스도인과 이방 그리스도인이 포함된 혼합공동체였다. 이들은 예수님께 직접 복음을 들었던 이들로부터 전해 들어 믿음을 갖게 되었다(2:3). 이들은 모이기에 힘쓰고(10:25), 형제 사랑과 섬김과 나눔을 실천하며 신실하게 믿음을 지키고 있었다(13:1-2).

그러나 신실한 믿음은 흔들리기 시작했다. 박해가 시작되고, 이웃들은 성도들을 비방하기 시작했다(10:32-34). 심지어 옥에 갇히고 피 흘리기까지 싸워야 하는 커다란 시련 앞에 놓이게 되었다(12:4). 배교의 위협 앞에 성도의 손은 피곤했고, 다리는 절뚝거렸으며, 무릎은 연약하여 꿇려 있게 되었다(12:12-13). 이런 상황에서 성도의 믿음은 흔들리고, 교회의 모임도 등한시되었으며, 도의 초보(5:12, 6:1)를 다시 들어야 할 정도로 귀는 둔해졌다.

히브리서는 이러한 공동체의 성도들에게 배교의 위험을 경계하고 믿음의 주요 온전하게 하시는 이인 예수를 바라보며 더욱 그를 든든히 붙잡고, 소중한 신앙고백과 신앙을 버리지 말라고 권면한다(3:6, 4:14, 10:23,35). 따라서 히브리서에서 나오는 강력한 경고는 박해와 배교의 위기 상황에서 주시는 목회적 권면의 차원에서 보아야 한다. 누군가가 우리를 자꾸 괴롭히면 우리도 "한 번만 더 그러면 죽을 줄 알아!" 하고 엄중한 경고를 날리지 않는가? 진짜 죽일 것은 아니지만 분명 엄중한 경고를 하는 것이다.

히브리서에서 경고의 말씀은 반드시 구원의 확실성과 따뜻한 권면이 함께 따라온다. 히브리서 끝에는 이 모든 말씀이 공동체의 형제들을 향한 '권면의 말씀'(13:22)임을 밝힌다. '권면'(헬. 파라클레시스)이란 당시 그리스 로마 세계에서 일반적으로 사용하는 '권면'(헬. 파레네시스)과 의미 차이가 있다. 일반적 권면인 파레네시스는 충고적 권면을 의미하는 반면, 히브리서에서의 권면, 곧 파라클레시스는 하나님의 은혜로 인하여 예수 그리스도를 믿음으로 말미암아 받은 구원, 곧 신적 위로의 바탕 위에서 요구된 신적 권면이다(롬 12:8 참조).[19] 일반적 권면, 곧 파레네시스가 사람의 양심이나 이성에 호소한다면, 파라클레시스는 예수 그리스도를 믿음으로 말미암은 놀라운 구원의 선물을 받은 성도에게 구원의 신적 근거를 토대로 요청하는 권면인 것이다.[20] 이러한 이해를 바탕으로 위의 구절을 하나하나 검토해보자.

* 큰 구원을 등한히 여기면 (히 2:3)

"우리가 이같이 큰 구원을 등한히 여기면 어찌 그 보응을 피하리요 이 구원은 처음에 주로 말씀하신 바요 들은 자들이 우리에게 확증한 바니"(히 2:3).

'이같이 큰 구원'이란 앞의 문맥을 보면 천사보다 뛰어나신 아들을 통하여 주신 소중한 큰 구원이란 뜻이다.[21] 하나님께서는 천사들을 통해서는 율법을 주셨고 아들을 통해서는 큰 구원을 주셨다. 이스라엘 백성이 아들을 통한 구원의 그림자밖에 되지 않는 율법을 어겼을 때도 이에 상응하는 공정한 보응을 받았다면 큰 구원을 등한히 여기면 어떻게 되겠냐는 것이다. 따라서 히브리서는 성도들에게 하나님의 아들을 통하여 선포된 큰 구원의 소식을 유념하며 이를 등한히 여기지 않을 때 범죄함과 불순종에 빠지지 않을 수 있다고 권면한다.[22]

중요한 것은 아들 안에서 주신 큰 구원 '안에' 머물러 있는 것이다. '등한히 여긴다'(헬. 아멜레산테스)는 동사는 히브리서에서 언약 안에 머물러 있지 않아 하나님이 그 백성을 돌보지 않는 행위를 가리키는 것으로 사용되었다(히 8:9). 더 큰 은혜로 구원을 얻었으면 더 큰 책임이 요구된다. 큰 구원을 얻었으면 그리스도의 피로 맺은 새 언약 안에 머물며 책임 있는 순종의 반응으로 나아가야 한다.

기억할 것은 이러한 구원에 대한 책임 있는 응답을 위해 이어지는 다음 구절(히 2:4)에서 하나님도 표적과 기적과 능력은 물론, 성령을 부어주셨음을 확신시켜준다는 점이다. 성령은 분명 성도들이 장차 얻을 최종적 구원을 위한 보증이 되신다(고후 1:22, 5:5, 1:14). 따라서 본문의 말씀은 우리가 아들을 통해 얻은 큰 구원을 소중히 여기고, 더욱더 정신을 차리고 깨어 믿음 안에, 언약 안에 거하자는 목회적인 권면임을 기억해야 한다.

* 하나님에게서 떨어질까 조심하라 (히 3:12)

> "형제들아 너희는 삼가 혹 너희 중에 누가 믿지 아니하는 악한 마음을 품고 살아 계신 하나님에게서 떨어질까 조심할 것이요"(히 3:12).

이 구절에서의 문제는 과연 성도가 하나님에게서 떨어질 수 있느냐 하는 것이다. 이 구절을 이해하려면 배교의 위협 앞에 성도들을 격려하려는 히브리서의 권면적 상황을 염두에 두어야 한다. '삼가' '혹' '떨어질까'와 같은 표현은 단정적으로 구원에서 이탈한다는 말이 아니다. 조심스럽게 성도들의 믿음이 흔들리지 않도록 깨어 있고, 주의하라는 뜻이다. 영어성경(NRSV)은 '조심하라'(take care) '혹여나 일어나지 않도록'(none of you may have)과 같은 부드러운 표현을 사용한다.

또한 본문에서 "떨어질까 조심할 것이요"는 그 뜻을 충분히 살리지 못했다. 원문에 가깝게 번역한 영어성경(NRSV)을 직역하면 다음과 같다. "여러분 가운데 살아계신 하나님에게서 돌아서게 하는 악한, 믿지 아니하는 마음을 그 누구도 혹여나 가지지 않도록 조심하십시오"(Take care, brothers and sisters, that none of you may have an evil, unbelieving heart that turns away from the living God).

여기서 믿지 않는 악한 마음은 하나님의 말씀을 거부하고 하나님을 떠나려는 마음을 의미한다. 이는 '씻음 받은 참된 마음'(히 10:22)의 반대말이다.[23] 이런 마음에 대해서는 예수께서 지적하신 바 있다. 예수님은 하나님의 아들로 오신 메시아의 놀라운 역사와 가르침을 맛보고도 메시아로부터 멀어져가는 바리새인들을 향하여, 사람 안에 있는 이런 마음으로부터 나오는 것이 음란과 도둑과 살인과 간음과 탐욕과 악독과 속임과 음탕과 질투와 비방과 교만과 우매함과 같은 모든 악한 것으로 사람을 더럽게 한다고 말씀하셨다(막 7:20-23).

이런 마음의 악한 영향력에서 성도를 지키고 흔들림이 없게 하려고 히브리서는 공동체의 지체들로 날마다 서로 격려하며 피차 권면하라고 말씀한다(히 3:13). 그런 후 이어지는 구절에서는 성도들이 혹여나 두려운 마음을 갖지 않도록 따뜻한 확신으로 격려한다.

"우리가 시작할 때에 확신한 것을 끝까지 견고히 잡고 있으면 그리스도와 함께 참여한 자가 되리라"(히 3:14).

＊ 타락한 자들은 다시 회개할 수 없다 (히 6:4-6)

"한 번 빛을 받고 하늘의 은사를 맛보고 성령에 참여한 바 되고 하나님의 선한 말씀과 내세의 능력을 맛보고도 타락한 자들은 다시 새롭게 하여 회개하게 할 수 없나니 이는 그들이 하나님의 아들을 다시 십자가에 못 박아 드러내 놓고 욕되게 함이라" (히 6:4–6).

이 본문 역시 구원의 확실성을 흔드는 대표적인 본문 중 하나이다. 본문을 이해할 때 다음의 몇 가지를 주의할 필요가 있다.

첫째, '맛보다'는 표현이다. 마트에 가서 음식을 시식하고 맛보는 것과 한 끼 식사로 음식을 먹는 것은 다르다. 맛에 대한 경험적 인지와 지식을 갖는 것과 맛을 느끼며 풍성한 식사의 즐거움을 만끽하는 것은 다르다. 마찬가지로 우리는 하나님의 선한 말씀과 능력을 맛볼 수 있다. 은사를 경험할 수 있다. 사실 예수께서 사역하실 때 많은 사람이 예수님이 베푸시는 가르침을 듣고 큰 충격을 받고 놀랐다(마 7:28, 막 1:22). 예수님의 고향 사람들도 그의 가르침과 능력에 놀라며 "이 사람의 지혜와 권능이 어찌 됨이냐"라고 감탄하였다(막 6:2 참조). 심지어 바리새인들도 예수님의 말씀이 진리로써 하나님의 도를 가르치는 것을 알 정도였다(막 12:14). 그러나 거기까지였다. 이들은 더 깊은 헌신과 변화로 들어가지 않았다. 예수께서 가시는 십자가의 길을 따라가지 않았고 예수 안에 거하지 않았다.

둘째, 성령에 '참여한 바' 된다. 이는 성령의 역사를 체험하는 것을 말한다. 그런데 여기 충격적인 가정이 등장한다. 그런데도 타락한 자들이 생겨난다는 것이다! '타락하다'(헬. 파라핍토)라는 것은 '떨어지다'(헬. 핍토)에서 파생된 동사로 배교하여 믿음에서 돌아서는 행위를 뜻한다. 이는 믿음을 '의도적으로' 버리거나 하나님을 떠나는 행위이다.[24] 그렇게 되면 이런 이들은 다시는 회개할 수 없고, 구원에서 이탈하여 떨어져 나갈 것이라 경고한다. 이는 빛, 성령, 하나님의 말씀과 장차 올 세상의 능력으로부터 떨어져 나가는 것을 의미한다.[25] 이는 하나님의 아들을 다시 십자가에 못 박는 것과 같고, 예수 그리스도께서 단번에 이루신 완벽한 제사를 거부하는 것과도 같다(히 7:27, 9:12,26,28, 10:2,10).

셋째, 목회적 권면의 맥락을 고려해야 한다. 목회적 차원에서 구원의 확신이 없는 이들에게는 구원의 확실성을 심어주는 것이 필요하다(히 4:14-16, 5:9-10). 하지만 신앙을 액세서리처럼 여기고, 구원의 선물을 등한히 여기며, 배교의 유혹에 쉽게 흔들리는 이들에게는 강한 경고가 필요하다. 입으로는 하나님을 믿는다고 하지만 삶으로는 배교의 유혹에 흔들린다면 정신을 바짝 차려야 한다.

넷째, 목회적 권면의 하나로 본문 다음 단락에서는 흔들리는 성도들을 위한 강력한 경고로 구원의 확실성 또한 강조한다. "사랑하는 자들아 우리가 이같이 말하나 너희에게는 이보다 더 좋은 것 곧 구원에 속한 것이 있음을 확신하노라"(히 6:9). 여기서 히브리서는 배교의 유혹에 흔들리는 무리와 구원의 확신 가운데 나아가는 '너희'를 구분하며 이 말씀을 받는 히브리서 공동체는 든든하게 서가고 있음을 확신하며 위로한다.

다섯째, 이런 강한 긍정적 진술 이후, 히브리서는 6장부터 시작된 목회적 결론을 다음과 같이 맺는다.

> "우리가 간절히 원하는 것은 너희 각 사람이 동일한 부지런함을 나타내어 끝까지 소망의 풍성함에 이르러 게으르지 아니하고 믿음과 오래 참음으로 말미암아 약속들을 기업으로 받는 자들을 본받는 자 되게 하려는 것이니라"(히 6:11-12).

결국 이러한 경고는 끝까지 부지런함으로 힘든 상황을 인내하며 영광의 기업을 얻도록 힘쓰자는 긍정적인 소망의 권면의 일부임을 알 수 있다.

여섯째, 강한 경고(히 6:4-6)를 누그러뜨리는 이어지는 예화를 주목할 필요가 있다.

> "땅이 그 위에 자주 내리는 비를 흡수하여 밭 가는 자들이 쓰기에 합당한 채소를 내면 하나님께 복을 받고 만일 가시와 엉겅퀴를 내면 버림을 당하고 저주함에 가까워 그 마지막은 불사름이 되리라"(히 6:7-8).

이는 예수님의 씨 뿌리는 비유(마 13:3-8)를 반영한다. 이 비유에 따르면 농부가 네 종류의 땅에 씨를 뿌린다. 동일한 씨를 뿌리지만 땅에 따라 그 결과가 달라진다. 첫째, 길가에 뿌린 씨는 새가 와서 먹어버렸다. 둘째, 흙이 얕은 돌밭에 뿌린 씨는 해가 돋자 곧바로 말라 죽었다. 셋째, 가시떨기 위에 떨어진 씨는 가시가 자라서 씨가 자라는 기운을 막아 결실하지 못한다. 넷째, 좋은 땅에 떨어진 씨는 결실하여 100배, 60배, 30배의 열매를 맺는다. 히브리서 본문은 이 중 가시떨기에 떨어진 세 번째 씨와 비를 흠뻑 머금은 좋은 땅에 떨어져 풍성하게 결실하는 네 번째 씨에 관한 말씀을 반영한다.

예수께서는 이 비유를 풀어주시며 열매를 맺는 자는 '듣고 깨달은 자' 인 반면, 나머지는 '듣기는 하였지만 깨닫고 결실하지 못한 자' 라 말씀한다. 길가에 뿌려진 자는 말씀을 들었지만 깨닫지 못해 악한 자에게 말씀을 빼앗겼다(마 13:19). 돌밭에 뿌려진 자는 말씀을 듣고 기쁨으로 받지만 뿌리가 없어 환난과 박해가 일어날 때 넘어졌다(마 13:20-21). 가시떨기에 뿌려진 자는 말씀을 들었지만 세상의 염려와 재물의 유혹에 말씀이 막혀 결실하지 못했다(마 13:22). 관건은 말씀을 듣고 깨닫는 데 있다.

'깨닫다' (헬. 쉬니에미)는 동사는 마태복음의 제자도에 나타나는 근본적인 특징으로 말씀을 듣고 이해하여 명확한 확신에 도달하는 것을 의미한다.[26] 그래서 예수께서는 그를 따르는 무리에게 종종 "듣고 깨달으라"(마 15:10)고 요청하셨다(마 16:12, 17:13 참조). 이런 확신이 있어야 예수님을 끝까지 따라갈 수 있다. 마가복음은 이를 말씀을 듣고 '받아들이는 것'(헬. 파라데코마이)으로 표현한다(막 4:20). 예수님의 말씀을 듣기만 해서는 안 되고 결국에는 '받아들여' 뿌리를 깊이 내리고 열매 맺는 데까지 나아가야 한다.

히브리서 본문 말씀처럼 말씀의 빛을 받고 말씀의 능력을 맛보고 성령의 역사에 참여해볼 수는 있다. 그러나 말씀을 깨닫고 전적으로 받아들여 뿌리내리고 열매 맺지 않으면 결국 넘어지고 막혀 결실하지 못한다. 관건은 깨닫고 30배, 60배, 100배까지 결실하는 데 있다. 여기서 깨닫는 것과 열매를 맺는 것은 밀접한 관련이 있다. 더 나아가 마태복음에서 말씀을 듣는 것, 깨닫는 것, 열매를 맺는 것은 서로 분리할 수 없는 하나의 통합적 활동으로 간주한다.[27] 이는 행위 없는 믿음은 죽은 것이라는 유대 공동체적 특징을 갖는 야고보서 말씀과 흐름을 같이한다(약 2:17, 참조 딛 1:16).

따라서 히브리서 6장 7~8절에 나오는 좋은 밭과 가시와 엉겅퀴가 난 밭의 비유는 핍박과 배교의 위협 가운데서도 인내하며 끝까지 믿음을 지켜 승리하고 믿음의 좋은 본이 되어 열매 맺는 성도로 서자는 목회적인 권면이다.

일곱째, 히브리서는 이상의 엄중한 경고와 함께 예수 그리스도의 구속사역의 확실함을 동시에 강조한다(2:17-18, 4:14-16, 5:9-10, 6:9). 목양적 차원에서 이런 두 가지 가르침이 공존하는 것은 배교의 위험에 처한 성도에게는 용기와 결단을, 다른 한편으로 구원의 확신에 대하여 불안을 느끼는 성도에게는 확신과 믿음을 더해주기 위해서다.[28] 따라서 본문은 교리적 차원의 접근보다 목양적, 상황적 차원에서 접근해야 한다.

* 심판과 맹렬한 불만 있으리라 (히 10:26-31)

"우리가 진리를 아는 지식을 받은 후 짐짓 죄를 범한즉 다시 속죄하는 제사가 없고 오직 무서운 마음으로 심판을 기다리는 것과 대적하는 자를 태울 맹렬한 불만 있으리라"(히 10:26-27).

본문은 그동안 경고했던 배교와 이탈의 위험이 본질에서 어떤 것인지를 잘 드러내 준다.

첫째, '짐짓'(헬. 헤쿠시오스)이라는 단어를 주목해보자. 이는 '고의로'(deliberately), '의도적으로'(intentionally)라는 뜻으로, 알고 있음에도 일부러 범죄하는 것을 말한다. 이는 하나님을 능멸하는 의식적인 태도이다.[29]

둘째, '죄를 범한즉'(헬. 하마르타논톤)은 현재형분사로 지속적임을 뜻한다. 이는 한 번 잘못한 것이 아닌 지속해서 죄짓는 것을 의미한다.

셋째, 죄임을 알고도 회개치 않고 고의로 죄의 쾌락에 빠져 지속해서 죄를 짓는 것은 단번에 십자가에서 이루신 예수 그리스도의 속죄 제사를 고의로 거부하는 행위이다. 예수께서 세상 죄를 위한 최종 제물이 되셨는데 이 제사를 거부하면 더 이상 그의 죄를 속할 제사가 남아 있지 않다.

넷째, 이들의 구체적인 범죄가 무엇인지 이를 설명하는 29절을 살펴보자. 먼저 하나님의 아들을 부인할 뿐 아니라 짓밟고 모욕한다. 또한 인류의 죄를 사하시고 새 언약을 세우신 예수 그리스도의 피를 부정한 것으로 여긴다. 여기 '부정하다' (헬. 코이노스)는 단어는 '평범하다, 상대적으로 무가치하다' 는 뜻이다. 이는 예수님의 고귀한 보혈을 무가치하게 여기고, 다른 짐승의 피와 다를 바 없는 평범한 피로 여기는 신성모독의 행위이다. 끝으로 은혜의 성령을 욕되게(헬. 에뉘브리조) 한다. 이는 성령을 모욕하고(insult), 조롱하는(mock) 행위를 의미한다.

이처럼 성령을 모독하면 성령의 역사가 그에게서 사라진다. 성령의 역사가 사라지면 그는 더 이상 회개할 수 없고 죄 사함을 얻을 기회를 영영 잃어버리게 된다(마 12:31, 막 3:29, 눅 12:10). 이처럼 하나님의 아들 예수 그리스도를 부인하고, 그의 거룩한 피를 부정하게 여기며, 성령을 모독하는 행위를 고의로 지속하면 그는 맹렬한 불심판에 처하게 된다.

다섯째, 이러한 엄중한 경고 후에 히브리서는 성도들에게 지금까지 믿음의 선한 싸움을 싸워왔던 것을 상기시킨다. "전날에 너희가 빛을 받은 후에 고난의 큰 싸움을 견디어 낸 것을 생각하라"(10:32). 그리고 결론적으로 히브리서 공동체의 성도들에게 믿음의 확신을 심어주며 마무리한다.

> "그러므로 너희 담대함을 버리지 말라. 이것이 큰 상을 얻게 하느니라. 너희에게 인내가 필요함은 너희가 하나님의 뜻을 행한 후에 약속하신 것을 받기 위함이라. …우리는 뒤로 물러가 멸망할 자가 아니요 오직 영혼을 구원함에 이르는 믿음을 가진 자니라"(히 10:35-36,39).

이러한 결론은 구원을 잃을 것을 책망하기보다 끝까지 믿음의 선한 싸움을 싸워 이길 것을 권면하는 말씀임을 보여준다.

좁은 길, 좁은 문, 텅 빈 천국 (눅 13:24, 마 7:13-14)

본문은 구원을 진지하게 고민하는 성도라면 정말 정신이 번쩍 날 정도로 섬뜩한 말씀이 될 수 있다.

> "좁은 문으로 들어가기를 힘쓰라. 내가 너희에게 이르노니 들어가기를 구하여도 못하는 자가 많으리라"(눅 13:24).

구원의 길은 좁은 문이고 들어가기를 구하여도 들어가지 못하는 자가 많을 것이라는 말씀이다. 그렇다면 나중에 천국에서 구원받은 자의 수는 정말 적을 것이다. 이렇게 어렵고 힘들다면 과연 어떻게 해야 구원을 얻을 수 있을까? 단순히 예수 믿고 영접하는 것만으로는 턱없이 부족한 것 같다. 이와 같은 말씀이 마태복음의 산상수훈에 약간 다르게 등장한다.

> "좁은 문으로 들어가라. 멸망으로 인도하는 문은 크고 그 길이 넓어 그리로 들어가는 자가 많고 생명으로 인도하는 문은 좁고 길이 협착하여 찾는 자가 적음이라"(마 7:13-14).

멸망의 문은 크고 넓어 많은 사람이 가지만 좁은 문은 정말 좁고 그 길이 좁아 찾는 사람이 적다. 지금 나는 세상 사람이 가는 넓은 길로 가고 있고 정말 좁은 길로 가지 못하는 것 같다. 좁은 길로 가려면 지금보다 더 고행을 감수해야 하고 금욕하고 절제해야 할 것 같다. 이러다가 천국에 들어가지 못하면 큰일이다. 이렇게 되면 나중에는 텅 빈 천국, 가득 찬 지옥이 될 가능성이 크다. 과연 지옥은 죄인으로 터져나가는데 천국은 텅텅 비어 있을까?

장차 천상에서 펼쳐질 성도의 최후 승리의 모습을 그린 요한계시록 7장을 보면 천국은 텅 비어 있는 한가한 곳이 아님을 알 수 있다. 도리어 천국은 각 나라와 족속과 백성과 방언에서 나온 아무도 셀 수 없는 큰 무리로 가득 차 있다. 이들은 거룩한 승리자들에게 주는 흰 옷을 입고 하나님의 보좌 앞과 어린 양 앞에 서서 큰 소리로 찬양을 드린다(계 7:9). 천국은 결코 텅 비어 있는 곳이 아니다.

그렇다면 천국에 들어가기를 구하여도 못하는 자가 많다는 누가복음 13장 24절의 말씀은 어떻게 이해해야 할까? 주목할 점은 본문 구절이 위치한 단락(눅 13:22-30)을 자세히 살펴보면 천국을 결코 텅 빈 곳으로 묘사하지 않는다는 사실이다. 예수님은 종말에 "사람들이 동서남북으로부터 와서 하나님의 나라 잔치에 참여"(눅 13:29)할 것을 말씀하신다.

'동서남북으로부터 온다'는 것은 요한계시록 7장 9절에서 묘사한 것처럼 각 나라와 족속과 백성과 방언에서 아무도 능히 셀 수 없는 큰 무리가 나옴을 의미한다. 이는 마태복음의 진술도 마찬가지다. 예수께서는 장차 "동서로부터 많은 사람이 이르러 아브라함과 이삭과 야곱과 함께 천국에 앉을 것"을 말씀하셨다(마 8:11). 마태복음은 분명 '많은' 사람이 천국에 올 것을 강조한다.

그렇다면 천국에 들어가기를 구하여도 못하는 많은 자는 누구일까? 누가복음(13:22-30)은 이들을 '너희' (눅 13:24-25,27-28)로 지칭한다. 본문에서 '너희'는 선민으로 자부하는 이스라엘 백성을 의미한다. 이들과 대비되는 동서남북으로부터 온 사람들은 바로 이방인을 가리킨다. 이는 마태복음에서도 마찬가지다.

예수께서는 "동서로부터 오는 많은 사람이 천국에 앉을 것"을 말씀하면서, 이와 대조되는 바깥 어두운 곳으로 쫓겨나 슬피 울며 이를 가는 무리가 그 나라의 본 자손들, 즉 선민이라 자부하는 이스라엘 백성임을 말씀한다(마 8:11-12). 주목할 것은 이 말씀을 하는 상황이다. 이때는 이방 백부장이 예수께 나아와 말씀만 하시면 자기 하인이 낫겠다고 하며, 이스라엘 백성보다 더 뛰어난 믿음을 보여주었을 때이다(마 8:5-10). 예수께서는 이 모습을 보시고 장차 이스라엘보다 뛰어난 믿음을 소유한 수많은 이방인이 천국에 앉을 것이라 말씀하신 것이다.

이스라엘 백성은 선민이라는 자부심으로 예수님께서 말씀하시는 산상수훈의 가르침을 듣고 따르려 하지 않았다. 여전히 낡은 모세 율법 전통을 따르려 하고 있었다. 따라서 좁은 문, 좁은 길이란 제2의 모세와 같은 메시아로 오신 예수께서 새롭게 선포하신 산상수훈의 말씀을 듣고 순종하며 그 위에 인생의 집을 든든하게 세워가는 것을 말한다(마 7:24, 참조 신 18:15, 34:10, 행 3:22-23). 예수님의 가르침을 듣고 순종하며 따르는 것이 올바른 제자도의 출발인 것이다. 그럴 때 제자는 좋은 열매를 맺고(마 7:17-20), 든든한 집을 세우며(마 7:24), 생명으로 들어갈 수 있다(마 7:14). 따라서 좁은 문으로 들어가는 것은 고행과 금욕의 삶으로 들어가는 것이 아니라 참된 지혜이신 예수님의 말씀을 마음과 뜻과 힘을 다하여 귀 기울여 듣고 이에 순종으로 반응하는 것이다(잠 2:1-5 참조).[30]

믿음의 결국은 영혼 구원인가? (벧전 1:9)

"믿음의 결국 곧 영혼의 구원을 받음이라"(벧전 1:9).

어떤 이들은 이 구절을 인용하며 마지막 때 우리의 믿음을 끝까지 지켜 영혼 구원을 이루어야 한다고 주장한다. 이는 종종 임박한 종말론을 전제하는데, 이는 종말의 핍박 가운데서도 꿋꿋이 육신의 고난을 견뎌내며 영혼의 구원을 잃어버리지 않도록 격려할 때 사용된다. 천하를 얻고도 영혼을 잃어버리면 아무 소용없으니, 결국 우리의 믿음은 영혼 구원으로 이어져야 한다는 것이다. 몸은 핍박당하다 죽을 수 있어도, 어쨌거나 영혼 구원은 꼭 받아야 한다고 말한다.

과연 믿음의 결국은 영혼의 구원일까? 이를 파악하려면 먼저, 본문의 흐름을 살펴볼 필요가 있다. 본문의 맥락을 살펴보면 놀랍게도 믿음의 결국은 영혼 구원이라기보다 전인적 구원을 의미함을 알 수 있다.

먼저, 베드로전서 1장 3~4절은 신자에게 예수 그리스도의 부활에 기초한 산 소망과 썩지 않고 쇠하지 않는 영원한 하늘의 유업이 있음을 강조한다. 또한 5절은 신자는 말세에 나타나기로 예비된 구원을 얻기 위하여 하나님의 능력으로 보호하심을 받은 자임을 진술한다. 그렇다면 여기서 말한 종말의 산 소망과 썩지 않는 영원한 유업, 그리고 말세의 구원은 영혼 구원을 의미할까? 그렇지 않다. 우리는 이미 현세에서 예수 그리스도를 믿음으로 영혼 구원을 얻었기 때문이다(요 11:25 참조).

그렇다면 이미 얻은 영혼 구원을 잃어버리지 않는 것이 말세의 구원일까? 베드로전서 1장 9절은 언뜻 읽을 때 이를 지지하는 것 같다. 그렇게 되면 본문은 우리가 믿음으로 얻은 영혼 구원은 잃어버릴 수 있으니 끝까지 믿음을 잘 지켜 영혼 구원을 잃어버리지 말고 믿음의 결국인 구원을 받아야 한다는 뜻이 된다.

하지만 성경이 말하는 신자의 최종적인 구원은 사도신경 말미에도 고백하는 바 몸의 부활을 통한 전인적인 구원을 의미한다(롬 8:11,23, 살전 4:16-17). 이는 부활의 첫 열매되신 그리스도를 닮는 것으로 이를 구원의 최종 완성인 영화(glorification)라고도 한다. 이것이 신자에게 주시는 구원의 최종 열매다.

그렇다면 "믿음의 결국은 곧 영혼의 구원을 받음"이란 무엇을 의미할까?

우선 본문이 진술하는 '믿음의 결국'이 무엇을 의미하는지 살펴보자. '결국'(헬. 텔로스)은 목표, 완성, 종결 등의 의미가 있다. 따라서 이것은 믿음의 최종 완성, 즉 성도가 믿음으로 말미암아 얻는 구원의 최종적인 완성의 모습, 최종적인 목표, 하나님께서 시작하신 구원역사의 최종적 완성, 곧 종결을 의미한다.

그렇다면 그 최종적 종결이 '영혼의 구원' 이라면 이것은 무엇을 의미하는가? 몸은 죽고 영혼만 천국에 가면 믿음의 최종 목표를 달성하는 것일까? 이를 올바르게 이해하려면 '영혼' 이란 단어의 의미를 정확히 파악해야 한다. 여기서 사용한 영혼(헬. 프쉬케)이란 사람의 내면에 있는 불가시적 영을 말하는 것이 아니다. 이 단어는 그 사람의 실존적인 자기 정체성, 더 나아가 그 사람 전체를 의미한다.[31] 전인적인 사람이다.

또한 영혼(헬. 프쉬케)은 한 사람의 생명 또는 목숨으로도 번역된다. "사람이 만일 온 천하를 얻고도 자기 목숨(헬. 프쉬케)을 잃으면 무엇이 유익하리요"(막 8:36). "누구든지 나와 복음을 위하여 자기 목숨(헬. 프쉬케)을 잃으면 구원하리라"(막 8:35). 여기서 프쉬케는 몸으로 살아내는 삶을 의미한다. 베드로전서에서 '영혼' 은 예수의 부활을 토대로 한 신자의 부활에 대한 소망을 함축하는 용어를 의미한다.[32]

따라서 '영혼의 구원' 은 영혼의 구원뿐 아니라 전인적인 몸의 부활을 포함하는 총체적 구원을 의미한다. 이런 의미를 간파한 유진 피터슨은 그의 「메시지」 성경에서 '완전한 구원' (total salvation)으로 번역한다.[33] 이는 영혼 구원뿐만 아니라 몸의 부활을 포함한 '총체적 구원' 을 의미한다. 구원을 영혼 구원에만 제한한다면 구원의 총체적인 풍성함을 왜곡하기 쉽다. 베드로전서 1장 9절이 말씀하는 바는 영혼 구원에 제한되지 않는다. 여러 가지 환난과 시험 가운데서도 인내하며 분투하는 신자의 믿음은 결국 영광스러운 전인적 부활, 곧 총체적인 구원에 이르게 할 것이다.

검을 주러 왔노라 (마 10:34)

> "내가 세상에 화평을 주러 온 줄로 생각하지 말라. 화평이 아니요 검을 주러 왔노라"(마 10:34).

예수께서 세상에 검을 주러 오셨다는 말씀은 종종 가족 안에서의 불화를 정당화하는 구실로 사용된다. 이 구절은 많은 이단단체와 사이비성 유튜브 영상에서 단골로 사용하는 성경 구절이기도 하다. 자기네 단체의 가르침을 거부하고 핍박하면 이것이 과연 그러한가 합리적으로 따지고 생각해보지도 않고, 무조건 굴복하지 말라고 하면서 예수께서 '검' 을 주러 오셨으니 생명을 각오하고 당당히 검을 휘두르라는 것이다. 그러면서 이단적인 유튜브 시청을 만류하는 가족들에게 적개심을 보이며 다투게 자극한다. 여기서 검은 '불화' '분쟁' 을 의미한다.

그렇다면 예수님이 오신 것은 과연 검을 주러 오신 것일까? 예수님의 가르침을 조금만 살펴보아도 예수님은 '검' 못지않게 '평화의 왕' 으로 이 땅에 평화를 주러 오신 분임을 알 수 있다. 예수께서는 팔복에서 화평하게 하는 자(Peacemaker)의 복에 대해 말씀하셨다.

"화평하게 하는 자는 복이 있나니 그들이 하나님의 아들이라 일컬음을 받을 것임이요"(마 5:7).

불화가 있고 다툼이 있는 곳에 평화를 만들어가는 이들이 하나님의 자녀라 일컬음을 받을 것이다. 그뿐만이 아니라 예수님은 자신을 세상과 하나님 사이를 화목하게 하려고 내어주셨다. 하나님과 세상 사이에 평화를 만드는 자, 곧 피스메이커로 자신을 내어주신 것이다.

"곧 우리가 원수 되었을 때에 그의 아들의 죽으심으로 말미암아 하나님과 화목하게 되었은즉 화목하게 된 자로서는 더욱 그의 살아나심으로 말미암아 구원을 받을 것이니라"(롬 5:10).

예수께서는 자신의 모든 것을 평화를 이루기 위해 기꺼이 내어주신 화목제물이셨다. 그뿐만이 아니라 예수님의 화목하게 하는 사역으로 인해 구원을 얻은 우리에게도 화목하게 하는 일을 맡기셨다.

"모든 것이 하나님께로서 났으며 그가 그리스도로 말미암아 우리를 자기와 화목하게 하시고 또 우리에게 화목하게 하는 직분을 주셨으니"(고후 5:18).

그래서 예수께서는 하나님 나라의 복음을 전파하도록 제자들을 파송하며, 어느 집에 들어가든지 그 집에 평화를 빌라고 말씀하셨다 (마 10:12). 그뿐만이 아니다. 성경은 성도가 화평의 일과 덕을 세우는 일에 힘써야 한다고 말씀한다(롬 14:19).

이토록 평화를 사랑하셨던 예수님은 '평강의 왕'이라는 별명을 갖고 계신 분이셨다(사 9:6). 그래서 예수님은 제자 베드로가 검을 들어 대제사장 종 말고의 귀를 베자, 검을 휘두르라고 하지 않으시고 검을 도로 칼집에 꽂으라고 말씀하셨다.

> "예수께서 베드로더러 이르시되 칼을 칼집에 꽂으라. 아버지께서 주신 잔을 내가 마시지 아니하겠느냐 하시니라"(요 18:11).

예수께서는 제자가 스승을 위해 검 휘두르는 것을 거부하셨다! 예수께서는 도리어 둘로 갈라진 원수 사이를 하나로 만들고 중간에 막힌 담을 허무는 분이셨다(엡 2:14). 이렇게 화평을 만들어가는 것을 예수님은 기뻐하셨다(골 1:20). 더 나아가 히브리서는 "모든 사람과 더불어 화평함과 거룩함을 따르라. 이것이 없이는 아무도 주를 보지 못하리라"(히 12:14)고 말씀한다. 또한 우리가 성령으로 충만하면 맺게 되는 열매가 '화평'의 열매임을 기억할 필요가 있다(갈 5:22).

그렇다면 예수께서 "검을 주러 오셨다"는 말씀을 우리는 어떻게 이해해야 할까?

첫째, 본문의 말씀이 위치한 문맥을 이해할 필요가 있다. 마태복음 10장은 예수께서 열두 제자를 부르시고 복음을 증거하도록 파송하는 가운데 주신 말씀이다. 예수께서 제자들을 보낼 때 하나님 나라의 화평케 하는 복음을 증거하기 원하셨지만, 파송하는 현장은 마치 사나운 이리 가운데 보내는 것과 같은 갈등과 어려움이 있을 것도 아셨다. 예수께서는 제자들에게 복음을 증거함으로, 심지어 총독과 임금들 앞에 끌려가는 상황이 벌어질 것도 말씀하셨다(18절). 예수 그리스도를 증거함으로 가까운 형제가 성도를 대적하여 죽음에 내주기까지 하는 상황이 펼쳐질 것이다(21절). 이때는 사람들 앞에서 예수를 주로 고백하는 믿음을 부인하라는 협박까지 받게 된다(32-33절).

이런 핍박과 미움의 상황에서 예수께서는 제자들에게 끝까지 견딜 것을 말씀하신다(22절). 그러나 예수님은 제자들에게 그들의 머리털까지 세신 바 되었기에 두려워하지 말고 담대히 예수 그리스도가 참된 주님임을 고백하라고 하신다(33절). 이런 협박과 박해 가운데 갈등과 분쟁이 일어난다. 그래서 가족 안에서 아버지와 어머니, 며느리와 시어머니의 불화가 발생한다. 그러나 그런데도 예수를 주로 믿는 바른 신앙고백과 복음 증거의 우선순위를 타협해서는 안 된다. 제자들은 예수 그리스도를 참된 주로 믿고 그를 사랑하고 따라가야 한다(37절).

둘째, 갈등의 원인은 '예수 그리스도가 주(Lord)' 임을 고백하는 것에 있다. 본문의 '검' 은 예수 그리스도를 가리킨다. 예수 그리스도를 시인하느냐 부인하느냐가 갈등과 평화의 갈림길이다. 기억할 것은 평화의 왕이신 예수 그리스도가 참된 구주임을 인정하느냐 부인하느냐가 갈등의 궁극적인 원인이라는 것이다.

주의할 점은 엉뚱한 사람이 또 다른 보혜사라고 주장하는 거짓 주장으로 인해, 또는 이단단체의 시한부 종말론으로 인해, 또 이로 말미암은 극단적인 생활방식의 변화로 갈등이 일어난다면 이것은 핵심을 벗어난 갈등이라는 것이다. 갈등의 원인은 예수 그리스도가 주님이라는 사실을 인정하느냐 인정하지 않느냐에 있다. 이것이 아닌 다른 요인으로 인해 갈등이 일어난다면 그것은 비성경적인 갈등임을 기억해야 한다. 우리의 갈등은 예수 그리스도가 참된 주님임을 고백하고 전파할 때 일어나는 갈등이어야 한다(마 10:22). 이단단체의 교주를 참된 보혜사라 믿으면서 찾아오는 박해나, 곧 주님이 오신다고 하면서 불안에 떨며 종말론 유튜브만 보며 교회 신앙생활을 게을리 하면서 일어나는 갈등은 결코 '검' 이 아님을 기억하라!

셋째, 예수께서 "검을 주러 오셨다"는 것은 복음을 전파할 때 일어나는 일이지만, 이것이 궁극적인 결과는 아니라는 사실을 기억해야 한다. 복음은 처음 받는 이들에게 갈등과 불화를 일으키지만, 결국 최종적으로는 화평을 이루는 결과를 가져온다. 예수께서 자기 육체를 내어주며 평화를 이루셨지만, 그때까지 그가 당한 고난은 극심한 갈등과 죽음을 통과한 것이었다. 마태복음 10장에서도 예수께서는 이런 결과를 예고하신다. 갈등 가운데서도 끝까지 예수 그리스도가 참된 주님이자 구원자임을 선포하는 일을 끝까지 감당할 때 자기 목숨을 얻을 것이고(39절), 이런 복음 전도자를 영접하고 받아들이는 이들을 주님이 절대 잊지 않고 상주실 것을 약속하신다(42절).

복음을 위한 불화와 갈등, 곧 검의 최종적 결과는 원수가 되어 영원히 남남으로 지내는 것이 아니라 예수님을 영접하고 참된 평화를 맛보는 일이다. 예수께서 이런 갈등에도 제자들에게 담대히 나아가 복음을 증거하게 하심은 잃어버린 가족, 부모, 형제, 시부모와 같은 이들과 가정들을 구원하기 위해서임을 기억해야 한다. 따라서 예수께서 검을 말씀하신 것은 제자들에게 복음을 증거할 때 닥칠 어려움을 사전에 알려주어 어떤 어려움과 갈등이 있더라도 복음 증거의 사명을 포기하거나 타협하지 말고, 끝까지 인내하고 견디도록 하기 위함이다. 그래서 마침내 복음을 통해 모두가 그리스도께로 돌아오도록 하기 위해서다.

만약 이런 의도를 왜곡하여 예수님을 위해 휘둘러야 할 검을 엉뚱하게 이단단체와 교주를 위해 휘두르며 갈등을 극단으로 밀고 가는 일은 매우 조심해야 한다. 심지어 직장생활을 포기하고 이혼도 서슴지 않고 가정 파탄까지 일으키게 한다면 그것은 복음을 위한 검이 아닌, 엉뚱하고 교묘한 이단사설로 인한 미혹임을 분별해야 한다.

> "이는 가만히 들어온 거짓 형제들 때문이라. 그들이 가만히 들어온 것은 그리스도 예수 안에서 우리가 가진 자유를 엿보고 우리를 종으로 삼고자 함이로되"(갈 2:4).
>
> "이는 가만히 들어온 사람 몇이 있음이라. 그들은 옛적부터 이 판결을 받기로 미리 기록된 자니 경건하지 아니하여 우리 하나님의 은혜를 도리어 방탕한 것으로 바꾸고 홀로 하나이신 주재 곧 우리 주 예수 그리스도를 부인하는 자니라"(유 1:4).

우리가 그리스도 안에서 가진 자유를 빼앗고 두려움과 걱정의 종으로 만들기 위해 검을 사용하라고 부추긴다면 주의해야 한다. 교묘하게 가만히 들어온 것은 결국 하나님의 은혜를 부인하고 방탕한 것으로 바꾸도록 하기 위함이다. 은혜를 방탕한 것으로 바꾼다는 일은 주님의 십자가의 공로로 얻은 구원을 부인하고, 내 열심과 공로로 깨어 어떻게든 주님 오실 때 버림받지 않아야 한다는 두려움 속에 신앙생활을 하도록 행위로 열심을 내려는 모든 시도를 말한다.

생각해보라. 이전에 평화롭고 기쁘게 믿음생활을 하던 것이 언제부터 이단 검을 휘두르며 가족 간의 극단적인 갈등을 일으키는 불안한 신앙생활로 바뀌었는가? 그것은 잘못된 이단단체의 또 다른 자칭 보혜사와 사이비 종말론 유튜브에 빠지면서부터다. 우리는 이들이 이렇게 우리의 평온했던 일상생활에 갈등(검)을 일으키는 이유를 간파해야 한다.

> "그들이 너희에게 대하여 열심 내는 것은 좋은 뜻이 아니요. 오직 너희를 이간시켜 너희로 그들에게 대하여 열심을 내게 하려 함이라"(갈 4:17).

자극적이고 충격적인 유튜브를 보고 그때부터 가족들과 갈등이 일어난다면 그것은 정당하게 주님이 주신 검을 휘두르는 것이 아니라 우리를 그들의 종으로 삼으려는 이단단체의 이간질에 놀아나는 것이다(갈 2:4 참조). 결국 그렇게 해서 그리스도가 아닌 엉뚱한 사이비단체와 거짓 교사들에 대하여 열심을 내도록 하기 위한 것이다.

사람의 원수가 자기 집안 식구리라 (마 10:36)

이 말씀은 "검을 주러 왔다"는 말씀(34절)과 함께 극단적 세대주의 종말론의 허황된 신념을 따르거나 또 다른 보혜사를 따르는 것을 가족들이 반대할 때 자신의 견해를 합리화하기 위해 흔히 오용하는 구절이다. 집안 식구들이 자신의 믿음을 반대하는 원수가 되는 것은 예수께서 말씀하신 대로 이루어지기에 지금 자신이 믿고 있는 바가 옳은 믿음이라는 것이다. 과연 그런 뜻일까? 원래 이 말씀은 미가서 7장 6절을 인용한 것이다.

> "아들이 아버지를 멸시하며 딸이 어머니를 대적하며 며느리가 시어머니를 대적하리니 사람의 원수가 곧 자기의 집안사람이리로다"(미 7:6).

미가서에서 이 말씀의 배경은 이스라엘 백성이 바벨론의 포로로 끌려가게 된 이유 중 하나로 이스라엘에 만연한 사회적 불의를 지적한 것이다. 이스라엘은 경건한 자와 정직한 자가 사라지고, 하나님의 선민이란 사람들은 무고한 피를 흘리려고 매복하고 형제들을 잡으려 하고 부지런히 악을 행하는 상황이었다(미 7:2). 뇌물이 판을 치고, 악한 탐욕을 위해 힘을 합치는 일이 비일비재했다(미 7:3). 정의가 사라지고 자기 욕심을 따라 모든 것을 저버리는 시대에 아들이 아버지를 멸시하고, 딸이 어머니를 대적하고, 며느리가 시어머니를 대적하며, 가족끼리 저마다의 탐욕을 위해 갈등을 일으키고 원수가 되는 상황을 말씀한 것이다. 이는 하나님의 통치가 사라지자 인간적인 탐욕이 가득하여 일어나는 갈등이었다.

예수께서는 이런 미가서를 인용하여 복음을 증거하는 제자들에게 사람의 원수가 자기 집안 식구라고 말씀한다. 이는 미가서에서 전제하는 무법적인 상황이 제자들이 방문하는 이스라엘 가정에 있을 것을 전제하는 것이다. 이런 상태에서 복음이 증거되고 하나님의 나라가 임할 때 이를 거부하는 가족과 갈등을 일으키게 될 것이다. 따라서 이 말씀은 가족 간의 원수관계를 당연하게 여기고 더 극단적으로 대적하라는 말씀이 아니라 이들에게도 예수 그리스도의 말씀을 증거하되 이런 갈등이 일어날 것을 염두에 두고 최선을 다하여 복음을 증거하라는 말씀이다. 핵심은 예수 그리스도의 주되심과 통치에 있다. 예수 그리스도의 주되심과 그의 복음은 결국 한 가정을 능히 살리고 화평하게 하는 역사를 이룬다.

> "이르되 주 예수를 믿으라. 그리하면 너와 네 집이 구원을 받으리라"(행 16:31).

이 말씀의 배경은 다음과 같다. 바울과 실라는 복음을 증거하다가 빌립보 감옥에 갇혔다. 피곤하고 낙담되었지만 이들은 한밤중에 일어나 기도하며 하나님을 찬송했다. 그러자 하나님의 큰 능력이 나타나 지진이 나고 옥터가 흔들리며 모든 사람의 차꼬와 매인 사슬이 풀어졌다. 이때 간수가 깨어 이 모든 상황을 보고 죄수들이 도망간

줄 알고 칼을 빼서 자결하려 했다. 그때 바울이 크게 소리 질러 "네 몸을 상하지 말라. 우리가 다 여기 있노라"(행 16:31)고 말한다. 간수는 무서워 떨며 바울과 실라 앞에 엎드려 묻는다. "내가 어떻게 하여야 구원을 받으리이까"(30절). 그러자 바울은 "주 예수를 믿으라"고 답한다. 이 권면을 듣고 간수와 그 집에 있는 모든 사람이 예수님을 믿고 세례까지 받는 역사가 일어난다. 이처럼 예수의 이름은 한 개인만이 아니라 그 가정을 살리는 능력이 있다.

하지만 우리가 복음을 믿지 않는 가족들에게 처음 증거할 때 갈등과 불화가 종종 일어난다. 그러나 기억하라. 예수님은 나뿐만 아니라 나의 온 가족이 구원받기 원하신다. 그래서 우리는 이를 위하여 기꺼이 십자가를 받아들이고 기꺼이 자신의 생명을 내주는 자리로까지 나아가야 한다.[34] 그래서 예수께서는 자기 십자가를 지고 나를 따르는 것이 합당하다고 말씀한다(마 10:38). 예수께서 자신을 십자가로 내주셔서 온 세상이 화목하게 되었던 것처럼 우리도 이런 예수님의 본을 따라 기꺼이 자신을 십자가로 내주어야 한다. 그럴 때 우리는 생명을 얻게 된다. 더 나아가 온 가족의 생명까지 얻게 된다.

성경에는 예수님을 믿는 믿음의 가정이 종종 등장한다. 로마서의 마지막 인사에 보면 예수님을 믿은 '권속'(household)이 등장한다(롬 16:10). 이처럼 예수의 복음은 한 개인뿐 아니라 그의 가정을 구원하고, 그 가정을 믿음의 명문가정으로 세우는 역사를 일으킨다. 한국에 복음이 처음 들어올 때도 그랬다. 믿음의 1세대들이 많은 갈등과 박해 가운데서 희생과 눈물로 믿음의 씨를 뿌렸고, 이것이 자라 오늘날 아름다운 믿음의 명문가정이 우후죽순으로 일어나고 있다.

하지만 이와는 반대로 우리가 핍박과 가족한테서 당하는 소외에 대한 두려움으로 예수를 포기한다면 생명을 얻고자 할 때조차 생명을 잃어버리게 된다(마 10:39).

핵심은 "주 예수를 믿으라!"이다. 반면 다른 엉뚱한 교주, 엉뚱한 보혜사를 믿으면 가정이 불화하고 갈라지고 결과도 비참하다. 평생 세대를 넘어 고통받는다. 그러나 주 예수를 믿으면 잠시 어려움과 고난이 있어도 결국 그와 그의 온 집이 구원받는 역사가 일어난다. 오직 주 예수 그리스도를 붙들고 핍박과 어려움 속에서도 끝까지 인내하며 나아갈 때 원수 같던 가족과도 화해하고 지옥 같던 가정이 천국으로 변할 것이다.

[1장 각주]

1) 변승우, 「지옥에 가는 크리스천들」(수정증보판)(서울: 큰믿음출판사, 2011), 116쪽.
2) 양형주, 「바이블 백신 2」(서울: 홍성사, 2019), 135쪽.
3) 위의 책, 135쪽.
4) 대표적인 주장으로 김세윤, 「칭의와 성화」(서울: 두란노, 2013); 「칭의와 하나님 나라」(서울: 두란노, 2020) 등이 있다. 이에 대한 건강한 개혁신학적 반론으로는 이윤석, "김세윤의 칭의와 성화에 대한 관점 비판"(「개혁논총」(35권), 2015), 138-163쪽을 보라.
5) 강웅산, 「구원론: 성경신학적 조직신학」(화성: 말씀과 삶, 2016), 313쪽, 각주 40번 참조.
6) 신약성경에 구원을 '얻다'는 표현은 마 10:22, 19:25, 24:13, 24:22, 막 10:26, 13:20, 16:16, 눅 8:12,50, 18:26, 행 27:31, 롬 8:24, 딤전 2:15, 벧전 1:5, 3:20 등에 나오고, 구원을 '받다'는 표현은 마 9:21,22, 10:22, 막 5:23,28, 13:13, 16:16,

눅 13:23, 요 3:17, 5:34, 10:9, 행 2:21,40, 4:9,12, 15:1, 16:30,31, 롬 5:9,10, 9:27, 10:1,9,13, 11:26, 고전 1:18, 3:15, 5:5, 10:33, 15:2, 고후 1:6, 엡 2:5,8, 살전 5:9, 살후 2:13, 딤전 2:4, 벧전 1:5,9, 3:1, 4:18 등에 나온다. 구원을 '이루다' 는 표현은 빌립보서 2장 12절이 유일하다.

7) 제랄드 호돈, 채천석 역, 「빌립보서」(WBC)(서울: 솔로몬, 1999), 126쪽.
8) 박영호, 「빌립보서」(그리스도인을 위한 통독 주석시리즈)(서울: 홍성사, 2017), 49쪽.
9) 위의 책, 154쪽.
10) 박철현, 「레위기: 위험한 거룩성과의 동행」(서울: 솔로몬, 2018). 294쪽.
11) 위의 책, 92쪽.
12) Gordon Fee, *The First Epistle To The Corinthians, NICNT*, Grand Rapids, Eerdmans, 1987, p.440.
13) 김지철, 「고린도전서」(대한기독교서회 창립 100주년 기념주석 38)(서울: 대한기독교서회, 1999), 186-187쪽.
14) 독일성서공회판, 「해설. 관주 성경전서」, 401쪽.
15) 랄프 P. 마틴, 홍찬혁 역, 「야고보서」(WBC 성경주석 48)(서울: 솔로몬, 2001), 268쪽.
16) 김명수, 「야고보서」(대한기독교서회 100주년 기념주석 47)(서울: 대한기독교서회, 1994), 177쪽.
17) 위의 책, 156쪽.
18) 랄프 P. 마틴, 「야고보서」, 267쪽.
19) 장흥길, 「예수를 바라보자: 설교를 위한 히브리서 연구」(서울: 한국성서학연구소, 2019), 271쪽.
20) 위의 책, 271쪽.
21) 조재천, 「히브리서」(그리스도인을 위한 통독 주석시리즈)(서울: 홍성사, 2016), 61-62쪽.
22) 이풍인, 「히브리서 강해: 은혜와 책임」(서울: 킹덤북스, 2016), 70쪽.
23) 크레이그 R. 쾨스터, 우성훈 역, 「앵커바이블 히브리서」(서울: 기독교문서선교회, 2018), 423쪽.
24) 양용의, 「히브리서 어떻게 읽을 것인가」(서울: 성서유니온, 2014), 168쪽.
25) 크레이그 R. 쾨스터, 「앵커바이블 히브리서」, 525쪽.
26) D. A. Hagner, *Matthew 1-13* WBC Vol. 33A, Dallas: Word, 1993, p.380.
27) Ulrich Luz, trans. by James E. Crouch, *Matthew 8-20 A Commentary Hermeneia Series*, Minneapolis: Fortress, 2001, p.250.

28) 양형주, 「바이블 백신 2」(서울: 홍성사, 2019), 121쪽.

29) 윌리암 L. 레인, 채천석 역, 「히브리서」(WBC 47하)(서울: 솔로몬, 2007), 190쪽.

30) Darrell L. Bock, *Luke Vol 2. 9:51-24:53 BECNT*, Grand Rapids: Baker Books, 1996, p.1234.

31) 램지 마이클스, 박문재 역, 「베드로전서」(WBC)(서울: 솔로몬, 2006), 161쪽.

32) 위의 책, 161쪽.

33) 유진 피터슨, 「메시지성경 – 신약편」(서울: 복있는사람, 2015), 847쪽.

34) 데이비드 터너, 배용덕 역, 「BECNT 마태복음」(서울: 부흥과개혁사, 2014), 372쪽.

〉〉〉 CHAPTER · 02

구원의 두 단계를 강조하는 가르침

스마트폰 앱을 사용하다 보면 종종 업데이트 알람이 뜬다. 처음 출시했던 앱의 버그를 수정하고 업그레이드해서 새로 업데이트하는 것이다. 그렇다면 우리의 구원은 어떨까? 처음 우리가 얻은 구원이 완전하지 않고 버그가 많아 새로운 구원으로 업데이트해야 할 것처럼 주장하는 단체가 여럿 있다. 하지만 성경은 그리스도께서 십자가에서 우리를 위해 이루신 구속사역은 단번에 이루어졌으며, 더 이상의 제사가 필요하지 않은 완벽한 선물이라고 말씀한다(롬 6:10, 히 7:27, 9:26,28, 10:1,10, 벧전 3:18, 유 1:3). 더 이상의 수정이나 보완이 필요 없다.

“그는 저 대제사장들이 먼저 자기 죄를 위하고 다음에 백성의 죄를 위하여 날마다 제사 드리는 것과 같이 할 필요가 없으니 이는 그가 단번에 자기를 드려 이루셨음이라”(히 7:27).

그런데도 많은 이단 단체는 우리가 얻은 구원을 자꾸만 불완전한 것처럼 주장한다. 단번에 주신 구원이 불완전하니 자꾸만 자신의 구원을 열심히 업그레이드하여 최종적으로 버그(bug) 없는, 하자 없는 완벽한 구원을 이루라는 것이다. 그래서 처음 예수 믿을 때의 구원을 구원 1.0으로 보고, 이것만으로는 불완전하니 반드시 구원 2.0으로 업그레이드하라고 한다. 구원에도 초기 버전과 완성 버전의 두 단계가 있다는 것이다.

이들은 성도들로 하여금 구원 2.0, 즉 구원의 두 번째 단계로 진입하지 않으면 구원을 잃을 것 같은 두려움과 공포심을 갖도록 조장한다. 하지만 이러한 두 단계의 구원은 예수 그리스도께서 십자가에서 우리를 위하여 주신 구원을 불완전한 것으로 왜곡시키는 주장이다. 거짓 선지자들의 미혹에 대해 경고하는 유다서는 다음과 같이 권고한다.

“사랑하는 자들아 우리가 일반으로 받은 구원에 관하여 내가 너희에게 편지하려는 생각이 간절하던 차에 성도에게 단번에 주신 믿음의 도를 위하여 힘써 싸우라는 편지로 너희를 권하여야 할 필요를 느꼈노니”(유 1:3).

여기서는 구원의 두 단계를 주장하는 다양한 주장을 살핀 후, 이에 대해 바른 중심을 잡아가도록 할 것이다.

구원의 두 단계
: 예수 믿는 것으로 충분하지 않다?

* 큰 구원 vs. 영원한 구원

구원의 두 단계를 주장하는 대표적 단체가 안식교다. 이들은 구원을 '큰 구원'과 '영원한 구원'으로 구분한다.[1] 이를 '첫째 구원' 또는 '얻은 구원'과 장차 '얻을 구원'으로 구분하기도 한다.

그렇다면 첫째 구원(큰 구원)은 어떻게 얻는가? 예수 그리스도를 믿음으로 얻는다. 이것은 기성교회와 다른 점이 없다. 큰 구원은 마귀의 권세에서 벗어나는 구원이며 죄인이 믿음으로 의롭다 함을 얻는 구원이다. 그러나 이 구원은 불완전하여 상실의 위험이 있으니 구원을 유지하려면 율법적 행위에 근거한 성화가 뒷받침되어야 한다는 것이다.[2] 이러한 구원은 로마서 8장 24~25절이 말씀한 바 소망으로 얻는 구원이다.

> "우리가 소망으로 구원을 얻었으매 보이는 소망이 소망이 아니니 보는 것을 누가 바라리요. 만일 우리가 보지 못하는 것을 바라면 참음으로 기다릴지니라."

소망으로 얻은 구원은 마음에 천국을 이룬다. 심령천국을 이루는 것이다. 그러나 이것으로 충분치 않으니 여기서 더 나아가 보지 못하는 소망, 즉 영원한 구원을 얻기 위해서는 인내하며 기다려야 한다고 말한다. 영원한 구원은 예수께서 재림하실 때 이루어질 영광의 왕국, 곧 천국에 들어가는 것을 의미한다는 것이다.

이들의 주장에 따르면 하나님의 나라는 '은혜의 나라'와 '영광의 나라'를 공통으로 가리키는 용어다.[3] 은혜의 나라는 "우리는 긍휼하심을 받고 때를 따라 돕는 은혜를 얻기 위하여 은혜의 보좌 앞에 담대히 나아갈 것이니라"(히 4:16)고 하신 히브리서 말씀에 근거한다. 보좌가 있다는 것은 나라가 있음을 상징적으로 나타낸다. 따라서 은혜의 보좌는 곧 은혜의 나라를 대표한다. 마찬가지로 성경은 영광의 보좌에 대해 말씀한다. "인자가 자기 영광으로 모든 천사와 함께 올 때에 자기 영광의 보좌에 앉으리니"(마 25:31). 영광의 보좌는 영광의 나라를 대표한다. 이 나라는 장래에 속한 나라로서 그리스도께서 재림하실 때에야 건설될 것이다. 따라서 영광의 나라에 들어가는 것은 장차 얻을 구원, 곧 영원한 구원에 속한다.

이들의 주장에 따르면 장차 얻을 구원은 성경의 "구원을 얻을 것이라"는 진술에 근거한다.

> "너희는 <u>말세에 나타내기로 예비하신 구원</u>을 얻기 위하여 믿음으로 말미암아 하나님의 능력으로 보호하심을 받았느니라"(벧전 1:5).
>
> "이와 같이 그리스도도 많은 사람의 죄를 담당하시려고 단번에

드리신 바 되셨고 구원에 이르게 하기 위하여 죄와 상관 없이 자기를 바라는 자들에게 두 번째 나타나시리라"(히 9:28).

이들은 말세에 예비하신 구원, 즉 주께서 두 번째 나타나실 때 이르게 하실 구원을 얻으려면 율법을 행하고 지켜야 한다고 주장한다. 주님께서 다시 오실 때는 각 사람이 행한 대로 심판받기 때문이다(마 16:27, 참조 마 7:21-23, 계 22:12, 약 2:14,19,20,22, 살후 2:8).

이들의 주장대로 성경은 두 단계의 구원을 말하는 것일까? 먼저 베드로전서 1장 5절은 두 단계의 구원을 말씀하는 것이 아니다. 이미 예수 믿고 구원받은 성도에게 비록 지금 환난과 핍박이 많이 닥쳐와도 그리스도께서 재림하실 때까지 끝까지 능력으로 보호하실 것이라는 확신을 진술하는 말씀이다. 그리스도께서 재림하실 때는 행동의 의로움과 완전함으로 구원 얻는 것이 아니다. 그때에는 어린 양의 생명책에 이름이 기록된 것으로 구원받는다(계 20:12,15 참조).

둘째, 그리스도께서 두 번째 나타나실 때는 성도를 정죄하고 심판하기 위해 오시는 것이 아니다. 성도는 이미 그리스도 안에서 정죄함이 없는 자들이다(롬 8:1 참조). 그래서 그리스도의 재림 때에는 '죄와 상관없이' 그를 사모하는 자들에게 오시는 것이다.

* '영원한 구원'의 조건, 품성 변화

구원을 두 단계로 구분하고 2차 구원, 곧 영원한 구원을 주장하는 이들은 비록 믿음으로 1차 구원(큰 구원, 얻은 구원)을 받았다 하더라도, 2차 구원(영원한 구원, 얻을 구원)을 얻으려면 예수님과 같이 점도 없고 흠도 없는 완벽한 품성을 갖추어야 한다고 주장한다. 이들의 주장을 몇 가지만 살펴보면 다음과 같다.

> "우리의 품성 가운데 점이나 흠이 있는 한 우리 중 아무라도 하나님의 인을 결코 받지 못할 것이다."[4)]

> "단 한 개의 결함일지라도 이를 극복하지 않고 배양하면 그에게 거룩한 도성에 들어가는 문을 닫게 한다. 하늘에 들어가는 자는 점이나 주름이나 또는 아무러한 것이 없는 품성을 가지지 아니하면 안 된다."[5)]

이러한 주장에 따르면 거룩하고 점도 흠도 없는 성품이 아니고는 영원한 구원에 이르지 못한다. 이렇게 되면 십자가의 보혈 공로로 구원받는 것이 아니라 완전한 품성 변화만이 천국에 들어가는 구원의 통로가 된다. 이들은 하나님께서 성도들을 택하신 것은 그 앞에 거룩하고 흠이 없도록 하여(엡 1:5) 신의 성품에 참여하는 자가 되게 하려고(벧후 1:4) 구원 얻는 자격을 이루는 품성을 미리 작정하셨다고 한다.[6)] 완전한 품성 변화를 예정하셨다는 것이다.

그러나 성경 그 어디에서도 완전한 성품 변화로 구원 얻는다고 말씀하지 않는다. 우리의 구원은 오직 믿음으로 얻는 것이다. 우리가 신의 성품에 참여하고 거룩해지는 것은 그리스도 안에서 일하시는 성령의 역사다. 그리고 완전한 거룩과 영광스러움은 그리스도께서 재림하실 때 몸의 부활과 함께 일어나는 완전한 '영화'(glorification) 때 완성된다. 우리가 연약한 육신을 갖고 이 땅을 살아가는 한 완전한 성화, 완전한 영화는 불가능하다.

이 땅에서 과연 누가 완전한 품성 변화를 이룰 수 있을까? 우리에게 남아 있는 죄성으로 인해 우리의 성품은 여전히 흠결이 많다. 요한일서는 우리가 (완전한 성품을 갖게 되어) 죄 없다고 주장하는 것은 스스로 속이는 것이라고 분명하게 말씀한다.

> "만일 우리가 죄가 없다고 말하면 스스로 속이고 또 진리가 우리 속에 있지 아니할 것이요 만일 우리가 우리 죄를 자백하면 그는 미쁘시고 의로우사 우리 죄를 사하시며 우리를 모든 불의에서 깨끗하게 하실 것이요 만일 우리가 범죄하지 아니하였다 하면 하나님을 거짓말하는 이로 만드는 것이니 또한 그의 말씀이 우리 속에 있지 아니하니라"(요일 1:8-10).

사람은 아담으로부터 전가된 죄책과 더불어 죄의 부패성이 있기에 완전한 성품 변화를 이룰 수 없다. 이런 분명한 말씀에도 불구하고 '영원한 구원'을 바라며 품성 변화를 위해 몸부림치는 이들은 그렇게 할수록 자신의 흠과 점을 더욱 크게 발견하게 되고 참된 구원의 확신을 갖지 못해 불안해질 수밖에 없다.

*** 품성 변화의 표준, 율법 준수**

품성 변화를 주장하는 이들은 영원한 구원을 얻으려면 완전한 품성 변화를 거쳐야 하고, 품성 변화의 표준은 율법이라고 주장한다.

"율법은 모든 인류의 품성을 저울질하는 것이니 이 착오 없는 시험에 의하여 중량이 부족하다고 선고를 받는 자는 다 형벌을 받아야 한다."[7]

이러한 주장에 따르면 천국에 들어가는 조건이 믿음만으로는 부족하고 반드시 율법을 준수해야 한다. 그래야만 그가 완전한 성품 변화를 이루었다는 것을 입증할 수 있다. 현세에서의 완전한 품성 변화는 율법을 완벽하게 준수하는 것이다. 이들은 율법이 창세전부터 존재했고, 영원히 존재할 것이기에 오늘날 폐한 바 된 구약의 모세 율법의 규례들을 지켜야 한다고 주장한다.[8] 대표적인 것이 안식일을 지키는 것이고, 구약 레위기 11장에서 부정하다고 규정하지 않은 정결한 음식을 먹는 것이다.

그러나 신약시대에 그리스도인은 율법 규정에 더 이상 얽매이지 않는다. 특히 정결법 규정은 더더욱 그렇다. 율법은 죄를 깨닫게 하지만 죄에서 벗어날 능력을 주지는 않는다. 그래서 우리는 율법을 알면 알수록 죄에서 벗어나지 못하고 자기 정죄에 빠져 살게 된다. 율법은 죄가 기회를 타고 열매를 맺도록 하는 통로로 작용한다.

"그러므로 내 형제들아 너희도 그리스도의 몸으로 말미암아 율법에 대하여 죽임을 당하였으니 이는 다른 이 곧 죽은 자 가운데서 살아나신 이에게 가서 우리가 하나님을 위하여 열매를 맺게 하려 함이라. 우리가 육신에 있을 때에는 율법으로 말미암는 죄의 정욕이 우리 지체 중에 역사하여 우리로 사망을 위하여 열매를 맺게 하였더니 이제는 우리가 얽매였던 것에 대하여 죽었으므로 율법에서 벗어났으니 이러므로 우리가 영의 새로운 것으로 섬길 것이요 율법 조문의 묵은 것으로 아니할지니라. 그런즉 우리가 무슨 말을 하리요 율법이 죄냐. 그럴 수 없느니라. 율법으로 말미암지 않고는 내가 죄를 알지 못하였으니 곧 율법이 탐내지 말라 하지 아니하였더라면 내가 탐심을 알지 못하였으리라. 그러나 죄가 기회를 타서 계명으로 말미암아 내 속에서 온갖 탐심을 이루었나니 이는 율법이 없으면 죄가 죽은 것임이라"(롬 7:4-8).

사도 베드로는 욥바에서 기도하다가 환상 중에 레위기 정결법에서 부정한 음식으로 규정한 것이 내려오는 것을 본다. 이때 하늘의 소리를 듣는다. "베드로야 일어나 잡아먹으라"(행 11:7). 그러자 베드로는 이를 거부한다. 자신이 어렸을 때부터 엄격하게 준수하며 한 번도 입에 대지 않았던 부정한 음식을 먹을 수 없다고 대답한다. 그러자 하늘로부터 "하나님이 깨끗하게 하신 것을 네가 속되다고 하지 말라"(행 11:9)는 소리를 듣는다.

이러한 음식규례는 유대인과 이방인을 구별하기 위한 일종의 구별법이었고, 신약시대 그리스도 예수 안에서 더 이상 유대인과 이방인의 구별이 사라지며 이러한 음식규례는 폐지되었다. 골로새서 2장 16절은 "그러므로 먹고 마시는 것과 절기나 초하루나 안식일을 이유로 누구든지 너희를 비판하지 못하게 하라"고 선언한다.

＊ 품성 변화의 필수조건, 채식

이들은 품성 변화를 위해서 필요한 것이 구약 율법에서 규정하는 정결한 음식물을 섭취하는 것이라 주장한다. 그래서 지금도 그대로 적용하여 레위기 11장에서 부정하고 가증하다고 명한 식물들을 금할 것을 주장한다.[9] 이들은 여기서 더 나아가 육식 자체를 금한다. 육식은 사람의 성질을 변화시키고, 짐승의 성질을 조장하며, 각종 질병을 유발하기에 육식하지 말아야 한다는 것이다. 육식은 색욕을 자극하고 영적, 도덕적 특성을 약화시킨다고 한다.[10] 육식은 홍수 직후 식물이 부족하여 하나님이 허락하신 것이지, 원래 하나님이 뜻하신 바가 아니며 인류의 수명을 단축하기 위하여 육식을 허락하셨을 뿐이라고 말한다.[11] 원래는 채식해야 양같이 온순하고 온전한 성품을 가질 수 있게 된다는 것이다.

＊ 엔돌핀 박사의 회심

평생을 이러한 율법주의 구원관과 성품 변화를 고수하던 이가 있다. 한때 우리나라에 엔돌핀 열풍을 불러일으켰던 이상구 박사다. 그는 이러한 가르침을 35년 넘게 고수하며 살다가 마침내 탈퇴를 선언하여 주변에 적지 않은 충격을 주었다.[12] 그는 1980년대 TV 프로그램에 출연해 “엔돌핀이 피 속에 들어가면 면역세포가 생기고 그것이 활성화될 때 건강해진다”는 건강 강좌로 한국 사회에 선풍적인 인기를 끌었던 바 있다. 그는 건강 강좌에서 건강에 좋은 음식과 좋지 않은 음식에 대해 강연하면서 가능한 육식을 피하고 채식할 것을 많이 강조하였다.

알고 보니 그의 가르침은 그가 믿던 채식주의와 율법주의 구원 교리를 과학적, 합리적 근거를 달아 설명을 시도한 것이었다. 하지만 그는 그러한 가르침을 고수할수록 자신이 완전한 품성 변화에 도달하는 것이 불가능할 뿐만 아니라 율법을 완벽히 지키는 것도 불가능함을 깨닫게 되었다. 그는 이런 상태로 장차 심판대 앞에서 구원받을 자신이 없었다. 율법주의 구원관을 가졌던 그는 예수께서 십자가에서 피 흘리신 것은 구원의 시작에 불과하며 자신의 완전하지 못한 성품으로 짓는 죄는 부활 승천하신 예수께서 하늘에서 CCTV로 일거수일투족을 관찰하듯 다 계수하고 계신다고 믿었다. 그러니 신앙생활의 기쁨은커녕 자칫하면 구원을 잃을까 늘 노심초사하며 괴로움이 더해갔다. 이것이 과연 예수께서 베푸시는 옳은 구원일까 성경을 보며 고민하고 있을 때 그에게 한 사건이 일어났다.

함께 품성 변화와 율법주의 구원 교리를 붙들고 신앙생활을 하던 한 신자가 육종암에 걸려 그를 찾아왔다. 이제 자신은 2개월밖에 못 산다고 하면서 자신이 구원받았는지 모르겠다며 심각하게 고민을 토로했다. 그래서 그는 요한복음을 찾아가며 성품 변화와 율법준수가 아닌 오직 예수를 믿음으로 얻는 구원에 대한 확신을 심어주었다. 그러자 그는 예수의 사랑과 구원받은 자녀임을 확신하게 되었고, 그렇게 구원의 확신을 얻자 암이 기적적으로 치유되는 역사가 일어났다. 이 일을 계기로 그는 반평생 몸담았던 율법주의 이단 단체를 탈퇴하였다. 그는 한 언론과의 인터뷰를 통해 "이제 그의 남은 꿈은 오직 믿음으로만 구원을 얻는 이신칭의 구원관과 생명신학을 증거하는 것"이라고 밝혔다.

율법적 열심으로는 누구도 구원을 얻을 수 없다. 자기 노력과 채식으로 자기 죄성을 죽이고 완전 성화된 성품을 얻는다는 것은 전혀 성경적이지 않다. 이것은 육신적인 방법으로 거룩해지려는 또 다른 육신의 행위에 불과하기 때문이다. 로마서는 우리가 육신대로 살면 반드시 죽을 것이지만 성령으로 육신의 행실을 죽이면 살 것이라고 말씀한다(롬 8:13).

하나님께서 우리에게 자기 아들을 십자가에 내주신 것은 큰 구원을 얻고 그다음부터는 채식과 율법준수로 남은 구원을 이루도록 하기 위한 것이 아니다. 하나님께서 그 아들 예수 그리스도를 주신 것은 이제부터 우리로 육신을 따르지 않고 성령을 따라 행하여 율법의 요구를 능히 성취할 수 있도록 하기 위함이다(롬 8:4). 중요한 것은 성령을 따라 사는 것이다. 만약 우리에게 성령이 없고 성령을 따라 사는 삶이 없으면 우리는 그리스도에 속한 사람이 아니다(롬 8:9).

게다가 육식을 한다고 영성이 약화되고 정욕이 커진다는 말은 근거가 없다. 육식을 금하면 도리어 영양의 불균형으로 몸이 힘들어지고 지력과 영성이 약화되기 쉽다. 더구나 육식이 이렇게 영성에 해롭다면 우리에게 좋은 것으로 채워주시는 하나님께서 이를 허락하실 리가 없다. 게다가 예수께서도 육식을 하지 않으셨는가? 예수님은 부활한 지 얼마 되지 않아 곧바로 생선을 드셨다(요 21:9-10, 눅 24:42-43).

구약에도 보면 엘리야가 탈진하여 로뎀 나무에 쓰러져 있을 때 하나님께서 아침저녁으로 까마귀를 보내셔서 떡과 '고기'를 먹게 하셨다(왕상 17:6). 심지어 하나님의 사자인 천사도 고기를 먹었다(창

18:6-8).[13] 게다가 하나님은 이스라엘 백성에게 유월절마다 고기를 구워 먹으라고 하셨다(출 12:8-9).

먹는 것은 우리를 깨끗하게 할 수 없다. 바울은 "음식은 우리를 하나님 앞에 내세우지 못하나니 우리가 먹지 않는다고 해서 더 못사는 것도 아니고 먹는다고 해서 더 잘사는 것도 아니니라"(고전 8:8)고 분명히 선언한다. 더 나아가 "어떤 음식물은 먹지 말라"고 하는 것은 참된 믿음에서 떠나 미혹하는 영과 귀신의 가르침을 따르는 것이라고 규정하며, 다음과 같이 말씀한다. "하나님께서 지으신 모든 것이 선하매 감사함으로 받으면 버릴 것이 없나니 하나님의 말씀과 기도로 거룩하여짐이라"(딤전 4:4-5). 이런 면에서 우리는 히브리서 말씀을 주목할 필요가 있다.

> "여러 가지 다른 교훈에 끌리지 말라. 마음은 은혜로써 굳게 함이 아름답고 음식으로써 할 것이 아니니 음식으로 말미암아 행한 자는 유익을 얻지 못하였느니라"(히 13:9).

주입된 은혜를 끝까지 잃지 말라?
: 고해성사에 지친 이들을 위하여

가톨릭의 경우 우리의 원죄를 용서받는 큰 구원이 세례를 통해 주어진다고 주장한다. 신자는 세례를 통해 모든 죄, 곧 원죄와 본죄, 그리고 모든 죄벌까지 용서받는다.[14] 그러나 신자에게는 아직 연약한 인간의 기질과 죄의 현세적 결과와 같은 나약함, 즉 '죄의 불씨' 라 부르는 사욕(邪慾)이 남아 있다. 그래서 이후로 행하는 죄에 대해서는 참회하고 용서를 받아야 한다고 말한다.

＊ 대죄와 소죄

가톨릭은 세례 이후 신자가 짓는 죄를 크게 대죄와 소죄로 나눈다. 소죄는 사랑을 어기고 해치기는 하지만 사랑을 사라지게 하지는 않는다. 즉 구원에 심각한 영향을 끼치지 않는 상대적으로 가벼운 죄로, 개인적인 회개를 통해 용서받을 수 있는 죄(peccatum venale)라고 한다.[15] 반면 대죄는 하나님의 법을 크게 어겨 인간 마음에 있는 사랑을 파괴하고 하나님께 등을 돌리게 한다. 이는 구원을 잃어버릴 수 있는 죽을죄(peccatum mortale)이며 이런 대죄는 십계명 안에 구체화되어 있다고 한다. 이러한 대죄는 하나님과의 친교를 박탈하고 영원한 생명을 누릴 수 없게 하는데, 이것이 쌓이면 영원한 생명을 상실하는 '영벌' 에 처하게 된다는 것이다.[16]

＊ 고해성사

대죄는 개인적인 회개를 통해서는 용서받을 수 없고 고해성사와 성찬을 통해 사함받는다. 고해성사를 통해 죄 사함을 선언하고, 하나님과 교회와 화해하며, 성찬의 희생 제사에 참여하여 떡을 받아먹는 순간 죄를 용서받고 구원이 이루어진다는 것이다. 이들의 주장에 따르면 고해성사는 세례를 받은 후 죄에 떨어진 사람들을 구원하는 데 반드시 필요하다.[17] 고해성사는 죄 사함의 권세를 위임받은 사도의 권위를 계승한 사제를 통해서만 이루어진다.[18] 고해성사하지 않고, 또 성찬을 받아먹지 않으면 당사자의 구원에 치명적인 문제가 일어난다.

보통 고해성사는 미사 전에 한다. 미사에 늦으면 고해성사를 제대로 하지 못한다. 그렇게 되면 성찬에 참여하지 못하고 결국 죄 용서를 받지 못한다. 하지만 사제에게 매주 가서 자신의 죄를 고백한다는 것이 힘들 때가 많다. 때로 게으름으로 고해성사에 늦어 고백을 못 할 때도 있다. 고해성사를 고백하지 못할 때는 구원에서 떨어질 수 있다. 이러한 것들로 인해 고해성사에 지친 이들이 많다.

* 보속과 잠벌

고해성사로 죄를 용서받으면 신자에게는 보속의 의무가 따른다. 보속(補贖)이란 죄의 형벌을 보상하거나 속죄하여 갚는 것을 뜻한다.[19] 이들의 주장에 따르면 죄 사함을 받아도 여전히 죄의 결과로 인한 폐해는 남는데, 이를 잠벌(暫罰)이라 한다. '잠벌'(temporal punishment)이란 지옥에서 받는 '영벌'(永罰, eternal punishment)과 반대되는 현세나 연옥에서 받게 되는 벌을 말한다.[20] 고해성사한 신자는 영벌은 사함받지만 잠벌이 남게 된다. 이 벌을 면제받기 위한 활동이 바로 보속이다. 예를 들어 도둑질을 한 사람이 고해성사를 통해서 죄를 용서받았다면 그에게는 훔친 물건을 돌려주어야 할 보속이 주어지게 된다고 하자, 이 보속을 통해 그의 잠벌이 완전히 말소된다는 것이다. 일반적으로 보속은 고해성사 후 사제와 교회가 정해준 기도, 미사, 자선, 금식 등을 통해 실천한다. 이를 통해 잠벌을 없애야 한다. 잠벌이 있으면 천국에 가지 못한다. 대신 연옥으로 떨어져 그곳에서 남은 죄의 보속을 치러 영혼의 정화 상태를 거쳐야 한다고 한다.

신자들은 연옥에서 고통받고 있는 죽은 성도의 영혼을 위해 보속이 속히 이루어지도록 기도한다. 이를 위해 선행이 요구되는데 이는 성도의 공로이자 보속이 된다. 이러한 공로의 은총은 타인에게 양도할 수 있는데, 심지어 연옥에 있는 성도에게도 양도할 수 있다. 하지만 신자 자신도 잠벌의 문제를 완전히 해결하기가 만만치 않다. 생각해보라. 고해성사를 하다가 고백해야 할 죄를 깜빡 잊고 참회하지 못하면 그 대죄와 잠벌은 고스란히 남아 있다. 또 고해성사 후 사제가 정한 보속을 충분히 행하지 못하거나 보속이 죄에 비례하지 않고 너무 가벼우면 잠벌은 남아 있게 된다. 다시 말하면 잠벌은 신자에게 항상 남아 있을 가능성이 크다. 따라서 자기 공로로 자신을 구원하는 것도 벅찬 경우가 많다. 그래서 이들에게 "죽으면 천국에 갈 확신이 있습니까?" 하고 물어보면 상당수가 "죽어봐야 알지요"라고 대답하는 경우가 많다.

* 기쁜 소식(?), 대사

그런데 여기 희소식이 있다. 이따금 자신을 구원할 뿐 아니라 하늘에 어마어마한 공로를 쌓아둔 이들이 있다. 바로 성인(saint)이다. 성인이 하늘에 쌓아둔 공로는 이 땅의 신자들뿐 아니라 연옥의 영혼들에게도 나누어줄 수 있다. 성인들에게 드리는 기도가 유효한 근거가 된다(마 18:10 참조).

교회는 이따금 대사(大赦, indulgence)를 선포하여 죄에 따른 잠벌을 탕감해줄 때가 있다. 잠벌에 눌린 이들이 너무 많아 연옥에 갈 영혼이 많은데, 이들이 잠벌을 탕감 받으려면 실제적인 보속을 치러야 한다. 이를 전부 또는 일부를 탕감해주는 것을 대사라 한다. 전체를 탕감하는 것을 '전면대사' 혹은 '전대사'(全大赦), 일부를 없애는 것을 '부분대사' 혹은 '한대사'(限大赦)라고 한다. 이런 대사는 전적으로 교황에게 속한 특권으로 교황이 직접 시행하거나 교황에게 위임받은 교구장이 시행한다. 전대사는 과거에 100년마다 선포되었으나, 다시 50년, 최근에는 25년마다 선포되기도 하였다. 이러한 대사는 15세기 중엽에 이르러 현금 지불로도 가능해졌고, 돈을 주고 대사를 획득할 때는 '대사 증서'를 발급했는데, 이것이 바로 종교개혁 촉발의 주요한 계기가 되었던 면벌부(indulgence)다.[21)]

이렇게 볼 때 세례를 통한 죄 사함은 구원을 받기 위한 기초 발판에 불과하다. 이후에 꾸준히 고해성사와 성찬, 그리고 보속을 열심히 하지 않으면 잠벌의 무게로 천국에 가지 못할 가능성이 상당히 커진다. 이런 상황에서 누가 과연 구원을 확신할 수 있을까?

* 연옥의 형벌에 떨었던 루터

종교개혁자 마틴 루터가 젊은 수도사 시절, 한 달간 로마를 방문한 적이 있었다. 그는 로마의 라테란 성당에 찾아가 그곳에 있는 '거룩한 계단'(Scala Sancta)을 손과 무릎으로 올라갔다. 이 계단은 그리스도가 빌라도 법정으로 올라갔던 계단으로 이것을 떼어 예루살렘에서 로마 라테란 성당으로 가져온 것이다. 루터는 계단마다 주기도문을 외우고 입을 맞추며 무릎을 꿇고 올라갔다. 이렇게 하면 연옥에서의 형벌이 감해진다고 중세교회가 가르치고 있었기 때문이다.[22] 그러나 그는 이것으로도 평안을 누리지 못했다. 그는 수도원의 규칙을 철저히 지키며 날마다 참회했지만 죄책감에 짓눌려 날마다 번뇌하였다. 자신의 전 삶을 수도원에 바쳐 구원을 위해 몸부림쳤던 루터조차 연옥의 형벌에 두려워 떨었다면 과연 누가 천국에 갈 확신을 가질 수 있을까? 이렇게 볼 때 이러한 교리를 붙들고 있는 이들에게 구원의 확신을 물어보면 죽어봐야 안다고 대답하는 게 당연한 것 같다.

＊ 오직 예수의 이름 외에 그 어떤 이름으로도 기도하지 말라.

게다가 성인들의 이름을 의지하여 기도를 드리라고 명하는 성경 구절은 한 곳도 없다. 이들이 근거로 삼는 것이 가나의 혼인 잔치에서 예수의 어머니 마리아가 예수님께 포도주의 문제를 부탁하는 장면이다(요 2:1-12). 하지만 이는 부활 승천하신 예수님께 기도할 때도 어머니에게 부탁하라는 근거가 될 수 없다. 무엇보다 성도에게 이러한 기도를 명하는 말씀이 한 곳도 나오지 않는다. 성경은 항상 예수의 이름을 의지하여 하나님께 직접 기도하라고 명령한다. 가장 먼저 이 명령을 하신 이가 바로 예수 그리스도시다.

> “지금까지는 너희가 내 이름으로 아무것도 구하지 아니하였으나 구하라. 그리하면 받으리니 너희 기쁨이 충만하리라”(요 16:24).

"아무것도 염려하지 말고 다만 모든 일에 기도와 간구로, 너희 구할 것을 감사함으로 하나님께 아뢰라. 그리하면 모든 지각에 뛰어난 하나님의 평강이 그리스도 예수 안에서 너희 마음과 생각을 지키시리라"(빌 4:6-7).

사도 바울이 그 어느 성인의 이름으로 기도하던가? 아니다. 바울은 오직 예수 그리스도의 이름으로 하나님께 기도했다. 그 어떤 이유로도 예수 이름 외에 다른 이름으로 기도하지 말라. 하나님께서 우리에게 주신 참된 구원의 이름은 예수 그리스도 한 분이다. 그리고 참된 구원자 되신 그의 이름으로 기도하라고 말씀하셨다. 절대 그 어떤 다른 이름으로도 기도하지 말라!

우리가 하나님께 직접 아뢰며 기도해야 하는 것은 우리 죄의 용서를 위한 기도도 포함한다. 예수께서도 주기도를 가르쳐주실 때 직접 하나님께 하는 죄 용서를 위한 기도를 가르치셨다(마 6:12). 또한 그 어느 곳에서도 사제나 사도에게 죄를 고백하라고 하지 않는다. 도리어 성도 간에 서로 죄를 고백하라고 한다(약 5:16). 우리는 우리의 모든 죄를 하나님께 직접 자백해야 한다(요일 1:9). 하나님이 우리의 아버지 되시기 때문이다. 그럴 때 하나님께서 용서해주신다. 결코 혼자 기도할 소죄, 사도나 사제에게 고해성사해야 할 대죄로 구분하지 않는다. 우리는 '오직 성경'(Sola Scriptura)으로 돌아가야 한다.

철저한 회개를 강조하는 가르침
: 지옥에 가는 그리스도인들?

* 구원의 조건 - 믿음과 회개?

어떤 단체는 구원의 조건으로 믿음과 함께 철저한 회개를 주장한다. 얼핏 들을 때는 별문제가 없는 듯하다. 그런데 이 주장을 뒤집어 보면 회개의 여부가 지옥행 여부를 결정짓는다. 지옥을 결정하는 것이 믿음이 있느냐 없느냐가 아닌 회개를 했느냐 하지 않았느냐이다. 이들은 진실로 회개에 구원이 달려 있다고 한다.[23] 다음의 주장을 보라.

"죄 사함은 단순히 십자가 보혈 공로를 믿을 때 주어지는 것이 아닙니다. 십자가 공로를 의지하고 회개할 때 주어집니다. 따라서 십자가의 공로를 거론하며 그것을 믿고 의지하면 무조건 죄에서 용서받고 구원받는다는 것은 진리가 아니며 잘못된 가르침입니다. 우리가 십자가를 믿고 의지한다고 무조건 죄 용서를 받지는 않습니다."[24]

죄 사함이 십자가의 보혈 공로를 믿는다고 주어지는 것이 아니라면 언제 주어진단 말인가? 이들의 주장에 따르면 회개할 때 주어진다. 이는 성경적인 표현과 다른 생소한 표현이다. 하지만 이들은 성경이 구원의 조건으로 믿음뿐 아니라 회개에 대하여 말씀한다고 하며 다음의 근거를 든다.

"때가 찼고 하나님의 나라가 가까이 왔으니 회개하고 복음을 믿으라"(막 1:15).

"유대인과 헬라인들에게 하나님께 대한 회개와 우리 주 예수 그리스도께 대한 믿음을 증언한 것이라"(행 20:21).

"그러므로 우리가 그리스도의 도의 초보를 버리고 죽은 행실을 회개함과 하나님께 대한 신앙과"(히 6:1).

이처럼 성경은 구원을 위해 믿음과 함께 회개를 조건으로 내걸었다는 것이다. 문제는 이러한 회개가 철저해야 한다는 것이다.[25] 모든 죄를 회개해야 한다! 철저하게 회개하지 않으면 예수 믿는 사람이라도 지옥을 면할 수 없다고 한다. 다음의 주장을 보라.

"지옥에는 두 가지 종류의 사람이 있다. 하나는 예수를 믿지 않는 사람들이다. 세상에서 예수를 믿지 않는 사람은 100% 지옥에 온다. 또 하나는 교회에 다니던 사람들인데 회개하지 않고 죽은 사람은 모두 지옥에 온다."[26]

이러한 주장을 어떻게 보아야 할까? 구원의 조건은 믿음만으로는 안 되고 회개가 있어야 할까? 이는 믿음과 회개의 관계를 오해한 결과다. 믿음과 회개는 동일한 구원사건(회심)을 나타내는 서로 다른 표현이지, 구원을 위한 두 가지 구별되는 조건이 아니다.

회개를 나타내는 헬라어도 이 두 가지 의미로 사용된다. 첫째, 회개를 나타내는 용어는 '에피스트레포' 이다. 이는 '돌아서다' '돌아오다' 라는 뜻을 갖는 히브리어 '슈브' 에 해당한다. 이것은 죄악으로부터 그리스도께로 돌이키는 인생의 방향 전환을 의미한다. 이러한 방향 전환에는 지적, 감정적, 의지적 돌이킴을 모두 포함한다. 둘째, 회개를 나타내는 또 다른 헬라어는 '메타노에오' 로 이는 죄에 대한 회한과 애통, 뉘우침으로 돌이킨 이후의 변화된 마음과 새로운 믿음을 뜻한다. 히브리어 '나함' 에 해당하며, 이는 변화된 마음과 신념체계, 믿음을 의미한다. 따라서 회개에는 삶의 방향을 돌이키는 회개와 그리스도를 믿고 붙드는 믿음이 모두 포함된다. 웨인 그루뎀은 이를 다음과 같이 설명한다.

> "성경은 믿음과 회개를 구원을 위해 그리스도께 나오는 행동의 또 다른 면으로 소개한다. 사람이 우선 죄로부터 돌이키고 그다음에 그리스도를 믿는 것이거나 아니면 먼저 그리스도를 믿고 죄로부터 돌이키는 것이 아니라 이 두 사건은 동시에 일어난다. 우리의 죄로부터 구원을 받기 위해 그리스도를 향할 때 우리는 동시에 죄로부터 돌이켜 그리스도께 그 죄로부터 구원해 줄 것을 구하게 된다."[27]

믿음과 회개는 그리스도께 돌이키는 회심사건을 가리키는 동전의 양면이다. 따라서 믿음과 회개는 이 둘 중 어느 것이 먼저 오는 것이 아니라 함께 온다. 존 머레이는 이를 '회개하는 믿음' 또는 '믿는 회개' 라고도 표현했다.[28] 웨인 그루뎀은 믿음을 이야기하면서 철저한 회개를 요구하는 것은 행위에 의한 구원을 주장하는 것이라고 예

리하게 지적한다.[29)]

＊ 철저한 회개 없이는 지옥 간다?

앞의 주장처럼 교회에 다니는 크리스천도 지옥에 간다면 신자는 오직 믿음만으로는 구원받지 못한다. 이들 단체는 구원의 또 다른 조건인 회개가 강조되지 않는다는 것을 안타깝게 여기며 다음과 같이 진술한다.

"구원은 단순히 믿음으로 받는 것이 아닙니다. 회개와 믿음으로 받는 것입니다. 그런데 구원의 조건 중의 하나가 회개라는 사실이 망각되고 무시당하고 있습니다."[30)]

이들이 말하는 회개는 죄가 하나라도 남아 있지 않은 무결점 상태에 이르는 회개이다. 다음의 주장을 보라.

"그러므로 천국에 가려면 이 말씀 그대로 회개할 것이 없어야 합니다. 단 한 가지라도 회개할 죄가 남아 있으면 안 됩니다. 모든 죄를 다 회개했어야만 합니다. 그런 사람만이 참으로 회개한 사람이요 천국에 들어갈 자격이 있는 사람입니다."[31)]

이런 주장대로라면 구원받을 사람이 많지 않다. 아니 거의 없을 것이다. 왜냐하면 사람에게는 여전히 죄의 오염(pollution)이 남아 있어 100% 죄 없이 살 수 있는 사람이 없기 때문이다. 아직 이 땅에 사망이 존재하는 한 우리는 여전히 죄의 영향력 가운데 있다. 이런 우리가 완벽하게 회개하지 않으면 구원받지 못한다고 할 때 과연 구원받을 사람이 누가 있을까?

이런 단체의 극단적인 주장 배후에는 믿음과 회개를 주축으로 하는 회심(conversion)과 회개(repentance)를 제대로 구분하지 못한 혼란이 자리 잡고 있다.[32] 회심이란 단어 그대로 돌아선다는 뜻으로, 이는 죄로부터 돌이켜서 그리스도께로 돌아서는 것을 의미한다.[33] 죄로부터 돌이키는 것을 회개라고 한다면 그리스도께로 향하는 것이 믿음이다. 따라서 회심에는 회개와 믿음이 함께 요구되며 이 둘은 다른 하나 없이 하나만 가능하지 않다. 또한 회심은 하나님을 떠나 죄에 있던 상태에서 그리스도께로 돌이키는 사건, 죽음에서 영생으로 돌이키는 구원을 받기 위한 단회적 사건임을 기억해야 한다.[34]

반면 회심과 구별되는 회개는 이미 그리스도 안에 있는 성도가 그리스도 안에 계속 머물기 위하여 그리스도와의 관계에서 서먹하거나 어그러져 있는 것들을 회개하며 날마다 삶을 돌이켜 그리스도를 향해 더욱 가까이 나가도록 하는 것이다.[35] 따라서 회개는 반복적이다. 이는 성도가 아직 싸워야 할 싸움이 남아 있음을 의미한다. 성도는 날마다 죄의 유혹에서 벗어나 그리스도께로 나아가도록 반복적으로 회개해야 한다. 성도는 예수 이름으로 회개할 때 언제든지 사함받고 하나님께로 가까이 나아갈 수 있으며(요일 1:9), 이는 하나님을 아버지로 고백하는 이들이 누리는 특권이며 구원의 삶을 사는 증거이다.[36] 마치 자녀가 부모의 사랑 안에 거하려면 부모와의 관계를 멀어지게 하는 것으로부터 돌이켜 끊임없이 부모에게 가까이해야 하는 것과 같다.

회심 이후의 회개에도 성도에게는 반복적 믿음이 필요하다. 이는 신자의 삶이 죄로부터 돌이켜 그리스도께로 향한 이후에도 크고 작게 그리스도와의 연합을 약화시키는 유혹에서 돌이켜 반복적으로 그리스도를 붙드는 것이다. 이런 면에서 불신자가 회심할 때, 이때의 믿음은 예수 그리스도를 인생의 주인으로 붙들고 그와의 연합으로 들어가는 칭의를 위한 믿음이다.[37] 반면 성도가 회개할 때, 이때의 믿음은 예수 그리스도 안에 지속해서 친밀하게 머물기 위하여 붙드는 성화를 위한 믿음이 된다.[38]

＊ 오직 믿음으로는 충분치 않다? (롬 1:17)

이들 단체는 신자의 구원은 오직 믿음으로 충분치 않다고 주장한다. 성경은 분명 "네가 만일 네 입으로 예수를 주로 시인하며 또 하나님께서 그를 죽은 자 가운데서 살리신 것을 네 마음에 믿으면 구원을 받으리라"(롬 10:9)고 말씀하고 있음에도, 이들은 예수를 믿고 입으로 고백하면 구원받는다는 주장은 본래 이단 사설이라는 것이다. 이들은 구원을 얻으려면 반드시 회개와 의로운 율법 준수가 있어야 한다고 주장한다. 그러면서 로마서 1장 17절의 '오직 믿음'은 번역과정에서 오류로 들어간 것뿐이라고 말한다.[39]

> "복음에는 하나님의 의가 나타나서 믿음으로 믿음에 이르게 하나니 기록된 바 오직 의인은 믿음으로 말미암아 살리라 함과 같으니라"(롬 1:17).

이들은 성경에서 오직 믿음을 강조한 것은 율법의 행위와 대조시키기 위하여 사용한 것이지, 결코 회개나 순종이나 거듭남의 징표인 의에 관하여 사용된 적이 없다고 한다.[40] 이렇게 주장하는 것은 구원이 오직 믿음만으로는 불충분하다는 것을 주장하기 위함이다.

하지만 로마서 1장 17절에서 강조해야 할 부분은 '오직'이 아니라 '그의 믿음'이다. 우리가 믿는 것은 우리 자신의 의가 아니라 언약에 신실하신 하나님이 우리의 불성실함과 부패를 이기고 이루어 놓으신 그분의 신실하심이다. 로마서가 인용하는 하박국 2장 4절은 원래 다음과 같이 되어 있다.

"의인은 그의 믿음으로 말미암아 살리라"(합 2:4).

여기서 '믿음'(히. 애무나)은 언약관계에서 사용하는 용어이다. 이는 '믿음'(faith)보다는 '신실함'(faithfulness)이 더 정확한 번역이다. 여기서 사용된 헬라어 '피스티스'도 믿음보다 신실함을 더 잘 드러낸다.

언약관계에서 중요한 것은 신실함이다. 상대편의 불성실함에도 불구하고 끝까지 자신의 신실함으로 언약을 파기하지 않고 지켜나가야 한다. 중요한 것은 여기에서 '믿음'이 '그의 믿음'이라는 사실이다. 하박국 2장 4절의 '그의 믿음'은 70인역 헬라어 성경에는 '나의 믿음' 또는 '나의 신실함'(피스테오스 무)으로 번역한다.[41] '나'는 하나님을 말한다. 여기서는 하나님의 신실함이 적절하다. 이는 하나님이 언약의 하나님임을 잘 드러내는 말씀이다. 하나님은 이스라엘과 언약을 체결하셨고, 비록 이스라엘이 불성실하지만 신실하신 하나님은 끝까지 자신의 신실함을 지키고 끝내 이 세상의 불의를 바로잡고 이스라엘을 구원하실 것이다.[42] 이것이 바로 하나님의 언약적 정의, 즉 '하나님의 의'다. '하나님의 의'란 인간의 모든 불성실함과 불의를 바로잡으시는 하나님의 언약적 신실함을 의미한다.

놀라운 것은 이 복음에 하나님의 의가 들어 있다는 사실이다. 이는 복음이 내가 이루어야 할 의의 의무를 말하는 것이 아니고, 하나님이 언약적 신실함으로 이루어 놓으신 하나님의 의라는 것이다. 우리는 믿음으로 이 하나님의 의를 붙들면 된다. 하나님의 언약적 정의는 하나님이 이 세상을 너무나도 사랑하여 그 아들 독생자 예수를 보내 인간의 불의에 대한 형벌을 그에게 담당시키고 인간의 형벌에 대한 의를 충족시켰다는 사실이다. 사람의 편에서는 하나님이 언약적 신실하심으로 이루어 놓으신 언약적 의, 즉 십자가의 구원역사를 받아들이기만 하면 된다. 이를 붙드는 것이 바로 믿음이다. 신자에게 구원은 하나님께서 이미 다 이루어 놓으신 의를 받아들이는 것으로 충분하다. 즉 오직 믿음 외에 더 이상 보탤 것이 없다.

* 회개와 자백은 다르다? (요일 1:9)

어떤 이들은 회개와 자백을 구분한다. 회개는 불신자가 하는 것이고 습관적인 죄를 대상으로 한다. 반면 자백은 신자가 하는 것이고 우발적인 범죄를 대상으로 한다. 이들은 요한일서 1장 9절을 인용하며 신자는 참된 자백을 해야 하도록 주의할 것을 촉구한다.

"만일 우리가 우리 죄를 자백하면 그는 미쁘시고 의로우사 우리 죄를 사하시며"(요일 1:9).

성경은 죄를 자백하라고 한다. 그러니 참된 자백을 해야 죄 용서에 이를 수 있다는 것이다. 이러한 자백은 개별적으로, 다시는 죄를 짓지 않겠다는 깨끗한 마음으로, 단호한 의지와 비장한 각오로 하나님과 사람에게 해야 한다고 한다. 하나님께 지은 죄는 하나님께 하면 되지만 사람에게 지은 죄는 하나님과 사람에게 자백해야 한다는 것이다. 이처럼 회개와 자백으로 구분하는 것은 회개는 단회적이고, 그 이후로는 자백만 하면 된다는 구원파의 교리와 유사하다.[43]

그렇다면 여기에서 자백은 무엇인가? '자백하다' (헬. 호모로게오)는 공적으로 시인하고 인정하고 고백하는 행위를 말한다. 신약성경에 나오는 자백의 용례는 다음과 같다.

"온 유대 지방과 예루살렘 사람이 다 나아가 자기 죄를 자복하고 요단 강에서 그에게 세례를 받더라"(막 1:5, 참조 마 3:6).

"그러므로 너희 죄를 서로 고백하며 병이 낫기를 위하여 서로 기도하라. 의인의 간구는 역사하는 힘이 큼이니라"(약 5:16).

"믿은 사람들이 많이 와서 자복하여 행한 일을 알리며 또 마술을 행하던 많은 사람이 그 책을 모아 가지고 와서 모든 사람 앞에서 불사르니 그 책 값을 계산한즉 은 오만이나 되더라"(행 19:18-19).

마가복음 1장 5절은 세례 요한이 광야에서 회개를 선포하자 사람들이 그에게 나아가 죄를 자백하고 세례를 받는 장면을 기술한다. 야고보서 5장 16절은 치유를 위해 기도할 때 서로에게 죄를 자백할 것을 권면한다. 사도행전 19장 18절에는 복음이 선포되는 에베소에서 많은 사람이 복음을 듣고 돌아와 자신의 죄를 자복한다고 말씀한다. 여기서 나오는 '자복'은 모두 사적으로 하는 죄 고백이 아니라 공적으로 하는 죄 고백임을 알 수 있다. 이는 참된 그리스도인이라면 정직하게 자신의 잘못과 죄를 인정하고 고백하는 것이 중요한 지표임을 말씀한다.[44] 따라서 이들 단체가 말하는 회개와 자백의 구분은 성경적이지 않음을 알 수 있다.

구원의 등급을 나누는 가르침
: 144,000이 가는 천국, 의인이 가는 지상낙원?

*** 두 단계의 천국**

상당수 이단 단체는 요한계시록 7장 4절 이하에 등장하는 십사만 사천이 바로 자기네 단체에 속한 신도들이라고 주장한다. 이들은 신도의 숫자가 적은 초창기에는 십사만 사천만 차면 구원의 역사 끝나고 종말이 온다고 주장한다. 하지만 십사만 사천을 모으기 위해 신도들이 사력을 다해 사람들을 모으면, 그 교리는 더는 유지되지 못하고 변개과정을 겪게 된다. 그것은 십사만 사천은 그 단체에 열심 헌신하는 제사장 같은 무리이고, 나머지 신도들은 십사만 사천 외에 흰 옷을 입은 큰 무리가 된다고 주장한다(계 7:9). 이런 변개과정을 통해 결국 십사만 사천은 특별한 특권과 보상이 따르는 상위 등급의 구원이 되고, 큰 무리는 하위 등급의 구원으로 구분된다. 십사만 사천에 들려면 다른 이들보다 훨씬 더 특별한 열심과 헌신이 요구된다. 결국 십사만 사천 교리는 이단단체에서 특별한 상위 등급의 구원과 특권을 꿈꾸는 신도들을 혹사시키며 착취하는 교리로 악용된다.

어떤 단체의 경우 천국의 등급을 두 단계로 나눈다. 십사만 사천이 가는 하늘에 있는 천국, 곧 '하늘 왕국'이 있고, 나머지는 큰 무리가 가는 지상낙원이 있다.[45] 이들은 십사만 사천을 천적 반열, 큰 무리를 지적 반열로 나눈다. 이들은 요한계시록 7장 4절 이하의 십사만 사천을 문자적으로 해석하여 실제로 144,000명이라고 주장한다. 이들은 구원받을 이들 가운데 '적은 무리'로, 예수께서도 "적은 무리여 무서워 말라. 너희 아버지께서 그 나라를 너희에게 주시기를 기뻐하시느니라"(눅 12:32)고 말씀하셨다고 한다. 자기네 단체에 헌신한 십사만 사천을 제외한 나머지는 요한복음에서 예수께서 말씀하신 "이 우리에 들지 않는 다른 양들"(요 10:16)이라고 주장하며, 시편 37편을 인용하여 지상에서 살게 된다고 말한다. 그러면서 그곳이 지상낙원이라고 주장한다(시 37:9,22,29).

과연 이들의 주장을 어떻게 보아야 할까?

첫째, 요한계시록 7장의 십사만 사천을 문자적인 실제 수로 해석한다면, 나머지 부분도 문자적으로 해석해야 한다. 그렇게 한다면 ① 십사만 사천은 이스라엘 자손 중 남성들 가운데 십사만 사천이어야 하고, ② 열두 지파 중 "각 지파 중에서"(계 7:4) 일만 이천씩 되어야 한다. 하지만 많은 이단 단체는 십사만 사천 가운데 자기네 단체를 시작했던 초창기 리더십들이 그 안에 포함되었다고 주장한다. 만약 문자적으로 해석한다면 ③ 그 단체를 시작했던 창설자와 그의 후계자와 같은 이들은 십사만 사천 안으로 들어갈 수 없다.

둘째, 큰 무리가 하나님의 보좌가 있는 천국과 떨어져 이 땅에 살아가야 한다면, 이는 요한계시록 7장에 나오는 큰 무리에 대한 진술과 정면으로 상충된다.

> "이 일 후에 내가 보니 각 나라와 족속과 백성과 방언에서 아무도 능히 셀 수 없는 큰 무리가 나와 흰 옷을 입고 손에 종려 가지를 들고 보좌 앞과 어린 양 앞에 서서 큰 소리로 외쳐 이르되 구원하심이 보좌에 앉으신 우리 하나님과 어린 양에게 있도다 하니"(계 7:9-10).

큰 무리가 지금 무엇을 하고 있는가? 하나님의 보좌 앞과 어린 양 앞에 서서 찬양을 드리고 있다! 그렇다면 큰 무리는 하나님의 보좌와 분리되어 이 땅에 있는 것이 아니라 하나님의 보좌 앞에 있음을 알 수 있다. 큰 무리가 하나님의 보좌 앞에 있다는 사실은 다음 구절이 좀 더 명확하게 보여준다.

> "그러므로 그들이 하나님의 보좌 앞에 있고 또 그의 성전에서 밤낮 하나님을 섬기매 보좌에 앉으신 이가 그들 위에 장막을 치시리니" (계 7:15).

여기서 '그들'은 문맥의 흐름상 큰 무리들이다(14절 참조). 이들이 하나님의 보좌 앞에 있다. 그리고 하나님이 계신 성전에서 직접 하나님을 섬기고 있다. 하나님은 그들 위에 장막을 치고 함께하신다. 성경은 큰 무리가 하늘에서 찬송하고 있음을 명확히 진술한다.

> "이 일 후에 내가 들으니 하늘에 허다한 무리의 큰 음성 같은 것이 있어 이르되 할렐루야 구원과 영광과 능력이 우리 하나님께 있도다"(계 19:1).

셋째, 예수님은 결코 적은 무리와 나머지를 구분하지 않으신다. 도리어 자신을 믿는 모든 이들을 한 무리로 인도하신다.

> "또 이 우리에 들지 아니한 다른 양들이 내게 있어 내가 인도하여야 할 터이니 그들도 내 음성을 듣고 한 무리가 되어 한 목자에게 있으리라"(요 10:16).

예수님은 분명 우리에 들지 않은 다른 양들도 결국 한 무리가 되어 예수님을 따를 것을 말씀하신다. 본래 문맥상 '이 우리에 들지 않은 다른 양들'은 요한계시록의 흰 옷 입은 큰 무리가 아니라 아직 복음을 듣지 못한 이방인들을 가리킨다. 또한 이들이 주장하는 누가복음의 '적은 무리'는 요한계시록의 십사만 사천이 아니라 문맥상 제자들을 가리킨다.

넷째, 성경은 천국과 지상낙원을 나누지 않는다. 성경이 말하는 낙원은 하나님과 예수님과 함께 거하며 뵐 수 있는 곳이다. 성경에는 낙원에 대해서 세 곳에서 진술한다. 각각의 진술을 꼼꼼히 살펴보면 그 어느 곳도 하나님의 보좌와 분리된 지상을 말하지 않는다.

> "예수께서 이르시되, 내가 진실로 네게 이르노니 오늘 네가 나와 함께 낙원에 있으리라 하시니라"(눅 23:43).
>
> "내가 그리스도 안에 있는 한 사람을 아노니 그는 십사 년 전에 셋째 하늘에 이끌려 간 자라. (그가 몸 안에 있었는지 몸 밖에 있었는지 나는 모르거니와 하나님은 아시느니라) 내가 이런 사람을 아노니 (그가 몸 안에 있었는지 몸 밖에 있었는지 나는 모르거니와 하나님은 아시느니라) 그가 낙원으로 이끌려 가서 말로 표현할 수 없는 말을 들었으니 사람이 가히 이르지 못할 말이로다"(고후 12:2-4).
>
> "귀 있는 자는 성령이 교회들에게 하시는 말씀을 들을지어다. 이기는 그에게는 내가 하나님의 낙원에 있는 생명나무의 열매를 주어 먹게 하리라"(계 2:7).

이러한 성경의 진술들을 종합해 보면 낙원은 예수님과 함께 있는 곳이고, 셋째 하늘이라고도 불리는 곳이며, 생명나무가 있는 곳, 그리고 생명나무의 열매를 먹을 수 있는 곳이다.

성경적으로 보면 요한계시록의 십사만 사천은 실제 수가 아닌 구원받은 하나님의 많은 백성을 상징하는 수이며, 이는 구원받은 큰 무리와 같은 이들을 의미한다.[46)]

이들은 처음에는 십사만 사천이 차면 세상의 종말이 올 것으로 주장했다. 하지만 십사만 사천이 차도 세상의 종말이 오지 않자, 결국은 교리를 수정하기에 이르렀다.[47] 자기네 단체가 온전히 천국에 간다고 했다가 천국을 두 단계로 나누어 차등적인 천국으로 만들어 버렸다. 우리는 이처럼 천국의 등급을 차등하는 단체들의 주장을 분별할 필요가 있다.

*** 세 단계 천국, 여섯 단계 천국**

여러 단체가 장차 가게 될 천국의 등급을 세분화한다. 어떤 이들은 천국에도 세 종류가 있다고 주장한다.[48] 구약시대에 해당하는 구

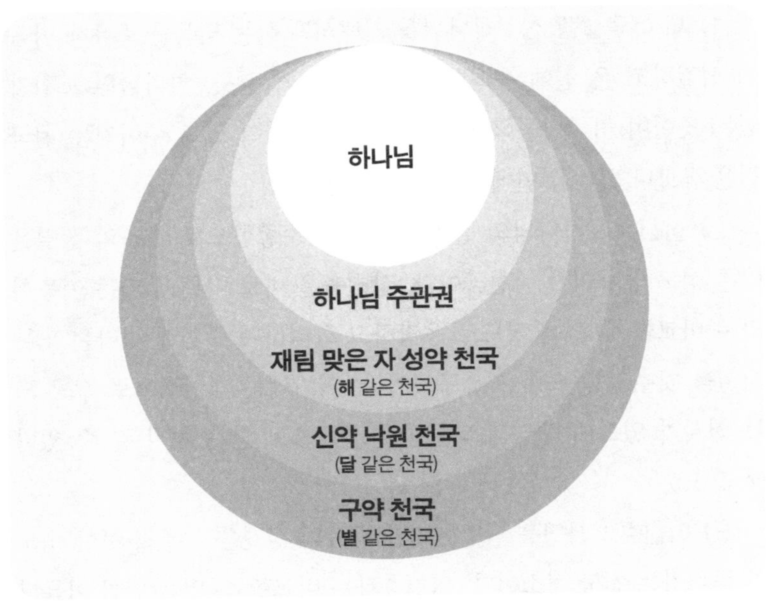

원을 받은 이들이 들어가는 구약 천국(별 같은 천국), 신약시대에 해당되는 구원을 받은 이들이 들어가는 신약 낙원 천국(달 같은 천국), 그리고 이 시대의 구원자로 온 자칭 새벽별이라고 부르는 교주가 가져온 이 시대(성약시대) 최고의 완전한 구원을 받은 이들이 가는 성약 천국(해 같은 천국)이다.[49] 이는 결국 교주의 시대가 최고로 거룩한 언약(성약)의 시대이며, 교주의 가르침을 받아들이는 자만이 최고의 완전한 구원을 얻는다는 것을 설득하기 위한 교묘한 거짓 교리다.

넷플릭스 드라마 〈나는 신이다〉에 소개되었던 한 단체 지도자의 경우 천국을 여섯 단계로 구분한다.

각 천국의 특징은 다음과 같다.[50]

1) 새 예루살렘 성 : 하나님을 기쁘시게 하는 믿음을 소유해 마음이 성결하고 온 집에 충성한 성도가 들어가는 곳. 하나님의 보좌가 있는 곳이며 하나님을 직접 뵐 수 있는 특권이 있고 주어지는 천국 집은 규모나 화려함 면에서 하나의 성과 같다.

2) 삼천층 : 하나님의 말씀을 온전히 순종함으로 마음의 성결을 이룬 성도가 들어가는 천국이다. 삼천층은 바로 아래에 있는 이층천과는 비교할 수 없을 정도로 웅장하고 화려하며 주인이 바라는 모든 시설을 갖추고 있으며 복층구조이다. 여기에는 개인적으로 수종 드는 천사가 있으며 생명의 면류관을 상급으로 받는 자가 갈 수 있다(계 2:10).

3) 이천층 : 사명을 감당했지만 마음의 성결을 이루지 못한 성도가 들어가는 천국 처소이다. 일천층과는 비교할 수 없을 만큼 아름다

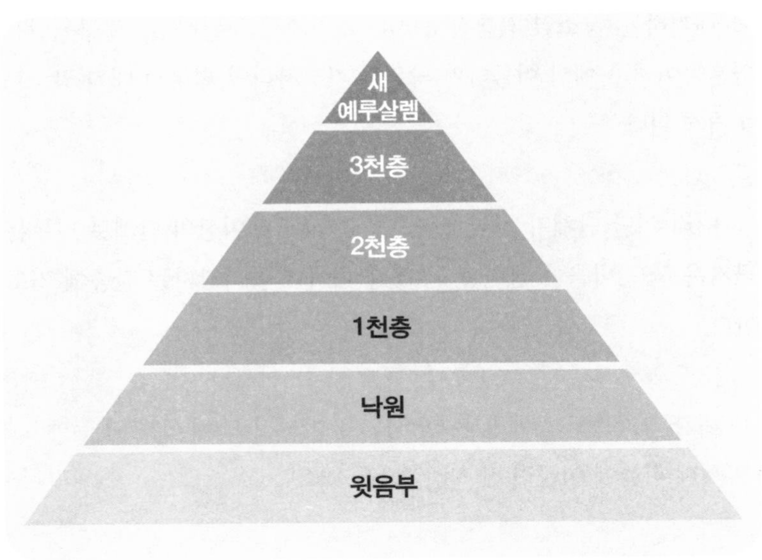

운 단층 구조이며 상급으로 "시들지 않는 영광의 면류관"(벧전 5:4)을 받는다.

4) 일천층 : 예수 그리스도를 영접하고 조금이라도 하나님의 말씀대로 살려고 노력한 성도들의 천국 처소이다. 하나님께서는 개인 취향과 기호에 맞춘 아파트형의 천국 집과 "썩지 아니할 면류관"을 상급으로 주신다(고전 9:25).

5) 낙원 : 하나님의 자녀라고 부르기에 부끄럽지만 예수 그리스도를 영접했기에 차마 지옥으로 보내기에는 안타까운 성도를 위해 준비된 처소이다(눅 23:43).

6) 윗음부 : 천국에 속한 장소로, 구약시대에는 구원받은 영혼들

이 대기하는 장소였다(벧전 3:19). 예수께서 부활하신 후 구원받은 영혼들이 이곳에서 머물다가 낙원의 가장자리인 천국의 대기 장소로 옮기게 된다.

여러 이단 단체가 천국을 세 단계 혹은 그 이상의 단계로 나누는 근거는 사도 바울이 삼천층 곧 셋째 하늘에 올라갔다는 간증에 기초한다.

> "내가 그리스도 안에 있는 한 사람을 아노니 그는 십사 년 전에 셋째 하늘에 이끌려 간 자라"(고후 12:2).

많은 이단 단체의 지도자들은 천국을 셋으로 나누고 여기에 작위적인 의미를 부여한다. 첫째는 등급이 낮은 이들이 들어가는 곳, 둘째는 중간 등급이 들어가는 곳, 셋째는 최고 등급이 들어가는 곳으로 분류한다. 거기에다 한두 개를 덧붙이는데, 그것은 삼천층 위에 하나님이 계신 곳과 일천층 아래 겨우 천국에 들어오는 이들을 더하게 된다. 그렇다면 여기서 셋째 하늘이란 무엇을 의미할까?

첫째, 고린도후서는 셋째 하늘이 곧 낙원이라고 진술한다.

> "그는 십사 년 전에 셋째 하늘에 이끌려 간 자라.
> …내가 이런 사람을 아노니…
> 그가 낙원으로 이끌려 가서…"(고후 12:2-4).

둘째, 셋째 하늘의 핵심은 바로 그곳이 하나님의 직접적인 임재가 있는 곳이란 사실이다. 이는 낙원이 갖는 특징과 같다(눅 24:3, 고후 12:4, 계 2:7). 당시 유행했던 이사야 승천기나 에녹2서와 같은 유대 묵시문학은 천국을 7층천으로 주로 묘사했다. 어떤 것은 때로 10층천으로 구분하기까지도 했다. 하지만 전통 유대교는 열왕기상 8장 27절의 "하늘과 하늘들의 하늘이라도 주를 용납하지 못하겠거든"이란 구절에 근거하여 천국을 삼천층으로 구분했다.[51] 이는 종교개혁가 칼빈이 주장했듯 셋째는 가장 높고 완전한 존재를 가리키는 상징수로 바울이 셋째 하늘에 이끌려 갔다는 것은 지극히 높고 영광스러운 하나님의 직접적인 임재 앞으로 나아갔다는 것을 뜻한다.[52]

이는 성막의 구조에도 나타나는데 성막에서 하나님의 임재로 들어가기 위해서는 세 단계를 거쳐야 한다. 먼저는 성막의 뜰 안으로 들어가야 하고, 그다음에는 성소로, 그리고 마지막 세 번째 단계로는 지성소로 들어가야 한다. 이는 당시 유대교의 일반적인 세계관하고도 일치하는데 이들은 첫째 하늘을 공중(sky)으로, 둘째 하늘을 해, 달, 별이 있는 우주(cosmos)로, 셋째 하늘을 하나님께서 계시는 하늘(Heaven)로 보았다.

이렇게 볼 때 이단 단체들이 나누는 천국의 등급은 비성경적인 주장이 분명하다. 성경은 하나님의 임재가 함께하는 천국을 말한다. 이 천국이 곧 하나님과 함께하는 낙원이자 셋째 하늘이다.

[2장 각주]

1) 진용식, 「안식교의 오류」(서울: 복음사역, 1998), 22쪽.
2) 구원을 믿음으로 얻고 최종적인 성화로 확정한다는 사상은 최근 들어 김세윤의 유보적 칭의론에도 나타난다. 구원을 두 단계로 구분한다는 점에서 김세윤의 사상은 안식교와도 그 패턴의 유사성이 있다. 그의 유보적 칭의론에 대해서는 김세윤, 「칭의와 성화」(서울: 두란노, 2013); 「칭의와 하나님 나라」(서울: 두란노, 2020)를 보라. 이에 대한 개혁신학적 비평에 대해서는 이윤석, "김세윤의 칭의와 성화에 대한 관점 비판"(「개혁논총」(35권), 2015), 137-163쪽을 보라.
3) 엘렌 G. 화잇, 「각 시대의 대쟁투 합본」(서울: 시조사, 1974), 388-399쪽.
4) 엘렌 G. 화잇, 「교회에 보내는 권면 2권」(서울: 시조사, 1965), 596쪽.
5) 엘렌 G. 화잇, 「청년에게 보내는 기별」(서울: 시조사, 1980), 183쪽.
6) 왕대아, 「최대의 책에서 얻는 문답」(서울: 시조사, 1965), 107-108쪽.
7) 알론조 제이 워너, 「성서기초교리」(서울: 제칠일안식일예수재림교 한국연합회, 1975), 102쪽.
8) 진용식, 「안식교의 오류」, 33쪽.
9) 왕대아, 「최대의 책에서 얻는 문답」, 428쪽.
10) 엘렌 G. 화잇, 「식생활과 음식물에 관한 권면」(서울: 시조사, 1997), 452쪽.
11) 왕대아, 「최대의 책에서 얻는 문답」, 424쪽.
12) 백상현, "'안식교신자 율법주의로 인생 허비' 엔돌핀 박사의 회심: 제칠일안식일교회 공식 탈퇴한 이상구 박사의 새로운 소명"(국민일보, 2018. 11. 29.)
13) 진용식, 「안식교의 오류」, 173쪽.
14) 한국천주교중앙협의회, 「가톨릭교회교리서」(ebook), 1263쪽, https://cbck.or.kr/Documents/Catechism
15) 위의 책, 1854쪽.
16) 위의 책, 1472쪽.
17) 위의 책, 980쪽.
18) 위의 책, 981쪽, 983쪽.
19) 위의 책, 1459쪽.
20) 가톨릭사전, "잠벌", http://maria.catholic.or.kr/dictionary/
21) 양형주, 「바이블 백신 2」, 116쪽.
22) 김명혁, "마르틴 루터와 종교개혁(2)"(크리스천투데이, 2006. 8. 2.)
23) 변승우, 「지옥에 가는 크리스천들」(수정증보판)(서울: 큰믿음출판사, 2011), 56쪽.

24) 변승우, 「주 달려 죽은 십자가」(서울: 큰믿음출판사, 2009), 65쪽.
25) 위의 책, 34쪽.
26) 위의 책, 58쪽.
27) 웨인 그루뎀, 노진준 역, 「조직신학(중)」(서울: 은성, 2006), 339-340쪽.
28) 위의 책, 340쪽.
29) 위의 책, 341쪽.
30) 「큰믿음교회 양육교재」, 다림줄; 이인규, "웨슬리안 입장에서 본 큰믿음교회 변승우 목사의 주장" 예레미야이단연구소에서 재인용.
31) 변승우, 「지옥에 가는 크리스천들」, 28쪽.
32) 양형주, 「바이블 백신 2」, 111쪽.
33) 웨인 그루뎀, 「조직신학(중)」, 331쪽.
34) 강웅산, 「구원론: 성경신학적 조직신학」, 279쪽.
35) 양형주, 「바이블 백신 2」, 111쪽.
36) 위의 책, 111쪽.
37) 위의 책, 128쪽.
38) 위의 책, 128쪽.
39) 변승우, 「지옥에 가는 크리스천들」, 226쪽.
40) 위의 책, 227쪽.
41) 양형주, 「평신도를 위한 쉬운 로마서」(개정증보판)(서울: 브니엘, 2019), 46쪽.
42) 위의 책, 45쪽.
43) 정동섭, 「구원개념 바로잡기: 구원파 교리에 대한 성경적 비판」(서울: 새물결플러스, 2015), 104-105쪽.
44) Colin G. Kruse, *The Letters of John, Pillar Commentary*, Grand Rapids: Apollos, 2000, p.68.
45) 워치타워성서책자협회, 「성서는 실제로 무엇을 가르치는가」(뉴욕: 워치타워성서책자협회, 2016), 77-78쪽, 85쪽.
46) 이에 대한 자세한 해설은 다음을 참조하라. 양형주, 「평신도를 위한 쉬운 요한계시록」(통합증보판) (서울: 브니엘, 2023), 279-298쪽.
47) 진용식, 「여호와의 증인의 정체와 상담」(고양: 비전북, 2020), 152-153쪽.
48) 김경천, "기독교복음선교회(JMS) 30개론의 특징", 현대종교, 2016.1.20.
49) 정윤석, "[이단성 핵심체크] 정명석(JMS)", 교회와신앙, 2023.10.3.
50) "영의 세계인 천국과 지옥의 구조 / 만민중앙교회 이재록 목사 ttps://m.blog.naver.com/PostView.naver?isHttpsRedirect=true&blogId

=aurora2073&logNo=221565957299

51) Murray J. Harris, The Second Epistle to the Corinthians, NIGTC (Grand Rapids: Eerdmans, 2005), p.840.

52) Calvin, The Second Epistle of Paul the Apostle to the Corinthians, trans. by T. A. Small, (Grand Rapids: Eerdmans, 1964), p.156.

〉〉〉 CHAPTER · 03

날과 절기를 지켜야 구원 얻음을 강조하는 가르침

: 안식일, 성탄절, 유월절

구원의 여부가 날짜와 절기 준수 여부에 달린 것처럼 주장하는 이들이 있다. 이들은 안식일을 일요일로 지키는 게 짐승의 표 666을 받는 것이기에 장차 구원을 얻지 못한다고 주장한다. 그뿐만이 아니다. 성탄절, 유월절도 제대로 지켜야 한다고 주장한다. 그렇다면 이들이 이렇게 주장하는 근거는 무엇이며, 과연 타당한지 검토해보자.

안식일을 토요일로 지켜야 구원받는다? (출 31:12-18)

이들은 안식일을 지키는 교회가 참 교회요, 안식일을

지키지 않는 교회는 바벨론교회이자 구원이 없는 교회라는 극단적인 입장을 취한다.[1] 이들은 다음과 같은 대략 12가지를 근거로 안식일을 지켜야 한다고 주장한다.[2]

＊ 성경의 안식일은 토요일이다.

성경이 말하는 안식일은 원래부터 토요일이다. 구약과 신약의 다음 구절들은 안식일이 제7일, 즉 토요일임을 증거한다.

> "일곱째 날은 네 하나님 여호와의 안식일인즉 너나 네 아들이나 네 딸이나 네 남종이나 네 여종이나 네 가축이나 네 문안에 머무는 객이라도 아무 일도 하지 말라"(출 20:10).
> "안식 후 첫날 매우 일찍이 해 돋을 때에 그 무덤으로 가며"(막 16:2).
> "안식 후 첫날 일찍이 아직 어두울 때에 막달라 마리아가 무덤에 와서 돌이 무덤에서 옮겨진 것을 보고"(요 20:1).

안식일은 일곱째 날로 일요일부터 시작할 때 제7일인 토요일을 말한다. 기독교에서 안식일로 지키는 일요일은 정확하게 하면 안식 후 첫날일 뿐이다. 게다가 국어사전에도 안식일은 토요일로 명기되어 있다. 이들이 자신들의 주장을 뒷받침하기 위해 편집한 「확실한 증거」에는 일요일과 토요일의 정의를 기술한 1995년 판 국어사전(금성출판사)의 설명이 실려 있다.[3]

* 안식일 계명은 십계명 중에 있다.

"안식일을 기억하여 거룩하게 지키라"(출 20:8).

안식일 준수는 하나님의 계명을 말씀에 있는 그대로 지켜야 할까, 아니면 내 마음대로 편한 대로 지켜야 할까? 이러한 질문에 성도들의 마음은 흔들린다. 이들은 말씀에 기록된 대로 지켜야 한다고 주장한다. 성경대로, 성경적으로 살려면 안식일을 반드시 토요일로 지켜야 한다. 안식일 계명은 하나님의 백성이라면 반드시 지켜야 할 율법이다.

* 안식일은 영원히 폐하지 않는다고 했다.

"너는 이스라엘 자손에게 말하여 이르기를 너희는 나의 안식일을 지키라. 이는 나와 너희 사이에 너희 대대의 표징이니 나는 너희를 거룩하게 하는 여호와인 줄 너희가 알게 함이라. 너희는 안식일을 지킬지니 이는 너희에게 거룩한 날이 됨이니라. 그날을 더럽히는 자는 모두 죽일지며 그날에 일하는 자는 모두 그 백성 중에서 그 생명이 끊어지리라"(출 31:13-14).

성경이 안식일은 대대로 지켜야 할 계명이며, 그날을 온전히 지키지 못하면 사망에 이른다고 경고한다. 따라서 안식일은 새 하늘 새 땅에서도 지켜야 할 계명이다.

"내가 지을 새 하늘과 새 땅이 내 앞에 항상 있는 것같이 너희 자손과 너희 이름이 항상 있으리라. 여호와의 말이니라. 여호와가 말하노라. 매월 초하루와 매 안식일에 모든 혈육이 내 앞에 나아와 예배하리라"(사 66:22-23).

＊ 안식일은 하나님 백성의 대대로 영원한 표징이다.

"이같이 이스라엘 자손이 안식일을 지켜서 그것으로 대대로 영원한 언약을 삼을 것이니 이는 나와 이스라엘 자손 사이에 영원한 표징이며 나 여호와가 엿새 동안에 천지를 창조하고 일곱째 날에 일을 마치고 쉬었음이니라 하라"(출 31:16-17).

안식일은 언약백성의 영원한 표징으로, 대대로 영원히 지켜야 할 명령이다. 따라서 참된 하나님의 백성은 안식일을 토요일로 지키는 표징을 가지고 있고 가짜 백성은 일요일을 지킨다. 이들은 성도들에게 다가가 당신은 진짜 하나님의 백성이냐고 묻는다. 그러면 예수 그리스도를 믿으니 하나님의 백성이라고 한다. 이 대답에 이들은 하나님의 백성이라면 표징이 있어야 하는데 그 표가 있냐고 묻는다. 그러면서 출애굽기 31장 16~17절을 보여주며 하나님의 언약이자 영원한 표징이 있느냐, 과연 토요일에 안식일을 지키느냐고 도전한다.

＊ 예수께서도 안식일을 지키셨다.

"예수께서 그 자라나신 곳 나사렛에 이르사 안식일에 늘 하시던 대로 회당에 들어가사 성경을 읽으려고 서시매"(눅 4:16).

예수께서는 늘 안식일을 지키셨고, 안식일에 늘 하시던 대로 회당에서 예배를 드리셨다. 신앙의 모델이신 예수께서 안식일을 지키셨다면 우리도 마땅히 그 모범을 따라야 할 것이다.

＊ 예수님은 말세에도 안식일을 지켜야 할 것을 말씀하셨다.

"너희가 도망하는 일이 겨울에나 안식일에 되지 않도록 기도하라"(마 24:20).

예수께서는 종말이 안식일에 닥치지 않도록 기도하라고 하셨다. 이 말은 종말이 안식일에 닥칠 경우, 안식일을 지켜야 하기에 안식일을 지키다 큰 해를 당할 수 있음을 암시한다. 즉 예수께서는 종말에도 성도들이 안식일 지킬 것을 기대하셨다고 볼 수 있다.

＊ 초대교회와 사도들도 안식일을 지켰다.

"그들은 버가에서 더 나아가 비시디아 안디옥에 이르러 안식일에 회당에 들어가 앉으니라"(행 13:14).

"안식일에 우리가 기도할 곳이 있을까 하여 문 밖 강가에 나가 거기 앉아서 모인 여자들에게 말하는데"(행 16:13).

사도 바울 일행은 세계 전도여행 중에도 안식일을 온전히 지키며 복음을 증거했다. 그렇다면 우리도 마땅히 안식일을 지켜야 한다. 이처럼 안식일을 지키는 것은 당연하게 여겼다.

"바울이 자기의 관례대로 그들에게로 들어가서 세 안식일에 성경을 가지고 강론하며"(행 17:2).
"안식일마다 바울이 회당에서 강론하고 유대인과 헬라인을 권면하니라"(행 18:4).

사도 바울은 안식일을 지키는 것을 규례로 지켰다. 안식일을 지키는 것을 당연하게 여겼고 이를 준수했다.

*** '주의 날'은 안식일을 가리키며,**
예수님은 안식일의 주인이다.

"주의 날에 내가 성령에 감동되어 내 뒤에서 나는 나팔 소리 같은 큰 음성을 들으니"(계 1:10)
"또 내가 그들을 거룩하게 하는 여호와인 줄 알게 하려고 내 안식일을 주어 그들과 나 사이에 표징을 삼았노라"(겔 20:12).
"인자는 안식일의 주인이니라 하시니라"(마 12:8).

사도 요한이 성령에 감동되어 거룩하신 예수님을 만난 날은 '주의 날', 곧 안식일이다. 예수께서 안식일의 주인이기에 주인의 날, 곧 주일은 안식일을 의미한다는 것이다.

＊ 안식일은 하나님의 표징이며,
이는 곧 요한계시록에 나오는 하나님의 '인' 이다.

"또 나의 안식일을 거룩하게 할지어다. 이것이 나와 너희 사이에 표징이 되어 내가 여호와 너희 하나님인 줄을 너희가 알게 하리라 하였노라"(겔 20:20).

"이르되 우리가 우리 하나님의 종들의 이마에 인치기까지 땅이나 바다나 나무들을 해하지 말라 하더라. 내가 인침을 받은 자의 수를 들으니 이스라엘 자손의 각 지파 중에서 인침을 받은 자들이 십사만 사천이니"(계 7:3-4).

"그가 모든 자 곧 작은 자나 큰 자나 부자나 가난한 자나 자유인이나 종들에게 그 오른손에나 이마에 표를 받게 하고 누구든지 이 표를 가진 자 외에는 매매를 못하게 하니 이 표는 곧 짐승의 이름이나 그 이름의 수라. 지혜가 여기 있으니 총명한 자는 그 짐승의 수를 세어 보라. 그것은 사람의 수니 그의 수는 육백육십육이니라"(계 13:16-18).

안식일이 하나님의 표징이라고 했으니 안식일은 요한계시록의 하나님의 '인' 이다.[4] 토요일 안식일을 지키는 것이 하나님의 표를 받는 것이라면 이마에 짐승의 표를 받는 것은 거짓 안식일(일요일)을 안식일로 지키는 것이다. 또 거짓 안식일에 일하지 않는 자는 짐승의 표를 받는 것이다. 그 이유는 다음의 세 가지에서 더 구체적으로 드러난다.

＊ 안식일을 범하는 것은 악을 행하는 것이다.

"내가 유다의 모든 귀인들을 꾸짖어 그들에게 이르기를 너희가 어찌 이 악을 행하여 안식일을 범하느냐"(느 13:17).

"또 내가 그들을 거룩하게 하는 여호와인 줄 알게 하려고 내 안식일을 주어 그들과 나 사이에 표징을 삼았노라. 그러나 이스라엘 족속이 광야에서 내게 반역하여 사람이 준행하면 그로 말미암아 삶을 얻을 나의 율례를 준행하지 아니하며 나의 규례를 멸시하였고 나의 안식일을 크게 더럽혔으므로 내가 이르기를 내가 내 분노를 광야에서 그들에게 쏟아 멸하리라 하였으나"(겔 20:12-13).

안식일을 범하거나 더럽히면 하나님이 진노하시고, 그의 백성은 멸망당한다. 일요일에 안식일을 지키는 것은 안식일을 더럽히는 것이다.

＊ 로마의 콘스탄티누스 황제가 안식일을 일요일로 변개했다.

"그가 장차 지극히 높으신 이를 말로 대적하며 또 지극히 높으신 이의 성도를 괴롭게 할 것이며 그가 또 때와 법을 고치고자 할 것이며 성도들은 그의 손에 붙인 바 되어 한 때와 두 때와 반 때를 지내리라"(단 7:25).

이 말씀처럼 로마 황제 콘스탄티누스는 안식일의 때를 토요일에서 일요일로 고쳤다.

＊ 일요일은 태양신의 숭배일로,
일요일에 예배드리는 것은 우상 숭배하는 것이다.

로마의 콘스탄티누스 황제는 이집트의 태양신을 숭배하는 태양 숭배일(Sunday)을 변개하여 우상 숭배일을 안식일로 삼았다. 따라서 일요일에 예배드리는 것은 우상을 숭배하는 것이다.[5]

토요일에 목숨 걸지 않아도 되는 이유는?

과연 토요일을 안식일로 지키는 것이 짐승의 표를 받지 않는 참된 성도의 표징일까? 이들의 주장을 검토해보자.

첫째, 안식일과 절기 규정은 구약성경에 이미 폐지될 것이 예언되었다.

> "내가 그의 모든 희락과 절기와 월삭과 안식일과 모든 명절을 폐하겠고"(호 2:11).

'그의 모든 희락' (all her celebrations, NIV)이란 이스라엘이 지키는 모든 절기와 축제를 가리킨다. 절기(yearly festivals)는 매해 이스라엘이 지키는 유월절(무교절), 칠칠절(오순절), 초막절(장막절) 등을 말한다. 월삭은 이스라엘이 매달 초에 드렸던 제사다. 그리고 안식일이 있다. 하나님은 이 모든 것을 폐할 것이라 예고하셨다.

그 이유가 무엇일까? 그것은 더 이상 이스라엘의 절기와 축제의 제사가 하나님을 기쁘게 하지 못했기 때문이다. 이를 잘 보여주는 것이 이사야 1장이다.

> "여호와께서 말씀하시되 너희의 무수한 제물이 내게 무엇이 유익하뇨. 나는 숫양의 번제와 살진 짐승의 기름에 배불렀고 나는 수송아지나 어린 양이나 숫염소의 피를 기뻐하지 아니하노라. 너희가 내 앞에 보이러 오니 이것을 누가 너희에게 요구하였느냐. 내 마당만 밟을 뿐이니라. 헛된 제물을 다시 가져오지 말라. 분향은 내가 가증히 여기는 바요. 월삭과 안식일과 대회로 모이는 것도 그러하니 성회와 아울러 악을 행하는 것을 내가 견디지 못하겠노라. 내 마음이 너희의 월삭과 정한 절기를

싫어하나니 그것이 내게 무거운 짐이라. 내가 지기에 곤비하였느니라. 너희가 손을 펼 때에 내가 내 눈을 너희에게서 가리고 너희가 많이 기도할지라도 내가 듣지 아니하리니 이는 너희의 손에 피가 가득함이라"(사 1:11-15).

이스라엘 백성은 하나님께 열심히 제사드리고 분향하고 안식일을 지켰지만 하나님은 이들이 이런 것들을 지키는 것을 정말 싫어하셨다. 왜 그랬을까? 바로 이스라엘의 부패한 마음 때문이다. 그래서 예레미야 17장 9절은 "만물보다 거짓되고 심히 부패한 것은 마음이라"고 말씀한다. 근본적으로 마음을 새롭게 하지 않고 율법대로 지키는 절기와 안식일은 아무 소용이 없었다. 급기야 하나님은 호세아 선지자를 통해 이 모든 날을 폐하겠다고 예고하셨다.

둘째, 안식일과 절기 규정 폐지에 대한 예언은 신약시대에 성취되었다.

"우리를 거스르고 불리하게 하는 법조문으로 쓴 증서를 지우시고 제하여 버리사 십자가에 못 박으시고…. 그러므로 먹고 마시는 것과 절기나 초하루나 안식일을 이유로 누구든지 너희를 비판하지 못하게 하라. 이것들은 장래 일의 그림자이나 몸은 그리스도의 것이니라"(골 2:14,16-17).

이 말씀에 따르면 구약의 절기와 안식일 규정은 십자가에 못 박아 제하여 버리셨다. 이제는 이러한 규정을 지키지 않는다고 누구도 성도를 비판할 수 없다. 그래서 신약성경에는 안식일을 지키라는 명령이 더 이상 나오지 않는다.

안식일 규정과 같이 구약에서 '대대로 영원히' 지키라고 엄중하게 명령했던 율법 규정들이 신약시대에 폐지되어 더 이상 지킬 필요 없는 것이 있다. 대표적으로 할례가 있다. 할례는 하나님의 백성 중 남자라면 반드시 받아야 하는, 대대로 영원히 지켜야 할 언약의 표징이었다(창 17:11-14). 그러나 신약시대에 할례는 구원에 아무런 효력을 발휘하지 않는 폐지된 제도로 전락한다.

> "그리스도 예수 안에서는 할례나 무할례나 효력이 없으되 사랑으로써 역사하는 믿음뿐이니라"(갈 5:6).
> "그리스도께서 우리를 자유롭게 하려고 자유를 주셨으니 그러므로 굳건하게 서서 다시는 종의 멍에를 메지 말라"(갈 5:1).
> "할례나 무할례가 아무것도 아니로되 오직 새로 지으심을 받는 것만이 중요하니라"(갈 6:15).

할례뿐만 아니다. 유월절(출 12:42), 무교절(출 12:17), 회막 안의 등불을 점검하는 것(출 27:21), 번제(출 29:42), 물두멍에 수족을 씻는 것(출 30:21), 기름과 피를 먹지 않는 것(레 3:17) 등 구약에 '대대로 영원히' 지켜야 한다고 말씀한 이런 규례들은 하나같이 신약에서는 더 이상 효력이 없는 것들이다. 기억하라! 이러한 것들은 그리스도께서 오실 때까지 임시로 주어진 그림자일 뿐이다(골 2:17). 율법은 장차 올 좋은 일의 그림자일 뿐이요, 참 형상이 아니다(히 10:1).

신약시대에는 더 이상 선민 이스라엘과 이방인 사이의 구별이 없다. 하나님은 십자가로 이 구별을 폐하시고 한 성령 안에서 그를 믿는 모든 자녀를 아버지께 나아가게 하셨다(엡 2:15-18). 게다가 신약의 성도 모두가 왕 같은 제사장이 되어 레위인과 일반 백성의 구별이 없어졌다(벧전 2:5,9). 구약에 거룩한 날이 있었다면 이제 신약에는 모든 날이 거룩한 날이다(롬 14:5, 갈 4:10-11).

셋째, '대대' 란 '이스라엘 자손 대대' 를 말한다.

하나님은 아브라함에게 할례를 명하며 "너희는 포피를 베어라. 이것이 나와 너희 사이의 언약의 표징이니라. 너희의 대대로 모든 남자는… 난 지 팔 일 만에 할례를 받을 것이라"(창 17:11-12)고 말씀하셨다. 여기서 '대대' 는 아브라함의 후손 대대를 말한다. 따라서 안식일 약속 또한 유대인 자손 대대에 한해서만 유효하다. 이는 첫 언약의 자손인 이스라엘 자손 안에서만 유효할 뿐 그리스도 안에서는 아무 효력이 없다(갈 5:6 참조).

넷째, 예수께서 안식일을 지키신 것은 안식일을 율법대로 준수하신 것이 아니다.

도리어 예수께서는 안식일에 하면 안 되는 파격적인 일을 행하여 바리새인과 서기관들의 미움과 핍박을 받았다(요 5:16). 예수께서는 안식일에 하지 말아야 할 이삭을 잘라 먹는 것을 허용하셨다(마 12:1). 또 안식일에 금지된 치유 이적을 행하셨다. 안식일에 손 마른 사람을 고치셨고(마 12:10), 베데스다 연못의 38년 된 병자를 치유하셨다(요 5:8-10). 이는 안식일의 본래 의도와 뜻을 더욱 온전히 살리기 위함이었다. 하지만 예수의 이런 행위는 안식일을 범하는 것이었고 바리새인들은 어떻게 하면 예수를 죽일까 모의하기 시작했다(막 3:6).

예수께서는 이런 유대인을 향하여 "안식일이 사람을 위하여 있는 것이요 사람이 안식일을 위하여 있는 것이 아니니 이러므로 인자는 안식일에도 주인이니라"(막 2:27-28)고 말씀하셨다. 예수님은 안식일을 온전히 지켜야 한다는 명분으로 안식일에 참된 안식을 경험하지 못하게 하는 일체의 낡은 율법 규정을 배격하셨다. 더 나아가 안식일의 주인인 예수를 만나 참된 안식을 경험하도록 이적과 치유를 베푸셨다.

이런 면에서 우리는 예수께서 "늘 하시던 대로 안식일에 회당에 들어가셨다"는 표현이 '안식일을 지키셨다'는 표현이 아님을 주의해야 한다. 예수께서 "늘 하시던 대로"(눅 4:16)는 직역하면 '관습을 따라 하다'(as was his custom, NRSV)이다. 여기서 '관습대로 하다'(헬. 에이오다)는 동사는 '풍습' '관례' '전례'를 따라 한다는 의미다. 따라서 예수께서 회당에 들어가신 것은 유대인들이 행하던 안식일의 관습을 따라 들어갔다는 뜻이다. 이는 결코 율법을 준수하기 위해서가 아니다. 예수께서는 단지 어릴 때부터 해오던 유대 풍습에 따라 회당에 들어가신 것이다.

회당에 들어가서 예수께서 하신 일이 무엇인가? 참된 안식의 주인인 자신을 선포하고 가르치셨다(막 6:2, 눅 4:31). 예수께서는 안식일에 나사렛 회당에 들어가셔서 성경을 읽고 이사야의 글(사 61:1

이하)을 읽으신 후 이 말씀이 바로 자신을 통해 그 땅에 임했음을 선포하셨다. 그러나 사람들은 이 말씀을 듣고 도리어 분노하여 예수님을 산 낭떠러지까지 끌고 가서 밀쳐 떨어뜨리고자 하였다(눅 4:30). 유대인의 기준에서 볼 때 예수님은 안식일을 온전히 지키지 못한 것이었다. 이렇게 볼 때 신약의 백성들은 토요일을 안식일로 지켜야 할 의무가 없다.

다섯째, 안식일이란 낡은 규정의 피해를 말씀하신 것이다.

예수께서 성전 멸망을 예고하시며 "너희가 도망하는 일이 겨울에나 안식일에 되지 않도록 기도하라"(마 24:20) 하신 것은 안식일이 되면 유대인들은 율법 규정에 따라 움직일 수 없게 되니 안식일이 아닌 다른 날에 닥치도록 기도하라고 하시는 것이다. 이는 안식일을 지키라는 말씀이 아니라 도리어 안식일의 낡은 규정의 피해가 얼마나 큰 가를 밝히는 말씀이다. 역사적으로 주전 168년 수리아의 안티오쿠스 에피파네스 4세가 유대를 침공했던 날도 안식일이었다. 이때 유대인들은 무방비 상태로 커다란 살육을 당했던 적이 있다.

여섯째, 사도 바울과 제자들은 안식일을 지켰는가?

사도 바울이 안식일에 회당에 들어간 것은 안식일 율법 규정을 지키기 위해 들어간 것이 아니다. '바울이 자기의 관례대로' 안식일에 들어갔다는 것은 율법 규례가 아닌 '관습'(custom)을 따라 들어갔다는 뜻이다. 여기서 '관례'는 헬라어 에도스에 해당하는 단어로, 강제적 율법 규정을 의미하는 '도그마'(행 16:4), 또는 '디카이오마'

(눅 1:6)와는 구별되는 단어다. 바울이 관습대로 안식일에 회당에 들어간 것은 안식일 규정을 지키기 위해서라기보다 관습을 따라 모인 디아스포라 유대인들에게 복음을 전하기 위해서다.

일곱째, 인자는 안식일의 주인이라는 선언은 안식일이 곧 주일이 되어야 한다는 뜻이 아니다.

이는 예수께서 안식일 규정에 얽매여 참된 안식을 누리지 못하는 유대인들을 향하여 예수께서 참된 안식일의 정의와 의미를 해석할 수 있는 참된 주가 되심을 선언하는 말씀이다. 안식일을 구약 율법의 딱딱한 기준에서 준수 여부를 따지고 들다 보면 참된 안식을 잃어버린다. 따라서 안식의 본뜻을 회복하고 참된 안식을 주시는 예수님을 기준으로 새롭게 안식일을 규정해야 함을 말씀하는 것이다. 예수께서는 안식일의 주인이기에 능히 그렇게 할 권위를 갖고 계신다.

여덟째, 요한계시록에 나오는 하나님의 '인'은 토요일 안식일을 준수하는 여부가 아니다.

이는 예수 그리스도를 주로 고백하는 이들에게 인치시는 성령의 임재를 뜻한다(엡 1:13). 따라서 인침은 성령으로 받는 것이다.

> "그 안에서 너희도 진리의 말씀 곧 너희의 구원의 복음을 듣고 그 안에서 또한 믿어 약속의 성령으로 인치심을 받았으니"(엡 1:13).

> "하나님의 성령을 근심하게 하지 말라. 그 안에서 너희가 구원

의 날까지 인치심을 받았느니라"(엡 4:30).

우리가 구원의 날까지 인치심을 받았다는 것은 예수 그리스도께서 재림하실 때까지 성령께서 신자들 안에 내주하며 함께하신다는 뜻이다. 성령의 인치심은 토요일 안식일 준수 여부와 아무런 상관이 없다.

마찬가지로 짐승의 표는 일요일 예배 준수와 아무 상관이 없다. 요한계시록 13장 16~18절은 짐승의 표가 '사람의 수'라고 말씀한다. '사람의 수'란 헬라식 이름 알파벳을 풀어 숫자로 합친 것을 말하며, 이를 '게마트리아'라고 한다.[6] 이렇게 풀면 육백육십육은 '네로 카이사르' 황제를 지칭하는 이름이 된다.

아홉째, 로마의 콘스탄티누스 황제는 안식일을 일요일로 변개하지 않았다.

그는 단지 일요일을 공휴일로 지정한 것뿐이다. 안식일 준수를 주장하는 이들은 「교회사 핸드북」의 내용을 그대로 복사하여 실었다. "321년에 콘스탄티누스가 일주일간의 첫날을 휴일로 정했을 때 그는 그날을 '태양의 숭배일'(Sunday)이라고 명명했다."[7] 이러한 인용구는 이들의 전도용 책자인 「확실한 증거」에 실려 있다. 언뜻 볼 때 콘스탄티누스가 안식일을 일요일로 변개했다는 뜻 같다. 그러나 전후의 문맥을 볼 때 이는 그동안 일요일이 공휴일이 아니어서 온전히 안식하며 예배드리지 못했던 그리스도인을 위해 콘스탄티누스 황제가 일요일을 공휴일로 지정하여 더욱 자유롭게 예배드리도록 했다는 뜻이다.

이들이 인용하는 「교회사 핸드북」 앞부분에는 이를 더욱 분명하게 명시한다.[8)]

"기독교의 예배일인 주일은 기독교회의 초기부터 성수되었다. 그것은 안식일(주간의 일곱째 날)을 지키는 유대교로부터의 기본적인 이탈이었다. 한 주간의 첫날로 옮긴 것은 예수께서 부활하신 날을 주마다 상기하기 위해서였다. 4세기 초 콘스탄틴의 시대까지는 주일(일요일)이 공휴일이 아니었다. 그때까지 그리스도인들은 (일하러 가야 했기에) 주일의 이른 아침이나 늦은 시간에 예배모임을 가졌다."

이처럼 콘스탄티누스 이전부터 일요일에 예배드린 것은 초대교회의 전통이었다. 초대 교부들은 다음과 같은 글들을 남겨두었다.

"그런즉 옛 관습을 따르던 사람들은 희망의 새로움을 얻게 되었으며 차후로는 안식일을 지키지 않고 그들의 생명의 주를 통하여 살아난 '주의 날' 에 맞추어 그들의 생활을 개조하는 것이다"(이그나티우스의 서신 9절, AD 107년).

"그런 이유로 우리 또한 여드레째 날(여덟 날)을 즐기는 날로 지키니 그날에 또한 예수께서 죽은 자 가운데서 일어나 하늘로 올라가심이 명백히 보였음이라"(바나바서 15절, AD 70-130년).

“주일이라고 불리는 날에 도시나 시골에 살고 있는 모든 사람이 한 곳에 모여 시간이 허락하는 만큼 사도들의 기록이나 선지자들의 글을 읽고 낭독자가 낭독을 마치면 사회자가 가르치며 이러한 말씀을 본받아 살기를 권한다. 그리고 사회자가 같은 방법으로 자기 능력에 따라 기도와 감사를 드리고 회중들은 아멘으로 화답한다” (순교자 저스틴 마터의 제1변증서 62장, AD 155년).

열째, 일요일은 이집트의 태양신을 숭배하는 것이기에 일요일에 예배하는 것은 우상 숭배인가?

그렇다면 토요일은 어떤가? 토요일은 토성(Saturn)의 신을 섬기는 날(Saturday)인가? 그럼 월요일(Monday)은 달신을 섬기는 날인가? 이러한 주장이 말이 되지 않는 것처럼 일요일에 예배드리는 것 자체로 결코 태양신을 섬긴다고 할 수 없다. 따라서 일요일 예배는 그 자체로 우상 숭배가 아님은 물론, 짐승의 표를 받는 것은 더더욱 아니다.

열한째, 다니엘 7장 25절의 말씀은 콘스탄티누스가 안식일을 변개할 것을 예언하는 것이 아니다.

이는 수리아의 안테오커스 에피파네스 4세가 유대인들을 핍박하며 할례와 절기를 폐지하고 성전에 제우스 신상을 설치하고 헬라화 정책을 펼 것을 예고하는 말씀이다. 에피파네스 4세는 이를 강제적으로 밀어붙였고, 이러한 박해의 때는 한 때와 두 때와 반 때가 지날 때까지 계속될 것인데, 이는 완전수 일곱 때의 절반인 세 때 반을 상징한다. 이를 구체적으로는 아폴리니우스가 예루살렘을 징벌하기 위해 파송된 때(주전 168년 6월)부터 유다 마카베오에 의해 성전이 재봉헌 된 때(주전 164년 가을)까지의 기간으로 본다.[9]

열두째, 초대교회부터 일요일에 예배드린 이유는 이날이 예수 그리스도께서 부활하신 날이기 때문이다.

혹자는 안식일은 창조 완성으로서 의미가 있는 반면, 그리스도의 부활은 이와 상관없는 별개의 의미가 있다고 주장한다. 하지만 사실 이 둘은 긴밀하게 연결된다. 그리스도의 부활은 마지막 때 만물을 새롭게 하시는 새 창조의 첫 시작이다. 이는 그리스도의 부활을 통해 시작된 새 창조의 능력이 마지막 때 옛 세상을 새 하늘과 새 땅으로 새롭게 완성하실 것을 상징, 예고한다. 그리스도 안에 있는 신자들은 그리스도와 함께 시작된 구원의 역사를 따라 최종적으로 완성될 구원의 안식을 바라보며 예수 그리스도가 부활한 일요일에 예배한다. 이날은 안식일의 주인이신 주님의 날이자 그 주께서 그 안에 있는 신자들을 부르고 예배하게 하신 날이다. 부활의 능력으로 세워진 교회의 주일 성수는 종말과 새 창조의 실재를 극명하게 보여주는 매우 중요한 표지다.[10] 신자는 새 창조의 능력으로 시작된 구원역사가 마지막 때에 최종적인 완성과 함께 참된 안식으로 완성될 것을 바라며 매주 예배한다(계 21:1-7 참조).

성탄절을 12월 25일로 지켜면 이단인가?

성탄절을 제대로 지켜야 한다고 주장하는 단체가 있다. 이들은 교회가 지키는 12월 25일은 성경에 근거가 없고, 근거 없는 날을 예수의 탄생일로 지키는 교회는 이단이라고 단언한다. 이들은 성탄절의 기원이 로마시대의 연중 최대 축제인 농신제(農神祭, 사더날리아)로서 태양신 바알의 탄생일로 기념됐던 12월 25일을 예수님 탄생일로 명칭만 바꾸어 기념하는, 이교주의적 우상 숭배 축제가 교회 안으로 숨어들어온 것이라 주장한다.[11] 이는 거룩하신 예수 그리스도를 태양신과 동일하게 대우하는 것으로 이단적 신앙이며, 따라서 12월 25일을 성탄절로 지키는 교회는 이단이라는 것이다.

이러한 주장을 반증하기 위해서는 먼저 이러한 주장을 하는 배후의 근본적인 의도가 무엇인가를 살펴야 한다. 이는 성탄절을 지키지 않고 자기네 이단 교주가 태어난 날을 새로운 성탄으로 바꾸어 이단 교주를 예배하기 위함이다. 이들의 주장을 살펴보면 주일이 태양신을 섬기는 날, 즉 일요일(Sunday)이기에 이날 예배하는 것은 태양신을 섬기는 우상 숭배라고 주장하는 것과 유사한 논리를 발견할 수 있다. 12월 25일이 태양신 탄생을 기념하는 날이기에 이날에 예배하는 것은 태양신 바알을 섬기는 것과 같다는 것이다.

그러나 이런 논리로 하면 이들이 지키는 안식일도 문제이고, 또 이스라엘의 유월절도 문제가 된다. 왜냐하면 안식일인 토요일은 로마에서는 로마의 토성신을 기념하는 날이기 때문이다. 이들은 친절하게 농신제를 '사투르날리아'(Saturnalia)라고 소개한다. 이것이 바로 토지의 신, 토성(Saturn)을 섬기는 날(Saturday)인 것이다. 이러한 논리는 이들 단체 스스로를 토지의 신을 섬기는 우상 숭배를 하는 자들이라는 동일한 프레임에 가두어 버리게 된다. 그렇다면 하나님이 지정하신 유월절은 어떤가? 이때는 원래 고대 근동에서 메소포타미아의 달신을 섬기는 절기였다. 그렇다면 유월절을 지키는 것은 달신을 섬기는 우상 숭배와 같을까? 이것은 석가탄신일이 주일이면 주일에 예배하는 성도는 석가를 예배한다는 논리와 같다. 날은 같더라도 예배의 대상이 그리스도면 그리스도를 예배하는 것이다.

그렇다면 기독교의 성탄절은 그 유래가 어떻게 되는가? 먼저 알아둘 것은 초대교회에서 약 300년간 성도들의 관심은 예수 그리스도의 죽음과 부활에 집중되었기에 탄생한 날짜는 그다지 관심이 없었다는 점이다. 복음서에도 그날은 정확하게 기록되어 있지 않다.

성탄절은 주후 313년 로마가 기독교를 공인하면서 비로소 교회에서 그리스도의 탄생기념일 날짜를 정하여 지키기 시작했다. 기억할 것은 크리스마스는 그리스도(Christ)의 탄생을 기념하며 감사하는 예배(mass)를 드리는 날이라는 점이다. 이날이 곧 탄생일이고 지켜야만 하는 율법 규정은 아니다. 율법이나 교회의 법으로 지키는 날이 아니라 그리스도의 탄생을 축하하고 기뻐하며 예배하는 날인 것이다. 우리도 누군가의 생일을 축하할 때 사정이 여의치 않으면 앞당겨 축하하기도 하고 조금 지나서 축하하기도 한다.

초기 교회가 성탄절을 지킨 최초의 기록은 4세기 초 이집트 파피루스에 기록된 1월 6일 저녁부터 7일 저녁까지 지켰다는 내용이다.

이것은 하루의 시작을 해가 진 저녁부터로 보는 유대 전통을 반영한 것이다. 이런 면에서 성탄절 전야(크리스마스 이브)도 해가 질 때부터 성탄의 시작으로 보는 전통이 녹아 있는 것으로 보인다.

성탄절을 정식으로 결의한 것은 주후 325년 니케아 공의회다. 12월 25일은 로마의 동지에 해당한다. 해가 가장 짧은 날이면서 동시에 해가 새로 태어나는 날이라고 해서 로마에서는 전통적으로 태양신의 탄생일로 축하했었다. 태양신을 섬기는 미트라교의 축제일이었던 것이다. 그러나 기독교가 로마의 공인 종교가 되자 교회는 피조물인 태양을 섬기는 것이 아니라 세상의 빛(요 8:12)으로 오시고, 의로운 해(말 4:2)로 오신 예수 그리스도의 탄생을 기념하는 날로 새롭게 해석하였다. 교회는 태양신 숭배를 타파하고 세상의 빛이자 왕으로 오신 그리스도를 예배하기 위하여 이날을 성탄절로 결의했다. 이후 주후 336년에는 콘스탄티누스 황제가 교회가 정한 성탄절을 공식적인 로마의 휴일로 정했다.

따라서 성탄절에 예배하는 것은 우상 숭배하는 것이 아니다. 도리어 우상을 몰아내고 그리스도만을 예배하는 날이다. 우리는 그리스도의 오심을 기쁜 마음으로 예배하면 된다. 동방정교회의 경우 애굽에서 지켰던 전통을 이어받아 1월 6일로 지킨다. 중요한 것은 이날 예수께서 정확하게 탄생했다는 것이 아니라 이즈음 탄생하셨기에 날짜를 가능한 한 가깝게 정해 예수 그리스도의 오심을 기념하고 예배하는 것이다.

더 나아가 우리는 이들이 성탄절을 폄하하는 배후의 의도를 유념해야 한다. 성탄절을 무효로 하고 예수 그리스도의 오심보다 교주의 탄생을 더 중요히 여기고 교주를 예배하게 하려는 음험한 의도가 있음을 간과하지 말아야 한다.

유월절,
정말 지켜야 한다고?

하나님의 교회를 비롯한 일부 단체는 유월절을 구원을 좌우하는 매우 중요한 절기로 여긴다. 이들은 성경 66권의 방대한 내용의 핵심이 바로 새 언약 유월절이며, 이 유월절 안에 영생과 진리와 구원이 담겨 있다고 주장한다.[12] 생명의 성령의 법(롬 8:2)이 곧 유월절이며, 따라서 영생을 얻으려면 유월절 절기를 지켜야 한다고 주장한다.[13] 이들의 주장을 좀 더 구체적으로 살펴보자.

첫째, 예수께서 가져오신 새 언약은 유월절이다. 유월절은 폐하지 않았다. 도리어 예수께서는 새 언약을 세우며 유월절 지키기를 간절히 원하셨다.

> "이르시되 내가 고난을 받기 전에 너희와 함께 이 유월절 먹기를 원하고 원하였노라. …저녁 먹은 후에 잔도 그와 같이 하여 이르시되 이 잔은 내 피로 세우는 새 언약이니 곧 너희를 위하여 붓는 것이라"(눅 22:15,20).

예수께서는 유월절 지키기를 원하고 원하는 하나님의 마음을 담아 유월절 새 언약의 진리를 세우시게 되었고, 하나님께 돌아가는 길을 유월절로 닦아놓으셨다. 영생을 얻으려면 유월절을 행해야 한다. 예수께서는 유월절 만찬을 새 언약이라고 말씀하셨고(눅 22:19-20), 새 언약에는 죄 사함이 있다고 했으니(렘 31:31), 유월절의 떡과 포도주로 죄 사함을 받게 된다고 한다. 유월절에 먹는 떡과 포도주는 예수의 영성체이고 생명과이다. 예수께서는 죽지 않는 영성체이기에 자신을 먹는 자는 영원히 살 수 있음을 설명하셨고, 그러한 뜻을 성취하기 위해 새 언약 유월절을 세우셨다는 것이다.[14] "우리의 유월절 양 곧 그리스도께서 희생되셨느니라"(고전 5:7).

인간의 죽음이 먹는 것에서 비롯되었기에 유월절에는 먹는 것으로 살려주기 위한 하나님의 오묘한 섭리가 작용한다.[15] 따라서 새 언약 유월절은 영생을 갈망하는 이들이 꼭 지켜야 할 거룩한 계명이며, 세상 끝날까지 온 세상에 알리고 집행되어야 할 생명의 법도이고, 만인이 깨우쳐야 할 '복음'이라고 말한다.[16]

더 나아가 유월절을 지키지 않는 자는 하나님의 백성이 될 자격이 없다고 주장한다. 이들의 주장을 들어보자.

"하나님께서는 그 약속이 유월절을 지킬 때에 비로소 얻을 수 있다는 것을 깨우쳐주시고 유월절을 지키지 않는 자는 백성 될 자격이 없다고 분명히 지적해주셨습니다(민 9:13). 그것은 천국 백성이 될 수 없다는 것, 즉 영생을 얻지 못한다는 말씀입니다. 이제 우리는 영생을 주기로 약속하신 하나님의 뜻이 유월절 안에 있음을 분명히 알고 성스러운 유월절 절기를 지켜야만 하겠습니다."[17]

둘째, 유월절을 제대로 지키려면 반드시 1월 14일에 정확하게 지켜야 한다고 말한다. 이들의 주장을 들어보자.

"평시에 사람들 마음대로 행하는 성만찬은 유월절이 아니다. 반드시 닛산 14일 저녁에 행하는 것이 유월절이다. 그러므로 유월절 어린 양의 피로 구속의 인침을 받고 재앙 면함을 받는 것은 반드시 유월절에 성만찬을 행해야 하는 것이다."[18]

유월절을 1월 14일에 정확하게 지켜 성만찬을 받아야 구원받는다. 이날이 아닌 날에는 보호를 받지 못하고 재앙을 받게 된다는 것이다.

셋째, 유월절은 초대교회에서 지켜왔으나 325년 니케아 회의에서 폐지되었다.

초대교회는 유월절을 성실하게 지켰고 이를 준수하도록 격려받았다. "이러므로 우리가 명절을 지키되 묵은 누룩으로도 말고 악하고 악의에 찬 누룩으로도 말고 누룩이 없이 오직 순전함과 진실함의 떡으로 하자"(고전 5:8). 이는 초대교회로 유월절을 지키도록 격려하는 말씀이다. 교회사를 통해 볼 때 325년에 니케아 회의가 소집될 때 동방의 교회는 유월절을 지키고 서방은 주일을 중시했다. 이는 초대교회에도 계속해서 유월절을 지키던 전통이 명맥을 유지했음을 보여준다. 이것을 325년 니케아 공회의에서 폐지를 결정했다. 인류는 유월절을 잃어버린 상태로 살아왔지만 하나님께서는 마지막 때에 멜기세덱 제사장과 같은 교주를 보내 새 언약 유월절을 회복시키셨을 것이다.

유월절에 떨지 말라

첫째, 새 언약은 유월절을 지키는 것이 아니다.

예수께서는 유월절을 가져오신 분이 아니며, 따라서 유월절은 새 언약이 아니다. 이를 뒷받침하기 위해서 우리는 예수께서는 유월절에 십자가에 달려 돌아가지 않으셨음을 살펴볼 필요가 있다. 예수께서 돌아가신 것은 유월절 전날이다. 유월절은 안식일과 겹치는 토요일이다. 유대력으로 할 때 유대인들은 예수께서 십자가에 달려 돌아가신 금요일 저녁부터 다음 날 토요일 해질 때까지를 유월절로 지켰다. 이를 표로 보면 아래와 같다.

성경은 예수께서 유월절 전날 만찬을 가지셨음을 명확히 밝힌다.

목요일 (저녁)	금요일 (오전, 오후)	토요일 (안식일, 유월절)	일요일
최후의 만찬	빌라도 재판 / 십자가	무덤	부활

"유월절 전에 예수께서 자기가 세상을 떠나 아버지께로 돌아가 실 때가 이른 줄 아시고 세상에 있는 자기 사람들을 사랑하시되 끝까지 사랑하시니라"(요 13:1).

"그들이 예수를 가야바에게서 관정으로 끌고 가니 새벽이라. 그들은 더럽힘을 받지 아니하고 유월절 잔치를 먹고자 하여 관정에 들어가지 아니하더라"(요 18:28).

"이날은 유월절의 준비일이요 때는 제육시라. 빌라도가 유대인들에게 이르되 보라. 너희 왕이로다. …이에 예수를 십자가에 못 박도록 그들에게 넘겨주니라"(요 19:14,16).

"예수께서 큰 소리를 지르시고 숨지시니라. …이날은 준비일 곧 안식일 전날이므로 저물었을 때에"(막 15:37,42).

그렇다면 예수 그리스도께서 "유월절 먹기를 원하고 원하였노라"(눅 22:15)는 말씀은 어떻게 이해해야 할까? 예수께서는 유월절을 기념하는 유대의 유월절 만찬을 유월절 전에 함께하기 원하셨는데, 이는 유대인의 명절인 유월절을 지키기 위함이 아니다. 유월절 만찬을 새로운 '주의 만찬'으로 제정하여 제자들에게 새롭게 주기 원하셨기 때문이다. 이는 양의 피가 아닌 자신의 피로 세운 새 언약의 만찬이다. 초대교회는 이를 '유월절 만찬'이 아닌 '주의 만찬'으로 부르며 지켰다. "그런즉 너희가 함께 모여서 주의 만찬을 먹을 수 없으니"(고전 11:20).

둘째, 유월절을 지키려면 정확하게 1월 14일에 지켜야 하는가?

유대인의 유월절이라면 마땅히 일 년에 한 번 1월 14일에 지켜야 한다. 그러나 예수께서 주의 만찬을 제정하시면서는 특정한 날짜를 지정하지 않았다. 도리어 예수께서는 할 수 있는 한 자주 주의 만찬을 가지며 이를 행하여 "마실 때마다 나를 기념하라"(고전 11:25)고 하셨다. 이는 '마실 때마다'는 '가능한 한 자주' 또는 '몇 번이든지 하고 싶은 대로'(as often as-NRSV, ESV) 라는 뜻이다(계 11:6 참조, 공동번역). 주의 만찬은 가능한 한 자주 하라는 뜻이다. 예수께서도 유월절에 만찬을 하지 않고 하루 앞당겨서 하셨다. 이는 주의 만찬이 더 이상 유월절의 정확한 날짜에 얽매이지 않는 새로운 만찬임을 의미한다.

셋째, 초대교회는 유월절을 지켰는가?

성경에는 초대교회가 유월절을 지켰다는 내용이 없다. 도리어 성경은 유월절을 '유대인의 명절' 이라고 명시한다. "마침 유대인의 명절인 유월절이 가까운지라"(요 6:4). 이제 신약의 백성은 더 이상 유월절 만찬이 아닌 '주의 만찬' 을, 유월절을 지킴으로써가 아니라 예수께서 피로 세우신 새 언약의 백성이 되어 그의 부활을 기념함으로 구원받는다. 예수께서는 주의 만찬을 제정하며 다음과 같이 말씀하셨다.

"축사하시고 떼어 이르시되 이것은 너희를 위하는 내 몸이니 이것을 행하여 나를 기념하라 하시고 식후에 또한 그와 같이 잔을 가지시고 이르시되 이 잔은 내 피로 세운 새 언약이니 이것을 행하여 마실 때마다 나를 기념하라 하셨으니"(고전 11:24-25).

주의 만찬은 새 언약을 세우신 예수 그리스도를 기념하기 위한 만찬이다. 따라서 고린도전서 5장 8절은 이들이 주장하는 것처럼 유월절을 지키라는 말씀이 아니다. 유월절은 생명과가 될 수 없다. 유월절을 지킴으로 구원받는 것이 아니라 예수님의 희생을 통해 구원받는 것이기 때문이다. 주의 만찬은 이를 기념하는 것이다.

"이러므로 우리가 명절을 지키되 묵은 누룩으로도 말고 악하고 악의에 찬 누룩으로도 말고 누룩이 없이 오직 순전함과 진실함의 떡으로 하자"(고전 5:8).

여기서 명절을 지키자는 것은 다시 옛 출애굽의 유월절 제사를 드리자고 제안하는 것이 아니다.[19] 여기서는 예수 그리스도로 말미암아 주어진 새로운 구원역사와 거룩한 삶에 동참하자는 뜻이다. 이는 복음으로 말미암아 거룩하게 된 성도들이 날마다 자신의 삶을 오직 순전함과 진실함으로 하나님이 기뻐하시는 거룩한 산 제사로 드릴 것을 요청하는 말씀이다. 여기서 묵은 누룩의 떡은 옛 생활의 특징인 악함과 악의를 상징적으로 나타내며, 순전함과 진실함의 떡은 거룩함과 순결한 삶을 상징한다.

성경이 유대인의 명절인 유월절을 구분하고 유월절 만찬과 주의 만찬을 구분하였다면 유월절은 첫 언약에 속한 계명이고 절기다. 성경은 전에 있던 계명, 곧 첫 언약은 연약하고 무익하므로 폐하였다고 말씀한다(히 7:18). 앞서 안식일 계명에 대해 살펴본 것처럼 유월절 역시 신약시대에 폐지되었다.

이들의 주장대로 유월절은 니케아 공의회 때 폐지되었는가? 이들은 주후 325년 로마 황제 콘스탄티누스가 주재한 니케아 회의를 통해 유월절이 폐지되었고, 이후 1600년 넘는 세월이 지나면서 유월절은 물론 새 언약을 지키는 교회를 찾아볼 수 없게 되었다고 주장한다.[20)]

하지만 교회사를 엄밀히 검토하면 니케아 회의는 유월절 폐지와는 아무 상관이 없는 회의였다. 니케아 공의회는 동방과 서방교회가 다르게 지키고 있는 부활절을 유월절이 지난 주일에 지키기로 결의한 회의였다. 이들은 자신들의 주장을 입증하기 위해 편집한 「확실한 증거」 25쪽에 니케아 회의를 소집한 동기에 대하여 이형기의 「간추린 교회사」를 인용하여 다음과 같이 기록한다.

〈 소집 동기 〉
– 부활절 일자 문제
: 동방은 유월절을 지키고 서방은 주일을 중시했다.[21)]

이것이 초대교회에서 동방 쪽이 유월절을 지키며 그 명맥을 이어왔던 증거라고 한다. 하지만 여기서도 명시하듯 소집 동기는 분명히 부활절의 일자를 결정하기 위한 것이다. 다만 동방에서는 부활절이 있는 주간에 유월절이 있으니 유월절에 맞추어 부활절을 지키자는 것이고, 서방에서는 예수께서 주일 아침에 부활하셨으니 주일에 부활절을 지키자는 것이었다.[22] 이를 결정하기 위해 모인 것이 니케아 공회의였다. 따라서 이들이 제시하는 유월절에 대한 확실한 증거는 결코 확실하지 않다.

[3장 각주]

1) 이러한 입장을 취하는 단체로는 안식교(일명 제칠일안식일예수재림교회), 안상홍 증인회(일명 하나님의교회 세계복음선교협회, 안증회), 한농복구회(일명 엘리야복음선교원) 등이 있다. 참조. 정윤석, "이단 신도들의 교회 연착륙을 돕는 성경 공부[1]"(기독교포털뉴스, 2017. 11. 14.)
2) 해당 논의는 양형주, 「바이블 백신 2」, 150-154쪽; 진용식, 「안식교의 오류」, 83-125쪽의 내용에 기초하였음을 밝혀둔다.
3) 하나님의교회 세계복음선교협회, 「확실한 증거」, 34-35쪽.
4) 왕대아, 「최대의 책에서 얻는 문답」(서울: 시조사, 1965), 237-238쪽.
5) 라이온社, 송광택 역, 「교회사 핸드북」(서울: 생명의말씀사, 1989), 131쪽; 하나님의교회 세계복음선교협회, 「확실한 증거」, 47쪽에서 재인용.
6) 양형주, 「평신도를 위한 쉬운 요한계시록 2」(서울: 브니엘, 2020), 80-81쪽.
7) 하나님의교회 세계복음선교협회, 「확실한 증거」, 47쪽.
8) 라이온社, 「교회사 핸드북」, 9쪽.
9) 이희학, 「다니엘」(대한기독교서회 창립100주년 기념 25)(서울: 대한기독교서회, 2004), 389쪽.
10) 그레고리 K. 빌, 김귀탁 역 「신약성경신학」(서울: 개혁과부흥사, 2013), 799쪽.
11) 특별취재팀, "하나님의교회 '성탄절 지키는 교회는 거짓 종교' 매도"(국민일보, 2014. 9.); 김주철, 「내 양은 내 음성을 듣나니」(영문3판)(서울: 멜기세덱, 1998), 86-101쪽.
12) 위의 책, 131쪽.
13) 위의 책, 147쪽.
14) 위의 책, 143쪽.

15) 위의 책, 141쪽.
16) 위의 책, 143쪽.
17) 김주철, 「내 양은 내 음성을 듣나니」(서울: 멜기세덱, 2008), 88쪽.
18) 김주철, 「하나님의 비밀과 생명수의 샘」(서울: 멜기세덱, 2001), 254쪽.
19) 김지철, 「고린도전서」, 237쪽.
20) 김명희, "유월절은 하나님이 인류에게 선물한 행복의 진리"(동아일보, 2020. 3. 12.)
21) 하나님의교회 세계복음선교협회, 「확실한 증거」, 25쪽.
22) 진용식, 「안상홍 증인회의 실체는」(증보판)(서울: 백승, 2007), 38쪽.

〉〉〉 CHAPTER · 04

새로운 구원을 강조하는 가르침

우리의 구원은 오직 복음을 믿음으로 말미암아 선물로 주어진다. 하지만 복음을 제쳐두고 새로운 종류의 구원을 강조하는 이들이 있다. 이들은 비유를 깨달아야 죄 사함을 얻고 구원을 얻으며, 마지막 때에 보내실 구원자의 새 이름을 알아야 구원받고, 새 피를 받아야 구원받는다고 주장한다. 이들의 주장을 좀 더 구체적으로 검토해보자.

비유를 깨달아야 죄 사함을 받는다? (막 4:12)

* 비유를 알아야 죄 사함을 받는다.

비유를 깨달아야 구원받는다는 주장을 들어보았는가? 처음 들으면 이게 무슨 뚱딴지같은 소리냐고 할지 모르겠다. 그러나 이들은 처음부터 이렇게 이야기하지 않는다. 이러한 주장을 위해 다음과 같은 논리적 과정을 거친다.

첫째, 성경이란 어떤 책인가? 하나님께서 택하신 선민과 약속한 언약서다. 구약은 하나님께서 육적 이스라엘인 유대인과 맺은 약속이며, 신약은 예수님께서 영적 이스라엘인 그리스도인과 맺은 약속이다.

둘째, 성경의 내용은 크게 세 가지로 나눈다. 역사, 교훈, 예언이다. 역사는 이미 성취된 과거의 내용이다. 이는 "본보기가 되고 또한 말세를 만난 우리를 깨우치기 위하여"(고전 10:11) 기록되었다. 교훈은 항상 있는 영원한 것으로, 하나님의 사람으로 온전하고 지혜롭게 하도록 하기 위함이다(딤후 3:16). 예언은 장래에 있을 일을 미리 글로 기록한 내용이다(요 14:29). 다른 책에도 역사와 교훈은 있지만 성경이 특별한 이유는 예언 때문이다.

셋째, 예언은 그 약속이 이루어질 때 반드시 성취되는 실상으로 나타난다. 구약의 예언은 신약에서 예수님의 초림을 통하여 성취되었다. 구약의 성취 실상으로 오신 예수께서는 장차 다시 오실 때 일어날 장래사의 일을 예언으로 남겨주셨다. 신약의 예언은 장차 그가 다시 오실 때 성취될 것이다. 그렇다면 신약의 예언이 어떻게 이루어질까? 그 예언의 성취는 알고 싶어도 알 수가 없다. 성경은 장차 이루어질 비밀의 내용을 비유로 봉함하였기 때문이다(단 12:4,9). 예수께서도 천국 비밀을 비유의 말씀으로 감추어 놓으셨고(마 13:11-12), 비유가 아니면 아무것도 말씀하지 않으셨다(마 13:34). 이단 단체들은 비유는 마지막에 하나님께서 비밀스러운 사건, 즉 비사(秘事)로 감추신 것이라고 주장한다. "이것을 비사로 너희에게 일렀거니와 때가 이르면 다시 비사로 너희에게 이르지 않고 아버지에 대한 것을 밝히 이르리라"(요 16:25, 개역한글). 이들의 주장에 따르면 비유가 풀려야 마지막 때 하나님이 이루실 구원의 성취 실상, 특별히 마지막 때 봉함된 계시록의 성취 실상을 제대로 깨닫고 구원받을 수 있다.

넷째, 하지만 이 비유는 마지막 때까지 봉함되었기에 그냥 듣고 보아서는 알 수 없다. 봉함된 인봉을 푼 자에게 배워야 한다(인봉을 푼 자가 두루마리를 받아먹었다고 자처하는 교주다).

다섯째, 봉함된 비유를 깨닫지 못하면 마지막 때 이루어질 구원의 역사에 동참할 수 없고, 그렇게 되면 죄 사함을 받지 못하며 구원을 얻지 못한다. 예수께서 비유에 대해 하신 다음의 말씀을 보라.

> "이르시되 하나님 나라의 비밀을 너희에게는 주었으나 외인에게는 모든 것을 비유로 하나니 이는 그들로 보기는 보아도 알지 못하며 듣기는 들어도 깨닫지 못하게 하여 돌이켜 죄 사함을 얻지 못하게 하려 함이라 하시고"(막 4:11-12).

이들은 이 말씀을 근거로 비유를 모르면 죄 사함을 받지 못한다는 극단적인 주장을 한다. 죄 사함을 받지 못하면 구원을 얻지 못하고, 따라서 비유를 깨달아야 죄 사함을 받고 구원을 얻게 된다. 비유의 참뜻을 깨닫는 여부가 죄 사함과 구원을 좌우한다는 것이다. 그렇다면 이 말씀 그대로 비유를 모르면 죄 사함을 받지 못하는 것일까?

* 비유와 죄 사함에 관한 주장 반증

1) 비유는 쉬운 것이지만 수수께끼 같기도 하다.

▶ 비유란 무엇인가?

이들의 주장을 반증하려면 먼저 비유가 무엇인지부터 살펴보아야 한다. 비유는 헬라어 '파라볼레'로 '곁에'를 의미하는 접두어 '파라'와 '던지다' '두다' '놓다'를 의미하는 동사 '발로'가 결합된 단어다. 즉 비유는 어려운 것을 이해하기 쉽게 곁에 다른 것을 보여주며 설명하는 것이다.[1] 언어 한글 '기역'을 아무리 설명해도 잘 이해 못하는 사람에게 낫을 옆에 던져두고는 이렇게 생긴 것이 '기역'이라고 하면 금방 알아듣는 것과 같다. 그래서 견주어 설명하는 것은 당시 사람들이 이해하기 쉬운 일상생활의 것들이다.

예수께서 사용한 비유는 일상의 것을 통해 보이지 않는 하나님 나라의 현실을 쉽게 설명하기 위한 것이다.[2] 여기서 일상의 소재는 사람의 활동이나 동식물, 사물 등을 포함한다.

▶ 알아듣기 쉬운 비유? vs. 어려운 비유?

예수께서 비유로 설명하셨던 씨 뿌리는 비유와 같은 것들은 당시 팔레스타인 사람들의 일상과 밀접하게 관련된 것이라 한 번 들으면 쏙 이해가 되었다. 그래서 성경은 제자들이 비유를 이해하고 알아들었다는 말을 자주 표현한다.

"이 모든 것을 깨달았느냐 하시니 대답하되 그러하오이다"(마 13:51).

예수께서 비유로 말씀하신 것은 너무나도 이해하기 쉬워 제자들이 듣고 모든 것을 깨달았다. 마태복음 13장에는 모두 일곱 개의 비유가 나온다. 씨 뿌리는 비유, 가라지의 비유, 겨자씨 비유, 누룩 비유, 밭에 감추인 보화 비유, 좋은 진주를 구하는 장사 비유, 그물 비유이다. 주목할 것은 이 중에서 예수께서 친히 비유를 풀어주신 경우는 첫 번째 씨 뿌리는 비유와 두 번째 가라지 비유밖에 없다는 점이다! 나머지는 비유를 듣기만 해도 굳이 비유 풀이를 들을 필요도 없이 곧바로 이해했다. 심지어 예수님의 비유는 바리새인과 서기관도 듣고 굳이 풀이가 필요 없을 정도로 한 번에 그 뜻을 알았다.

"그들이 예수의 이 비유가 자기들을 가리켜 말씀하심인 줄 알고 잡고자 하되 무리를 두려워하여 예수를 두고 가니라"(막 12:12).

이처럼 비유는 바리새인과 서기관들도 들으면 한 번에 알아들을 정도로 쉬웠다. 하지만 비유를 의미하는 히브리어 '마샬'은 '수수께끼'(a riddle)란 의미도 들어 있다. 너무나 쉬운 비유가 때로 수수께끼처럼 이해되지 않을 때가 있다. 예수께서는 말씀하신 여러 비유 중 대부분은 제자들이 듣자마자 곧바로 잘 이해했지만 씨 뿌리는 비유나 가라지 비유와 같은 것은 잘 이해하지 못해 예수님께 해석을 요청한다(마 13:36). 예수님은 마태복음 13장에 여러 비유를 말씀하셨지만 그중에 씨 뿌리는 비유(18-23절)와 가라지 비유(36-43절)는 풀어 설명해주셨다. 왜 어떤 것은 이해하기 쉽고 어떤 것은 이해하기 어려울까? 그것은 비유 중 어떤 것은 감추고 어떤 것은 드러냈기 때문이 아니다. 비유 자체가 가진 은유성과 투명도의 정도에 기인한다.

▶ 비유 이해의 열쇠 1. 투명도

비유 이해의 명료성은 비유 자체가 가진 투명도에 비례한다. 비유의 투명도가 선명할수록 비유는 그 뜻이 명료하게 드러나지만 비유의 투명도가 흐려지면 비유도 그 의미가 흐려진다.

그렇다면 비유 내의 투명성과 불투명성을 좌우하는 것은 무엇인가? 이는 비유에 내재된 은유성의 정도다.[3] 비유는 견주어 설명하는 사물이 가리키는 현실을 어느 정도로 드러내고 감추느냐에 따라 은유성이 좌우된다. 은유성은 현실로부터 멀어질수록 직유, 은유, 알레고리로 나아간다. 아래의 문장을 보라.

1번 문장의 경우 모두 현실에 있는 것으로 직접적인 문장을 구성했다. 견주어 설명하는 비유적 요소는 전혀 들어 있지 않고 그 의미가 매우 명료하다. 2번 문장은 그 사람을 '여우 같은 자'와 나란히 견

문장		투명도	은유성
1. 그 사람이	내 동생에게 말을 걸었다 (문자적)	강함	없음
2. 그 여우 같은 자가	내 동생에게 말을 걸었다 (직유)	조금 약화	약화
3. 그 여우가	내 동생에게 말을 걸었다 (은유)	약화	강화
4. 그 여우가	까마귀에게 말을 걸었다 (알레고리)	불투명	매우 강력

주어 연결하여 표현했다. '~같다' 라는 직유적인 표현은 현실에 있는 그 사람의 모습을 비현실적인 여우와 직접적으로 견주어 놓고 연결한다. 여우의 한 특성(교활함)을 그 사람의 특성과 연결한 것이다. 그러나 그가 말을 거는 대상이 현실의 '동생' 이기에 여전히 그 의미는 명료하다.

3번 문장은 나란히 견주어 설명하는 보조적 관념인 여우만을 전면에 앞세우고 본래 나타내려 했던 '그 사람' 을 숨긴다. 이것이 은유다. 은유는 '~처럼' '~같이', 두 대상을 직접 연결하는 연결 장치를 사용하지 않고 보조 언어만을 사용한다. 직접적인 의미는 약화되지만 여우가 말하는 대상이 '내 동생' 이기에, 여기서 '여우'(짐승)와 '내 동생'(사람) 간에 '범주 위반'(categorical transgression)이라 부르는 의미의 충돌이 일어난다.[4] 범주 위반은 의도적인 범주충돌로 인해 새로운 의미를 형성하는데, 여기서는 '여우' 라는 단어에 여우의 특징인 교활함과 관련한 새로운 의미가 형성된다.

이 문장에서 여우는 범주 충돌에 의해 새로운 의미를 형성하여 내 동생에게 말을 거는 사람을 비유한다. 이와 같이 은유는 보조관념이 전면에 드러나 직접적 의미는 흐려지지만 '내 동생' 이라는 현실의 인물에 연결되어 있기에 현실에서 이 말을 듣는 사람은 여전히 의미의 이해가 가능하다.

하지만 4번 문장은 주어도 은유(여우), 대상도 은유(까마귀)이기에 문장이 현실의 무엇과 연결되어 견주는지가 불투명하다. 이처럼 비유가 현실과의 접점이 없이 보조관념으로만 채워진 알레고리인 경우, 이것은 알레고리가 본래 의도하고자 했던 해석이 필요하다. 그렇지 않으면 알레고리 해석은 자칫 전혀 다른 세계를 창조하고 전혀 다른 해석을 낳는다. 비유 안에 현실의 접점이 될 수 있는 요소들이 있다면 그 의미가 어느 정도 드러나겠거니와 만약 비유 안에서 현실의 접점을 찾을 수 없다면 비유를 감싸고 있는 전후의 문맥을 살펴 현실의 접점을 찾아야 한다.

마태복음 13장의 천국 비유는 전체적으로 예수 그리스도께서 선포하고 가져오실 하나님의 나라를 비유로 표현한 것들이다. 따라서 비유에 나오는 모든 내용은 하나님 나라가 형성되고 작동되는 원리를 가리킨 말씀이다.

▶ 비유 이해의 열쇠 2. 시대적 배경

비유를 이해하는 때 중요한 것은 비유로 대조하는 사물, 동물, 식물 등의 배경과 상황을 충분히 이해하는 것이다. "낫 놓고 기역 자도 모른다"는 비유는 우리나라 사람에게는 참 쉬운 것이지만 한글을 모르는 외국인에게는 알쏭달쏭하다. 따라서 비유는 그 특성을 드러내고자 대조하는 것에 대한 시대적, 상황적 이해가 필요하다.

마태복음 11장에는 예수께서 세례 요한을 두고 제자들에게 다음과 같이 말씀한다.

> "너희가 무엇을 보려고 광야에 나갔더냐. 바람에 흔들리는 갈대냐"(마 11:7, 눅 7:24).

많은 이단 단체가 세례 요한은 '바람에 흔들리는 갈대'와 같이 믿음을 잃고 흔들리는 자였다고 폄하하려 한다. 이들은 예수님의 전임 자였던 세례 요한이 결국 예수님을 배신한 배도자라는 억지 논리를 만들기 위해 이 비유를 근거로 삼는다. "봐라, 세례 요한이 바람에 흔들리는 갈대라고 하지 않느냐. 그는 이런 흔들리는 믿음으로 결국 구원받지 못했다." 이러한 주장은 상당히 충격적인 주장이다. 하지만 이런 해석은 '바람에 흔들리는 갈대'를 프랑스 철학자 파스칼의 명언 '인간은 흔들리는 갈대'라는 모티브를 근거로 해석한 결과다. 인간이 원래 흔들리는 갈대인데 세례 요한도 여지없이 흔들리는 갈대라는 것이다. 하지만 예수님시대에 바람에 흔들리는 갈대가 무엇을 의미하는지를 이해하면 해석이 달라진다.

바람에 흔들리는 갈대는 예수님 당시의 통치자 헤롯 안티파스가 주조한 동전의 상징이었다. 지금 같은 다양한 미디어 매체가 발달하지 않았던 고대시대에 동전에 새기는 상징은 왕국의 메시지를 전달하는 주요한 대중 매체였다.[5] 유대 사회에서 통치자의 인간 형상을 동전으로 제작하는 것은 허용되지 않았기에 동전에 새겨 넣을 상징은 무척 중요했다. 역사적으로 헤롯 안티파스는 예수의 공생애가 시작되기 몇 해 전 동전에 들어갈 상징으로 갈릴리 해변에 넓게 퍼져 있는 갈대를 선정했다.[6] 지금도 갈릴리 해변에는 갈대밭 전체가 바람에 흔들리는 모습을 볼 수 있다. 이러한 갈릴리의 갈대는 헤롯 안티파스가 통치하는 갈릴리 지역의 아름다움과 풍요를 상징하였다. 즉 "너희가 무엇을 보려고 나갔느냐? 바람에 흔들리는 갈대냐?"는 질문은 "너희가 새 왕을 찾고 있었느냐?"는 의미의 질문이었다. 이어지는 질문은 이를 더 노골적으로 드러낸다. "너희가 부드러운 옷 입은 사람 곧 화려하고 사치스러운 왕의 복장을 갖춘 통치자를 보러 나갔느냐. 그런 자는 왕궁에 있느니라"(마 11:8, 참조 눅 7:25).

이처럼 비유는 나란히 견주는 사물의 시대적 배경을 충분히 이해하지 못하면 엉뚱한 방향으로 왜곡되게 이해하기 쉽다.

▶ 비유 이해의 열쇠 3. 문맥

비유를 잘 이해하려면 비유의 문맥을 잘 살펴야 한다. 문맥 안에서 대조하는 것의 어떤 특성이 견주어 연결되었는가를 이해하는 것이 필요하다. 예를 들어 '씨'는 하나님의 말씀을 쉽게 이해하게 하려고 씨의 한 특징, 곧 씨가 심어져 싹을 틔우는 특징이 사용되었다. 이런 씨의 특징이 말씀이 마음에 새겨져 삶으로 결실하는 특징과 연결된 것이다. 이것은 마태복음의 천국 비유 안에서만 사용된 특징이다. 성경 전체가 동일한 씨의 의미로 사용된 것이 아니다. 이것을 일반화하여 기계적으로 해석하면 문단마다 다르게 사용된 비유의 의미가 왜곡된다. 예를 들어 다음의 문장을 보라.

> "여호와의 말씀이니라. 보라. 내가 사람의 씨와 짐승의 씨를 이스라엘 집과 유다 집에 뿌릴 날이 이르리니"(렘 31:27).

만약 여기서 '씨'를 마태복음 13장에서 했던 그대로 말씀으로 연결하면 그럴듯하지만 생각할수록 어색해진다. 이단 단체는 이 구절을 갖고 사람의 씨는 예수님이, 짐승의 씨는 사탄이 뿌린 씨라고 주장한다. 그러나 주목할 것은 씨 뿌리는 자는 '나', 곧 하나님이다. 하나님이 사람의 씨도, 사탄의 씨도 뿌리시는가? 이렇게 씨를 마태복음 13장에서 말하는 '말씀'으로 해석하면 왜곡된 해석이 일어난다. 예레미야 전후의 문맥을 보면 이 씨는 말씀을 비유한 씨가 아니라 후손을 비유한 씨다. 즉 황폐하게 된 땅에 사람의 자손과 짐승의 자손을 풍성하게 번성하도록 하겠다는 말씀이다. 이처럼 비유는 비유가 사용된 문맥에 따라 각각 그 의미가 다르다.

농부는 어떤 경우에는 하나님을 비유한 것이지만(요 15:1), 다른 경우는 이스라엘의 강퍅한 지도자들을 비유했다(막 12:1-12). 양은 문맥에 따라 죄인(사 53:6), 주님의 음성을 알아듣는 제자(요 10:4), 예수님으로 비유하기도 한다(요 1:29,36). 독수리는 때로 하나님으로(신 32:11), 신자로(사 40:31), 제국의 통치자로(겔 17:3,7), 마지막 때의 징조(눅 17:37) 등으로도 사용된다. 이처럼 비유는 전후의 문맥을 반드시 고려해야 정확하게 풀린다.

비유의 핵심 메시지도 문맥을 고려하며 찾아야 한다. 예를 들어 선한 사마리아인의 비유(눅 10:30-35)의 경우, 비유 이야기의 각 요소를 알레고리적으로 이해하다가는 비유의 본뜻을 놓치기 쉽다. 항상 전후의 문맥으로 중심을 잡아야 한다. 선한 사마리아 비유는 바로 전에 제기된 질문 "그러면 내 이웃이 누구니이까"(눅 10:29)에 대한 대답으로 주어진 것이며, 비유를 마친 후 "자비를 베푼 자니이라. … 가서 너도 이와 같이 하라"(눅 10:37)는 결론으로 마무리된다. 이러한 문맥과 더불어 앞서 언급한 당시의 시대적 배경을 함께 고려하면 비유가 갖는 폭발적인 힘을 경험한다. 당시 유대인에게 사마리아인은 원수같이 경멸하는 부정한 이웃이었다. 그런데 그런 이웃이 쓰러진 유대인을 구해주었다. 같은 이웃이라 여겼던 유대 레위인과 제사장은 못 본체 지나갔다. 이런 배경은 단순한 이웃 사랑이 아닌 원수 사랑의 차원까지를 보여준다. 이처럼 비유는 문맥과 함께 시대적 배경을 고려할 때 선명한 메시지를 발견할 수 있다.

▶ 비유 이해의 열쇠 4. 신뢰

비유를 이해하려면 비유를 말한 이에 대한 신뢰도가 중요하다. 예수의 비유를 이해하려면 예수님을 신뢰하고 잘 알아야 한다. 하지만 예수를 불신하고 의심하고 미워하면 그의 비유는 크게 다가오지 못할 뿐 아니라 듣고 인지적으로 안다 하더라도 그 비유에 담긴 진의를 이해하지 못하게 된다. 바리새인과 서기관들은 예수님의 비유를 인지적으로 알았지만 예수님을 신뢰하지 않았기에 비유를 듣고 예수님을 잡고자 했다.

2) 비유는 감추기 위한 것이 아니다.

비유는 마지막 때의 일을 비사로 감추기 위한 것이 아니다. 도리어 비유는 그동안 감추었던 하나님 나라의 비밀을 쉽고 충격적으로 폭로시키는 도구이다. 이단 단체가 장차 일어날 일을 비사로 감추었다고 인용하는 요한복음 16장 25절은 그 본뜻이 곡해되었다. 여기서 '비사'는 개역개정성경으로 '비유', 영어성경으로는 'parable', 헬라어로는 '파라볼레'로 되어 있다. 이를 살려 번역한 개역개정을 보면 다음과 같다.

"이것을 비유로 너희에게 일렀거니와 때가 이르면 다시는 비유로 너희에게 이르지 않고 아버지에 대한 것을 밝히 이르리라" (요 16:25).

중요한 것은 여기서 예수께서 비유로 제자들에게 이르신 내용이 무엇이냐 하는 것이다. 그것은 바로 앞(21-22절)에 나오는 해산할 여인의 진통과 해산의 기쁨을 비유로 말한 것이다. 이는 예수 그리스도께서 지실 십자가의 고난과 구원역사의 기쁨을 빗대어 말씀하신 것이다. 예수께서 지실 십자가를 쉽게 풀어 설명하신 것이다. 그런데 예수께서는 이제는 이 모든 것을 똑바로 이야기할 때가 올 것이라고 말씀하신다.

그렇다면 여기서 "때가 이르면… 밝히 이른다고" 하시는 것은 언제를 말하는 것일까? 예수께서 십자가를 져야 한다고 말씀하신 지금을 말한다. 예수께서 밝히 이르시는 것은 십자가 죽음을 말한다. 이는 28절에 "내가 아버지에게서 나와 세상에 왔고 다시 세상을 떠나 아버지께로 가노라" 하신 표현에 명확하게 나온다. 이 말씀을 들은 제자들은 다음과 같이 말한다.

"제자들이 말하되 지금은 밝히 말씀하시고 아무 비유로도 하지 아니하시니"(요 16:29).

예수께서 다시는 비유로 이르지 않고 밝히 말하겠다고 하신 때는 바로 십자가를 지기 전인 '지금'을 뜻한다. 그럼 생각해보라. 제자들이 지금은 밝히 말씀하시고 아무 비유로도 하지 않는다고 하는 말은 이전에 예수께서 비유로 자기 죽음을 말할 때 무슨 뜻인지 알아들었기에 이런 말을 할 수 있는 것이다. 제자들은 밝히 말씀하시는 것과 쉽게 비유로 말하는 것 모두를 이해하고 있었다.

비유에 대한 예수님의 관점은 마태복음 13장에 잘 나타나 있다.

> "이는 선지자를 통하여 말씀하신 바 내가 입을 열어 비유로 말하고 창세부터 감추인 것들을 드러내리라 함을 이루려 하심이라"(마 13:35).

여기서 비유는 창세로부터 감추었던 것을 드러내는 도구임이 분명히 드러난다. 비유는 감추기 위한 것이 아니라 드러내고 쉽게 이해할 수 있도록 폭로하는 문학적 장치이자 도구인 것이다. 비유는 결코 예언을 감추기 위한 것이 아니다. 게다가 이단 단체가 말하는 비유의 비밀은 더 이상 감추어지지 않았다. 인터넷에 이미 이단 단체에 의해 도배되다시피 하였고, 이단 상담전문가들에 의해 그 비밀뿐 아니라 비유 풀이 해석의 허구와 맹점까지 모두 폭로되고 있다.

3) 비유를 모르면 죄 사함을 얻지 못하는가?

그렇다면 마가복음 4장의 "그들로 보기는 보아도 알지 못하며 듣기는 들어도 깨닫지 못하게 하여 돌이켜 죄 사함을 얻지 못하게 하려 함이라"(12절)는 말씀은 어떻게 이해해야 할까? 이를 위해서는 먼저, 바로 앞에서 이어지는 11절 말씀과 함께 본문을 이해한 후에 본문이 인용하는 이사야 6장 9~10절의 문맥을 이해하며 함께 보아야 한다.

먼저, 11절 말씀을 살펴보자. "이르시되 하나님 나라의 비밀을 너희에게는 주었으나 외인에게는 모든 것을 비유로 하나니." 주목할 것은 여기서 '비밀' 이 마태복음(13:11)이나 누가복음(8:10)에서 사용된 복수형(secrets)과 달리 단수형(secret)으로 사용되었다는 점이다. 이는 다가오는 하나님의 신성한 구원 경륜 가운데 예수 그리스도를 통해 성취되어 나타날 구원의 비밀을 특징적으로 의미한다.[7]

여기서 '너희' 는 열두 제자와 더불어 예수를 따르며 함께했던 사람들(10절), 곧 그리스도 안에 들어온 제자를 의미한다. 반면 저희는 예수를 신뢰하지 않고 적대시하고 죽이려 했던, 그리스도 밖에서 그리스도를 배척했던 서기관과 바리새인들이다(막 2:7, 3:5-6 참조). 하나님께서는 돌이켜 그리스도 안으로 들어가기를 거부하는 자들에게는 불투명도가 강한 알레고리적 비유로 하나님 나라를 수수께끼처럼 닫아놓으셨다. 바로 씨 뿌리는 자의 비유와 가라지의 비유다.

그리스도를 거부하는 이들에게는 하나님의 놀라운 구원역사를 설명하는 신비로운 천국 복음을 깨닫는 마음과 보는 눈과 듣는 귀를 주지 않으셨다. 이는 마치 강퍅한 이스라엘 백성을 향해서 하신 말씀과 같다. "그러나 깨닫는 마음과 보는 눈과 듣는 귀는 오늘 여호와께서 너희에게 주지 아니하셨느니라"(신 29:4). 이는 하나님의 주권의 측면에서 볼 때는 하나님이 닫아놓으신 것이지만 바리새인과 서기관들의 입장에서는 그들이 예수 그리스도를 향해 마음을 닫고 받아들이지 못하는 것이다. 마치 출애굽기에 "여호와께서 바로의 마음을 강퍅하게 하셨다"는 표현과 유사하다. 하나님의 주권적인 측면에서 이는 분명 하나님이 강퍅하게 하신 것이지만 바로의 입장에서 볼 때는 스스로가 마음을 강퍅하게 한 것이기 때문이다.

예수께서는 강퍅한 사람들에게 쉬운 비유로 말씀하셨다. 그런데도 이들은 여전히 보기는 보아도 알지 못하고, 듣기는 들어도 깨닫지 못하여 돌이켜 죄 사함을 얻지 못하였다. 여기서 '돌이킨다'는 것은 하나님 나라의 비밀을 선포하시는 예수 그리스도께로 돌이키는 것을 말한다.

마가복음 4장 12절은 이사야 6장 9~10절을 인용한 말씀이다. 이사야 6장은 이사야의 소명을 다룬 말씀이다. 하나님은 천사를 통해 그의 입술에 제단 숯을 대어 이사야의 죄를 사하신다. 죄 사함을 받은 이사야는 비로소 하나님의 음성을 듣게 된다. 이사야는 하나님의 탄식에 "내가 여기 있나이다. 나를 보내소서"(사 6:8)라고 응답한다. 이사야를 보내시는 하나님은 백성들에게 "너희가 듣기는 들어도 깨닫지 못할 것이요 보기는 보아도 알지 못하리라"고 선언하라 하신다. 이것은 구약에서 우상 숭배하는 자들의 특징적인 모습이다.

> "그들의 우상들은 은과 금이요 사람이 손으로 만든 것이라. 입이 있어도 말하지 못하며 눈이 있어도 보지 못하며 귀가 있어도 듣지 못하며 코가 있어도 냄새 맡지 못하며 손이 있어도 만지지 못하며 발이 있어도 걷지 못하며 목구멍이 있어도 작은 소리조차 내지 못하느니라. 우상들을 만드는 자들과 그것을 의지하는 자들이 다 그와 같으리로다"(시 115:4-8).

"열국의 우상은 은금이요 사람의 손으로 만든 것이라. 입이 있어도 말하지 못하며 눈이 있어도 보지 못하며 귀가 있어도 듣지 못하며 그들의 입에는 아무 호흡도 없나니 그것을 만든 자와 그것을 의지하는 자가 다 그것과 같으리로다"(시 135:15-18).

우상을 숭배하는 죄는 결국 우상을 닮게 만드는 비극적인 결과를 초래하는데 입이 있어도 말하지 못하고, 눈이 있어도 보지 못하고, 귀가 있어도 듣지 못하게 된다. 하나님은 우상 숭배에 찌들어 하나님의 말씀으로 돌아오기를 거부하는 완고한 이스라엘 백성을 향하여 탄식하며, 차라리 이들의 마음을 둔하게 하여 귀가 막히고 눈이 감기게 하라고 하신다(사 6:10). 이들이 너무 죄악으로 가득하고 완고하여 하나님은 차라리 이들이 고침받지 않기를 원하신다고 하실 정도다. 이를 메시지 성경은 다음과 같이 번역했다.

"귀를 쫑긋하고 들어도 알아먹지 못하리라. 뚫어져라 쳐다보아도 알아보지 못하리라. 이 백성을 손가락으로 귀를 틀어막고 눈가리개로 눈을 가린 바보천치로 만들어라. 아무것도 보지 못하고, 아무 말도 듣지 못하도록. 뭐가 뭔지 도무지 깨닫지 못하고, 그래서 돌이켜 고침 받지 못하도록"(사 6:9-10, 메시지).

여기에는 하나님의 안타까운 마음이 담겨 있다. 이사야 6장 10절의 '고침받는다'는 표현이 마가복음에서는 '죄 사함받는다'는 표현으로 바뀌었다. 하나님은 이들을 곧바로 용서해주려 하지 않으셨다.

하나님은 이사야가 사역할 당시 당분간은 이스라엘이 죗값을 치르며 죄 중에 고통당하도록 허용하실 작정이었다. 이 말씀을 들은 이사야는 "주여, 어느 때까지니이까" 하고 묻는다. 그러자 하나님은 성읍이 황폐하고 사람들이 멀리 포로로 옮겨갈 때까지라고 하신다(사 6:11-12). 하지만 이것이 끝이 아니다. 유대 땅에 남아 있는 십분의 일마저 황폐하게 될 것이다(13절). 그렇다면 언제까지 이 고통이 계속되는가? 하나님은 비로소 '거룩한 씨', 곧 메시아가 그 땅의 그루터기로 다시 설 때까지라고 말씀한다.

이제 그 거룩한 씨 메시아가 오셔서 마침내 그를 통해 성취될 하나님 나라의 비밀을 선포한다. 그것도 쉽게 비유로 선언한다. 이때 하나님의 메시아를 신뢰하고 마음을 열고 받아들이는 자들에게는 메시아를 통해 성취될 하나님 나라의 비밀이 열릴 것이다. 그러나 이 중에서 특히 불투명도가 강한 두 개의 알레고리 비유인 씨 뿌리는 비유와 가라지의 비유는 오직 그리스도 안에 들어온 제자들, 곧 '너희'에게만 풀어주셨다. 마가복음은 메시아를 거부하고 미워하는 '외인'에게는 어떤 비유들은 깨닫고 알게 되지만, 여전히 그리스도를 거부하는 강퍅한 심령과 죄악으로 인하여 보기는 보아도 보지 못하고 듣기는 들어도 깨닫지 못하는 역사가 일어날 것이라고 말한다. 결국 그렇게 되면 하나님 나라의 비밀인 예수 그리스도와 그의 십자가와 부활을 믿지 못하게 되고, 그를 통해 성취될 죄 사함을 얻지 못하게 될 것이다.

교리상으로 말하면 이들은 일반은총은 맛볼 수 있을지언정 특별은총은 맛보지 못하는 자들이다. 하나님의 특별은총은 하나님의 구원 경륜 가운데 나타난 예수 그리스도의 구원 소식으로, 이것을 담은 계시를 특별계시라 한다.[8] 그리스도께로 돌이켜 그 안에 거하며 그를 따르는 '너희', 곧 제자들에게 이 계시는 밝히 열려 드러나지만 '외인' 에게 특별계시는 비밀로 감추어진다. 그리스도께로 돌이키기를 거부하는 이들에게 특별계시는 계속해서 비밀로 감추어진다. 그래서 대제사장과 서기관과 바리새인들은 예수 그리스도가 십자가에 못 박힐 때도 이것이 어떤 구원역사를 이루는지를 깨닫지 못하고 도리어 메시아를 조롱했다(막 15:29-32). 그로 인해 성소 휘장이 찢어져 더 이상 성전이 제 기능을 하지 못하고 폐기되었음에도 깨닫지 못하고 있었다(막 15:38). 결국 십자가에 달리신 하나님의 아들을 발견한 것은 이방 백부장이었다(막 15:39).

따라서 비유를 모르면 죄 사함을 받지 못한다는 말은 비유가 가리키는 폭로된 하나님 나라의 비밀인 예수 그리스도의 구원 경륜과 십자가를 제대로 알지 못하게 되고, 결국 이를 불신하고 거부하면 고침받지 못하여 죄 사함을 얻지 못하게 된다는 것이다. 이들에게는 쉬운 비유도 마음을 닫고 참된 메시아를 거부하기에 수수께끼같이 다가왔다. 비유를 듣기 이전에 비유를 말씀하는 메시아 예수를 신뢰하지 않았다.

4) 미혹하는 교리를 주의하라.

언뜻 듣기에는 그럴듯하지만 교묘하게 속이는 이들의 주장을 경계해야 한다. 성경의 구분은 역사, 교훈, 예언으로 나누는 것은 이단적 구분이다. 본래 성경의 내용상 구분은 구약성경의 경우 모세오경

(토라), 예언서, 성문서다. 이를 요즘은 모세오경, 역사서, 지혜서, 예언서로 나눈다. 신약성경은 복음서, 역사서(사도행전), 서신서, 요한계시록으로 나눈다. 만약 성경을 내용상으로 구분한다면 반드시 복음이 들어가야 한다. 성경 전체를 아우르는 핵심이 복음이기 때문이다. 비유란 특별한 예언의 형태가 아니라 문학적 수사 장치임을 기억할 필요가 있다.

게다가 구약의 성취가 예수 그리스도를 통해 이루어졌고, 신약의 장래사 예언 성취가 비유의 형태로 숨겨져 있다는 것은 교묘한 미혹일 뿐이다. 이들은 초림은 예수 그리스도, 재림은 자칭 또 다른 보혜사 교주라고 주장하려 한다. 하지만 구약과 신약 모두 예수 그리스도 안에서 성취되었음을 기억해야 한다. 이에 관해서는 9장 '언약의 성취로서의 구원' 에서 자세하게 살펴볼 것이다.

새 이름을 믿어야 구원받는다? (계 2:17, 3:12)

대부분의 이단 단체가 마지막 시대에는 하나님이 주실 새 이름을 믿어야 구원을 얻는다고 주장한다. 이들의 주장에 따르면 하나님께서는 아담으로부터 세상 종말까지 시대를 세 시대로 구분하셨다.[9] 아버지 하나님으로서 인류의 구원을 이끌어 가시던 시대가 성부시대, 아들은 성자시대, 그리고 마지막 우리가 사는 이 시대가 성령의 시대다. 하나님은 시대별로 다른 이름으로 오셨다. 아버지로서 하나님의 이름은 여호와, 아들로서 하나님 이름은 예수님이다. 그렇다면 마땅히 '성령의 이름으로' 라고 했으니 성령도 이름이 있다. 성령은 다른 이름으로 오셔서 구원을 베푸셨다. 그 이름이 바로 교주의 이름이 된다.

이들에게 여호와 하나님, 예수님, 성령 하나님은 각각 다른 분이 아닌 동일한 한 분이다. 한 분 하나님이 세 가지 역할을 하신 것이다. 마치 물을 액체 상태에 있을 때는 물, 100도 이상 끓이면 수증기, 영하로 내려가면 얼음이라고 부르는 것과 마찬가지다. 같은 물이라도 액체, 기체, 고체 상태일 때 형태와 이름이 각각 다르다. 그러나 그 안의 성분은 H_2O인 것처럼 하나님은 성부, 성자, 성령의 이름으로 각각 달리 오셔도 이름은 동일한 한 분 하나님이다.

이단 단체는 구약시대에는 여호와의 이름으로 기도했고 신약시대에는 예수의 이름으로 기도했다면, 이제 성령시대에는 마땅히 성령 하나님의 이름으로 기도해야 한다고 한다. 그래서 교주의 이름으로 기도한다. 성령시대에는 교주의 이름으로 구원받기에 교주의 이름으로 기도해야 한다. 교주의 이름은 그동안 밝혀지지 않은 새 이름이다. 새 이름의 성경적 근거는 다음과 같다.

"귀 있는 자는 성령이 교회들에게 하시는 말씀을 들을지어다. 이기는 그에게는 내가 감추었던 만나를 주고 또 흰 돌을 줄 터인데 그 돌 위에 새 이름을 기록한 것이 있나니 받는 자밖에는 그 이름을 알 사람이 없느니라"(계 2:17).

"이기는 자는 내 하나님 성전에 기둥이 되게 하리니 그가 결코 다시 나가지 아니하리라. 내가 하나님의 이름과 하나님의 성 곧 하늘에서 내 하나님께로부터 내려오는 새 예루살렘의 이름과 나의 새 이름을 그이 위에 기록하리라"(계 3:12).

여기에 나오는 '새 이름' 또는 '나의 새 이름'은 바로 교주의 이름을 가리킨다고 주장한다.[10] 교주가 이긴 자이기에 이긴 자에게는 하나님이 새 이름을 주신다는 것이다. 이러한 주장에 대해 우리는 어떻게 이해해야 할까?

첫째, 성경을 세 시대로 나누고, 성령의 시대를 교주의 시대로 정의하는 것은 전형적인 이단 단체의 시대구분이다. 이들이 성령시대를 교주의 시대로 만들기 위해서는 양태론적 삼위일체론이 필요하다. 성부, 성자, 성령 하나님이 같은 하나님이면서 시대에 따라 다른 형태로 나타나는 것이다. 마치 동일한 한 사람을 교회에서는 집사, 집에서는 아빠, 직장에서는 과장으로 부르는 것과 같다. 물이 온도에 따라 상태가 바뀌고 이름이 달라지는 것도 이와 비슷한 양태론적 삼위일체를 설명하기 위한 방식이다. 하지만 양태론적 삼위일체론은 건강한 삼위일체론이 아니다. 건강한 삼위일체는 성부, 성자, 성령의 각각 독립된 위격의 하나님을 인정한다. 동시에 본질에서 한 하나님 되심을 인정한다.[11]

둘째, 삼위일체 하나님은 구약시대와 신약시대 모두 함께 역사하셨다. 천지창조 때도 함께하셨고(창 1:1-2, 잠 8:30), 예수 그리스도께서 세례 받으실 때도 함께하셨다(마 3:15-17). 성경은 시대마다 각각 다른 구원자의 이름을 주었다고 말하지 않는다. 예수라는 이름은

'구원자' (마 1:21)라는 뜻이다. 그리고 구원자의 이름은 하나님을 지칭하는 또 다른 이름으로 구약에 자주 등장한다(사 43:3,11, 45:15, 60:16, 63:8, 호 13:4 참조).[12]

셋째, 성령시대에 사도들은 예수님의 이름으로 기도했다. 왜냐하면 예수만이 인류의 죄를 십자가에서 처리하신 하나님과 우리 사이의 유일한 화해자요 중보자가 되시기 때문이다. 성령이 강림한 성령시대에도 천하 만민에 구원 얻을 만한 다른 이름을 주신 적이 없다(행 4:12). 예수께서는 십자가를 지시기 전 보혜사를 보낼 것을 약속하시고, 그날에는 무엇이든지 아버지께 구하는 것을 '내 이름' 으로 주겠다고 약속하셨고, 지금까지는 예수의 이름으로 아무것도 구하지 않았으나 이제부터는 구하면 받을 것이고 기쁨이 충만할 것이라 친히 약속하셨다(요 16:24).

예수 이름 외에 다른 이름은 없다. 오직 예수의 이름을 믿는 자, 그 이름을 의지하여 나아가는 자가 구원을 받는다!

새 피를 받아야 구원받는다?

어떤 이들은 구원의 필수적인 조건으로 새 피를 받을 것을 주장한다. 죄 가운데 있는 인간에게는 아담과 하와 이후로부터 죄의 피가 흐른다. 사람의 피가 더러워진 것은 최초의 인류인 아담과 하와의 피가 뱀과 잘못된 관계로 인하여 더러워졌기 때문이라는 것이다. 하와는 천사장 루시퍼의 유혹을 받아 성관계를 맺고 타락했다. 이들은 하와가 선악과를 '따 먹었다' (창 3:6)는 단어를 성관계를 암시하는 표현으로 본다. 이를 짐작할 수 있는 것이 선악과를 먹고 부끄러워 하체를 가렸다는 점이다. 만약 입으로 범죄하였으면 입을 가려야 마땅할 텐데 하체를 가린 것은 하체로 범죄했기 때문이라는 것이다.[13]

타락한 피는 깨끗한 새 피로 갈아야 한다. 이것이 바로 '피갈음' 또는 '피가름' 교리다. 피갈음 교리는 한국 기독교 초기 이단으로부터 시작된 꽤 오래된 역사를 지니고 있다. 이는 '영체교환' 이란 이름으로도 한동안 시행해 왔다. 죄가 없는 깨끗한 새 피를 가진 교주와 성관계를 해서 자신의 더러운 피를 새 피로 갈아야 한다는 것이다. 어떤 교주는 교통사고를 당해 피를 많이 흘렸는데, 이때 부모로부터 받은 피를 몽땅 쏟아버리고, 팔 일 동안 물을 마셔 피가 되고, 그 피를 걸러 원죄와 자범죄가 없는 깨끗한 피를 하나님이 주셨다고 주장하기도 한다.[14]

이러한 교리의 출발은 한국 기독교 이단의 효시로 불리는 김성도(1882-1944) 여인으로부터 등장하는데, 그녀는 입신하여 "죄의 뿌리는 선악과라는 과일을 따 먹은 것에서부터 온 것이 아니라 남녀 관계가 원인이 되었다. 즉 음란이 타락의 동기였다"는 계시를 받는다.[15] 중요한 것은 이런 타락교리의 발생이 '다른 영'(고후 11:4)으로부터 받은 직통계시라는 점이다. 오늘날도 여러 이단 교주가 자신의 피는 죄가 없고 자신의 새 피를 받아야 구원을 얻는다고 가르치며 행음을 부추긴다.

이는 죄를 물질적인 존재로 이해하기에 발생하는 오해다. 죄를 존재론적으로 이해하면 언뜻 듣기에 그럴듯하다. 그러나 엄밀하게 따지고 들어가면 성관계로 피가 더러워진다는 것은 비논리적인 주장이다. 성관계가 어떻게 피에 영향을 끼치는가? 성관계가 피를 교환하는 행위인가?

성관계가 피를 더럽게 한다면 다른 죄 된 행위는 피를 더럽게 하지는 않는가? 피를 더럽게 하는 행위는 성관계밖에 없는가? 그렇다면 어떻게 피가 더러워지는가? 상처를 타고 죄가 피에 들어가는가? 그것은 일종의 감염인가?

게다가 이러한 주장은 창세기를 엄밀히 볼 때 성립하기 어렵다.

첫째, 이들은 선악나무를 하와로 비유한다. 그렇다면 하나님이 셋째 날에 창조하신 나무들은 누구인가? 자신의 주장을 합리화하기 위해 비유로 풀면 논리적으로 오류가 발생한다.

둘째, 사탄은 타락한 천사로서 영적인 존재이다. 영은 육체가 아닌 비물질적 존재이다. 성관계란 둘 다 성의 구별과 기능이 있는 사람일 때 가능한 일이다. 천사는 영적 존재로 성(性)이 없고 결혼하지 않는다(마 22:29-30). 성관계는 인류가 생육하고 번성하는 데 필요한 것이다(창 1:28). 이 명령은 사람에게만 해당하는 명령이다. 따라서 천사는 절대 하와와 성관계를 맺을 수 없다. 만약 사탄과 하와가 깊은 연합의 관계를 맺었다면 그것은 성관계가 아니라 빙의 혹은 귀신들림일 것이다.

셋째, 뱀이 하와에게 선악과를 먹도록 부추겼지만 성경은 정작 뱀 자신이 선악과를 먹었다는 언급이 어느 곳에도 없다.[16)]

넷째, 죄는 물질적인 개념으로 이해하면 오해를 불러일으킨다.

성경이 말하는 죄는 관계적 개념이다. 하나님과의 관계에서 사람과의 관계에서 발생하는 것이다. 이에 관해서는 5장의 네 번째 주제 중 '과거, 현재, 미래의 죄를 다 용서받았다?'를 참조하라.

[4장 각주]

1) 양형주, 「바이블 백신 1」(서울: 홍성사, 2019), 96쪽.
2) 박정관, 「성서해석학: 말씀과 일상. 과거 속의 현재」(서울: 복있는사람, 2018), 266쪽.
3) 위의 책, 249쪽.
4) Paul Ricoeur, *The Rule of Metaphor*, pp.21-22; 박정관, 「성서해석학: 말씀과 일상. 과거속의 현재」, 95쪽에서 재인용.
5) 톰 라이트, 이철민 역, 「모든 사람을 위한 누가복음」(서울: IVP, 2011), 135쪽.
6) 위의 책, 135쪽.
7) Collins, A. Y., & Attridge, H. W., *Mark: A Commentary on the Gospel of Mark*, Minneapolis, MN: Fortress Press, 2007, p.249.
8) 일반계시와 특별계시의 차이에 대해서는 양형주, 「바이블 백신 1」, 45-52쪽을 보라.
9) 해당 내용은 하나님의교회 세계복음선교회, "시대별 구원자와 새 이름, 안상홍님" 영상, 9분 10초-12분 3초를 참조하라. https://youtu.be/uIOzkhkGOME
10) 양형주, 「신천지 백신 1」(서울: 두란노, 2020), 94-95쪽, 123-125쪽.
11) 이에 대한 자세한 설명은 양형주, 「바이블 백신 1」, 119-133쪽을 참조하라.
12) 양형주, 「바이블 백신 1」, 187쪽.
13) 문선명, 「원리강론」(서울: 성화사, 1978), 79쪽.
14) 정윤석, "[이단성 핵심체크] 만민중앙교회(이재록)"(교회와신앙, 2010. 3. 4.)
15) 정윤석, "[이단계보3] 새주님이라며 12제자를 뒀던 김성도(1882-1944)"(기독교포털뉴스, 2018. 9. 13.)
16) 양형주, 「바이블 백신 1」, 260쪽.

〉〉〉 CHAPTER · 05

깨달음의 구원을 강조하는 가르침

깨달음의 구원을 강조하는 어떤 단체들은 깨닫는 순간 구원받는다고 주장한다. 그래서 회개 여부나 예수 그리스도를 영접했느냐보다 깨달음 여부를 묻는다. 이때 우리는 흔히 복음의 깊이를 깨달았다는 식의 표현을 사용하기에 깨달았느냐는 질문에 대해 별다른 경계 없이 받아들인다. 그래서 '거듭남, 죄 사함의 비밀'을 깨달아야 한다고 하면 큰 경계감 없이 받아들인다. 하지만 이제는 이런 깨달음이 무엇을 의미하는지 좀 더 깊이 검토해볼 필요가 있다. 이들에게 거듭남, 죄 사함의 비밀을 깨닫는다는 것은 어떤 의미일까?

구원받았는지 자신의 믿음을 확증하라? (고후 13:5)

"너희는 믿음 안에 있는가. 너희 자신을 시험하고 너희 자신을 확증하라. 예수 그리스도께서 너희 안에 계신 줄을 너희가 스스로 알지 못하느냐. 그렇지 않으면 너희는 버림받은 자니라" (고후 13:5).

이 구절은 깨달음을 강조하는 여러 단체가 구원의 확신을 흔들 때 자주 사용하는 구절이다. 구원받을 만한 제대로 된 믿음 안에 있는지 테스트하고 확인해보자는 것이다. 이 검증을 통과하지 못하면 '버림받은 자', 즉 구원받지 못한 자라는 것이다. 시험하고 확증하려면 어떻게 해야 할까? 왜곡된 구원관을 주장하는 단체의 주장과 일치되는 고백을 하는를 검토하고, 이들이 주장하는 거듭남, 죄 사함의 비밀을 깨달았는지를 확인해야 한다. 이에 미치지 못하면 구원받지 못했다고 단정 짓고 불안에 떨게 만든다.

그래서 이들 단체는 전도할 때 먼저 이 구절을 제시한 후 이 말씀대로 구원받았는지 아닌지를 확인해보자고 한다. 그러면서 몇 년 몇 월 몇 시에 구원받았는지, 날짜를 기억하는지 묻는다. 또 자신의 과거, 현재, 미래의 모든 죄를 용서받았다고 확신하는가의 여부를 묻기도 한다. 이러한 질문에 대답을 잘하지 못할 경우, 이들은 왜곡된 구원관을 가르치기 위해 성경을 하나하나 찾아가며 확인하고 배우도록 강요한다.

하지만 이들의 주장을 받아들인다면 본문에 이어지는 6절이 좀 이상하다. 왜냐하면 사도 바울은 고린도교회를 향해 "우리가 버림받은 자 되지 아니한 것을 너희가 알기를 내가 바라고"라고 진술하기 때문이다. 바울은 앞서 고린도 성도들을 복음으로 낳은 믿음의 아버지라고 밝힌 바 있다(고전 4:15). 바울은 과연 이들 단체가 주장하는 거듭남, 죄 사함의 비밀을 깨달았을까?

결론부터 말하자면 이 구절은 구원받았는지 확인하고 검증하라는 말씀이 아니다. 정확하게 말하면 구원의 확증이 아니라 믿음의 확증을 묻는 말이다. 구원의 최종 확증은 하나님의 주권적 사역에 속한다. 하지만 믿음의 확증은 다른 말로 하면 신자가 '그리스도 안에' 거하고, 그리스도가 '신자 안에' 거하는가를 검증하는 것이다. 이를 '그리스도 안에' (in Christ) 있는 신자의 실존, 또는 '그리스도와의 연합' (union with Christ)이라 부른다. 성도는 그리스도 안에 거하는 역사를 확증하고 검증해야 한다. 그렇다면 앞 구절이 의미하는 본래의 뜻은 무엇일까?

먼저 '시험하다' (헬. 페이라조), 또는 '확증하다' (헬. 도키마조)는 지금 당장 구원의 확신이 있는지 언제 몇 년, 몇 월, 몇 시, 어디서 구원받았는지를 확인하라는 뜻이 아니다. 이는 시험대상의 진정한 가치를 알아보기 위해 '세월을 통해' 테스트하여 검증하라는 의미가 있다.[1]

둘째, '너희' 는 바울을 향해 사도의 증거를 내놓으라고 요구하는 거짓 교사들의 선동에 동조한 고린도 성도들을 말한다. 이들은 바울에게 그리스도께서 바울 안에서 말씀하시는 증거를 확증하길 원했다

(3절). 왜냐하면 바울은 눈으로 보기에는 편지와는 다르게 외모도, 말도 약했고(고후 10:10), 게다가 육체에 가시가 있었다(고후 12:7). 고린도 성도들은 이런 사도 바울 안에 그리스도의 말씀이 역사한다는 것을 의심하기 시작했다.

셋째, 바울은 고린도 성도들에게 그리스도가 "너희에게 대하여 약하지 않고 도리어 너희 안에서 강하시니라"(고후 13:3)고 말한다. 바울은 그리스도가 고린도 성도 안에서 강하게 역사하는 것과 마찬가지로 자기 안에서도 강하게 역사하심을 알게 될 것이라고 선언한다.

넷째, 강함의 역사는 외모가 아닌 그 안에 역사하는 하나님의 능력으로 말미암는다. 하나님의 아들 그리스도도 비록 육체적으로 연약하여 십자가에 못 박히셨으나 하나님의 능력으로 다시 살아나는 것을 보여주신 것처럼 바울 역시 육체적으로 연약하지만 하나님의 능력이 그와 함께하여 그 능력이 나타난다고 선언한다(고후 13:4).

다섯째, 바울은 고린도 성도들에게 바울의 약함을 비난하고 조롱할 것이 아니라 강하다고 자부하는 고린도 성도가 믿음 안에, 곧 그리스도 안에 있는가, 그리고 그리스도가 그들 안에 계시는가를 삶을 통해 테스트하고 검증할 것을 촉구한다. 그리스도가 그들 안에 계심을 정확하게 인정한다면 이들의 약함은 문제 되지 않는다. 마찬가지로 바울의 외모가 약한 것 또한 문제 되지 않는다. 오직 그리스도가 그 안에 계시고 바울이 그리스도 안에 거하는 것이 중요하다.

여섯째, 만약 고린도 성도가 그리스도 안에 거하고 그리스도가 고린도 성도 안에 거하는 것을 확증하지 못한다면 그들은 버림받은 자다. 여기에서 '버림받다' (헬. 아도키모스)는 것은 순금에 불순물이 얼마나 끼었는가를 검사하여 불합격 받는다는 의미다. 사도 바울은 이 검증에 합격한 자격 있는 참 사도다. 반면 거짓 교사와 추종 세력들은 그리스도의 사도도 성도도 아닌 가짜다. 여기서 '버림받음' 은 자격심사에서 탈락함을 의미한다.

일곱째, 만약 '버림받은 자' 가 구원에서 이탈하여 구원을 잃어버린 자라면 7절에 우리는 버림받은 자 같다는 말이 구원받지 못한다는 자 같다는 뜻이 되는데, 이것은 문맥의 흐름에 맞지 않는다. 여기서 '버림받은 자' 는 '옳다 인정받은 자' 와 대조되는데, 이는 그리스도가 함께 역사하는 자라는 뜻이다.

여덟째, 이런 면에서 6절에 사도가 자신은 버림받은 자가 되지 않았다고 한 진술의 의미는 구원받지 못한 자가 아니다,라는 뜻이 아니라 그리스도 안에 거하지 않는, 검증받지 못한 거짓 교사와 같은 일꾼이 아니라는 의미다.

따라서 여기서 너희가 믿음 안에 있는가 자신을 시험하고 확증하라는 말씀은 우리가 비록 겉으로는 약해도 그리스도 안에 신실하게 거하고, 그리스도 또한 우리 안에 거하시는지 그리스도와의 연합의 상태, 즉 그리스도 내주의 상태를 점검하라는 의미다. 그리스도의 내주(內住)로 인하여 우리는 비록 약해도 우리 안에 역사하시는 그리스도의 강함과 능력을 경험해야 하고, 이것이 나타나야 한다. 그것이 진정한 사도이자 성도의 표지이기 때문이다. 성도는 날마다 그리스도 안에 거하고 그리스도가 내 안에 거하시는지 확인하고 경험하며 살아야 한다. 이 구절을 지금 당장 구원받았는지를 확인하는 구절로 사용하는 것은 본문의 본뜻을 왜곡하는 것이다.

구원은 현재완료형이다? (엡 2:8-9)

이들의 주장에 따르면 성경은 죄 사함을 '받을 것'이라는 미래형이 아니라 '받았으니'라는 현재완료형으로 명확하게 설명하고 있다.[2)]

"너희는 그 은혜에 의하여 믿음으로 말미암아 구원을 받았으니 이것은 너희에게서 난 것이 아니요 하나님의 선물이라. 행위에서 난 것이 아니니 이는 누구든지 자랑하지 못하게 함이라" (엡 2:8-9).

이들은 예수의 피로 내 모든 죄가 이미 사해졌기에 단번에 영원히 용서받은 것을 깨달아야 한다고 주장한다. 예수께서 세상 죄를 짊어지실 때 내 모든 죄를 하나도 남기지 않고 다 짊어지셨고, 십자가에서 피를 흘려 모두 사하셨다. 예수님의 구원역사는 십자가에서 모두 완성되었기에 이 사실을 깨달을 때 죄 사함을 받는다는 것이다.[3)]

이런 주장은 구원역사가 모두 완결되었기에 "한 번 구원은 영원한 구원이다"라는 극단적인 주장으로 발전하여, 한 번 구원받은 후에는 더 이상 회개할 필요가 없다는 주장으로까지 나아간다.[4)] 더 나아가 이미 완성된 완벽한 죄 사함을 강조하기 위해 이들은 예수께서 십자가에서 우리의 과거, 현재, 미래의 모든 죄를 용서했다고 주장한다.

이러한 주장에 대하여 우리는 두 가지를 생각해보아야 한다.

첫째, 성경은 깨달음이 아닌 '믿음으로 말미암아' 구원받는다고 말한다는 점이다. 깨달음은 믿음의 한 가지 기능인 지식의 일면일 뿐이다.[5] 하지만 지식은 사람을 교만하게 하기 쉽다(고전 8:1). 이들은 자신들만이 구원의 비밀에 대한 깨달음을 소유하고 있다는 특별한 자부심으로 가득하다. 성경적인 믿음은 바른 복음에 대한 지식에서 시작하지만(롬 10:13-17), 단순히 지적인 부분만이 아닌 감정적 동의와 의지적 결단과 의탁이 있어야 한다.

둘째, 성경은 우리의 구원을 현재 완료형만이 아닌 과거, 현재, 미래형으로 모두 사용한다. 아래의 구절들을 보자.

▶ [과거형]

"내가 진실로 진실로 너희에게 이르노니 내 말을 듣고 또 나 보내신 이를 믿는 자는 영생을 <u>얻었고</u> 심판에 이르지 아니하나니 사망에서 생명으로 <u>옮겼느니라</u>"(요 5:24).

"모든 사람이 죄를 범하였으매 하나님의 영광에 이르지 못하더니 그리스도 예수 안에 있는 속량으로 말미암아 하나님의 은혜로 값없이 의롭다 하심을 <u>얻은 자</u> 되었느니라"(롬 3:23-24).

"그가 우리를 흑암의 권세에서 건져내사 그의 사랑의 아들의 나라로 <u>옮기셨으니</u> 그 아들 안에서 우리가 속량 곧 죄 사함을 <u>얻었도다</u>"(골 1:13-14).

"그런즉 누구든지 그리스도 안에 있으면 새로운 피조물이라. 이전 것은 <u>지나갔으니</u> 보라. 새 것이 <u>되었도다</u>"(고후 5:17).

▶ [현재형]

"십자가의 도가 멸망하는 자들에게는 미련한 것이요 구원을 받는(being saved) 우리에게는 하나님의 능력이라"(고전 1:18).

"주께서 너희를 우리 주 예수 그리스도의 날에 책망할 것이 없는 자로 끝까지 견고하게 하시리라"(고전 1:8).

"그러므로 나의 사랑하는 자들아 너희가 나 있을 때뿐 아니라 더욱 지금 나 없을 때에도 항상 복종하여 두렵고 떨림으로 너희 구원을 이루라"(빌 2:12).

"오호라. 나는 곤고한 사람이로다. 이 사망의 몸에서 누가 나를 건져내랴"(롬 7:24).

▶ [미래형]

"그러면 이제 우리가 그의 피로 말미암아 의롭다 하심을 받았으니 더욱 그로 말미암아 진노하심에서 구원을 받을 것이니"(롬 5:9).

"또한 너희가 이 시기를 알거니와 자다가 깰 때가 벌써 되었으니 이는 이제 우리의 구원이 처음 믿을 때보다 가까웠음이라"(롬 13:11).

"그뿐 아니라 또한 우리 곧 성령의 처음 익은 열매를 받은 우리까지도 속으로 탄식하여 양자 될 것 곧 우리 몸의 속량을 기다리느니라"(롬 8:23).

"평강의 하나님이 친히 너희를 온전히 거룩하게 하시고 또 너희의 온 영과 혼과 몸이 우리 주 예수 그리스도께서 강림하실 때에 흠 없게 보전되기를 원하노라. 너희를 부르시는 이는 미쁘시니 그가 또한 이루시리라"(살전 5:23-24).

이처럼 성경은 우리의 구원을 이미 완료된 구원으로도 보지만 지금 이루어가고 있는 구원으로도, 또 장차 이루어질 구원으로도 보고 있다. 이는 구원이 입체적인 차원을 가졌음을 의미한다. 만약 구원이 이미 다 완료되었다면 지금 구원을 이루어갈 필요도, 앞으로 더욱 구원을 받을 필요도, 흠 없게 보전될 필요도 없을 것이다(구원의 다양한 시제가 갖는 구원의 입체적인 차원에 대한 설명은 2부 8장을 보라).

더 이상 회개할 필요 없고 자백만 하면 된다? (요일 1:9)

"만일 우리가 우리 죄를 자백하면 그는 미쁘시고 의로우사 우리 죄를 사하시며 우리를 모든 불의에서 깨끗하게 하실 것이요"(요일 1:9).

이들은 위의 구절을 근거로 회개와 자백을 구분한다. 이들의 주장에 따르면 회개는 일생에 한 번 하는 것이고 이후로는 자백만 하면 된다는 것이다. 이들에게 회개는 구원받지 못한 사람이 하나님께 돌이키는 삶의 전환이고 이후에 성도 자신이 생활에서 잘못한 것들은 '자백' 을 통해서 해결하면 된다고 주장한다.

이들은 구원은 영이 받은 것이기에 육으로 하는 것은 영혼의 구원에 영향을 미치지 않는다고 주장한다.[6] 하나님은 사람의 영혼을 구원하시기에 죄 사함을 받으면 육신으로 하는 행위는 천국 가는 데 지장을 초래하지 않는다. 이들에게 자백은 자신의 죄 된 행위, 즉 범죄를 회개하는 것이 아니다. 요한일서 1장 9절에 대한 이들의 해석을 들어보자.[7]

"요한1서 1장 9절의 '만일 우리가 우리 죄를 자백하면 그는 미쁘시고 의로우사 우리 죄를 사하시며 우리를 모든 불의에서 깨끗하게 하실 것이요' 라는 말씀을 잘 이해하지 못하고, 내가 지은 죄를 하나하나 모두 고하면 죄가 씻어진다는 말로 알았습니다. 그런데 나중에 알고 보니까 달랐습니다. '만일 우리가 우리 죄를 자백하면' 이라고 되어 있지요? 여러분, 죄가 무엇입니까? 도둑질하고 거짓말하고 살인하고 간음하는 것이 죄입니까? 천만에요. 그것은 죄가 아닙니다. 여러분, 문둥병이 무엇입니까? 손가락이 빠지고 눈썹이 빠지고 코가 일그러지면 문둥병입니까? 아닙니다. 그것들은 문둥병의 증상이고, 문둥병의 결과이지 문둥병 자체는 아닙니다. 여러분, 장티푸스가 무엇입니까? 열이 나고 머리가 빠지는 것입니까? 그것이 장티푸스가 아닙니다. 그것은 장티푸스균이 들어갔을 때 일어나는 현상이지요. 그것처럼 죄와 범죄도 근본적으로 다릅니다."

위의 주장에 따르면 자백은 과거의 구체적인 범죄 행위를 고백하는 것이 아니다. 자백은 근본적인 죄를 고백하는 것이다. 자기 죄의 구체적인 증상, 결과들인 범죄를 자백하는 것이 아니라 자신이 근본적으로 죄 덩어리로 뭉쳐진 죄인이라는 것을 고백하는 것이다. 이들은 이를 위해 간첩의 비유를 사용한다.[8)]

> [간첩이 경찰서에 가서] 어떻게 자수합니까?
> "경찰관님, 저는 철도를 폭파시키려고 했습니다. 저는 요인을 암살하려고 했습니다. 저는 군사기밀을 탐지하려고 했습니다. 용서해주시기를 바랍니다."
> 이렇게 하는 것은 간첩죄를 자수하는 방법이 아닙니다. 그것은 간첩인 결과로 하게 되는 일이므로 자수하려면 "나는 간첩입니다" 하는 자백을 먼저 해서 간첩죄에서 용서를 받아야 합니다. 그러면 간첩일 때 지은 모든 죄는 자동으로 용서되지요.
> "나는 간첩입니다. 지령을 받고 내려왔습니다" 하고 자수해야 하듯이 우리가 주님 앞에 자백하는 것도 죄의 결과인 범죄를 자백하는 것이 아니라 '나는 근본적으로 죄 덩어리로 뭉쳐진 존재임'을 고백하는 것이 올바른 자백이라는 것입니다.

하지만 요한일서 1장 9절의 '죄'는 복수형으로 되어 있다. '죄들'(sins)인 것이다. 이는 우리의 행위로 짓는 구체적인 죄 된 행위들을 뜻한다. 이들의 주장은 화려한 자기 궤변에 불과하다. 더 나아가 성경은 여기서의 '자백'을 '회개'와 구별하지 않는다. 여기에서 '자백'(헬. 호모로게오)은 '시인하다' '고백하다'는 의미로 자신이 행한 죄들을 인정하고 고백하는 것을 의미한다. 성경은 주로 회개의 의미로 헬라어 '메타노이오'를 사용하는데, 이는 단회적인 회개만이 아니라 반복적인 회개에도 종종 사용된다.

> "만일 하루에 일곱 번이라도 네게 죄를 짓고 일곱 번 네게 돌아와 내가 회개하노라 하거든 너는 용서하라 하시더라"(눅 17:4).
>
> "또 내가 다시 갈 때에 내 하나님이 나를 너희 앞에서 낮추실까 두려워하고 또 내가 전에 죄를 지은 여러 사람의 그 행한 바 더러움과 음란함과 호색함을 회개하지 아니함 때문에 슬퍼할까 두려워하노라"(고후 12:21).
>
> "그러므로 우리가 그리스도의 도의 초보를 버리고 죽은 행실을 회개함과 하나님께 대한 신앙과 세례들과 안수와 죽은 자의 부활과 영원한 심판에 관한 교훈의 터를 다시 닦지 말고 완전한 데로 나아갈지니라"(히 6:1-2).

이처럼 성경은 자백과 회개를 별도로 구별하지 않으며, 도리어 회개를 상황에 따라 단회적 회개와 반복적 회개로 사용함을 알 수 있다.

이들은 주기도문을 거부한다. 왜? 예수께서 가르치신 기도 중에 반복적 회개에 대한 기도가 있기 때문이다. "우리가 우리에게 죄 지은 자를 사하여 준 것같이 우리 죄를 사하여주시옵고"(마 6:12). 이들은 '사하여주시옵고'가 과거형이라 반복적 회개를 의미하지 않는다고 주장한다. 하지만 이를 의미하는 헬라어 '아피에멘'은 현재형 1인칭 복수형으로 되어 있다. 영어성경은 이를 현재형 'forgive'로 번역한다. 명백히 현재의 반복적 죄 용서를 구하는 회개기도인 것이다.

과거, 현재, 미래의 죄를 다 용서받았다? (롬 8:1-2)

*** 율법은 폐했기에 정죄할 법이 없다?**

이들은 거듭남 죄 사함의 비밀을 깨닫는 순간 회개하면 자신의 과거, 현재, 미래의 모든 죄가 사해지고 우리를 정죄할 죄가 없어진다고 주장한다.[9] 또다시 회개를 반복한다는 것은 이들이 볼 때 죄 사함과 거듭남의 비밀을 확실히 깨닫지 못한, 구원받지 못한 증거일 뿐이다. 죄 사함 거듭남의 비밀을 깨닫고 신앙생활의 기쁨을 누리기도 바쁜데 언제까지 죄책감에 시달리며 반복적인 회개에 매달리며 기쁨 없는 신앙생활을 해야 한단 말인가? 이것은 정말 구원받은 자의 증거가 아니다. 뒤집어 이야기하면 이미 구원받은 자에게는 결코 정죄함이 없고, 따라서 회개하지 않는다! 이것이야말로 참 구원받은 증거라는 것이다.

그렇다면 자신의 과거, 현재, 미래의 모든 죄가 다 사해졌다는 근거는 무엇인가? 그것은 예수께서 십자가를 질 때 우리의 죄를 사하면서, 율법에서 우리를 정죄하는 모든 규정을 폐하셨기 때문이라고 말한다.

"법조문으로 된 계명의 율법을 폐하셨으니 이는 이 둘로 자기 안에서 한 새 사람을 지어 화평하게 하시고"(엡 2:15).

예수 그리스도께서는 십자가에서 율법을 폐하셨다. 이는 골로새서에서도 말씀한다.

"우리를 거스르고 불리하게 하는 법조문으로 쓴 증서를 지우시고 제하여 버리사 십자가에 못 박으시고"(골 2:14).

예수께서 율법을 폐하시면 더 이상 우리를 정죄할 율법이 사라지게 된다. 사람을 죄인이라고 정죄하려면 정죄의 기준이 있어야 한다. 이 기준이 구약시대에는 율법이었다. 그런데 예수께서 십자가에서 이 율법을 못 박아 폐하셔서 우리를 정죄할 기준이 사라졌다. 예수께서 십자가에 못 박히심으로 율법의 법조문을 지우고 제하여 버리셨다. 율법은 그것이 유효하게 존재할 때만 사람들을 정죄하고 주관할 수 있다. 다음을 보라.

"형제들아 내가 법 아는 자들에게 말하노니 너희는 그 법이 사람이 살 동안만 그를 주관하는 줄 알지 못하느냐. 남편 있는 여인이 그 남편 생전에는 법으로 그에게 매인 바 되나 만일 그 남편이 죽으면 남편의 법에서 벗어나느니라. 그러므로 만일 그 남편 생전에 다른 남자에게 가면 음녀라. 그러나 만일 남편이 죽으면 그 법에서 자유롭게 되나니 다른 남자에게 갈지라도 음녀가 되지 아니하느니라. 그러므로 내 형제들아 너희도 그리스도의 몸으로 말미암아 율법에 대하여 죽임을 당하였으니 이는 다른 이 곧 죽은 자 가운데서 살아나신 이에게 가서 우리가 하나님을 위하여 열매를 맺게 하려 함이라"(롬 7:1-4).

신자는 그리스도의 십자가로 말미암아 율법에 대하여 죽임을 당한 사람이다. 따라서 이제부터는 율법과 무관한 사람이다. 이어지는 로마서 7장 6절은 다음과 같이 말씀한다.

"이제는 우리가 얽매였던 것에 대하여 죽었으므로 율법에서 벗어났으니 이러므로 우리가 영의 새로운 것으로 섬길 것이요 율법 조문의 묵은 것으로 아니할지니라."

신자는 율법 조문의 묵은 것에서 벗어난 자다. 예수 그리스도의 십자가로 모든 율법 조문이 지워졌기에 더 이상 신자를 정죄할 근거가 존재하지 않는다. 이것을 깨닫는 순간 신자는 과거, 현재, 미래의 모든 죄를 사함받고 구원을 얻게 된다. 이것이 거듭남, 죄 사함의 비밀이라는 것이다. 그뿐만 아니다. 이제 구원받은 성도는 이전에 폭군과 같이 횡포를 일삼았던 율법에 대하여 죽었기에 이제는 율법과 무관한 더는 율법을 지킬 의무가 없는 자라고 말한다. 이제는 은혜를 누리며 자유롭게 살면 된다는 것이다. 이들은 구원 얻은 성도의 마땅한 바로 여기는 주일성수, 새벽기도, 금식, 십일조, 기도생활까지 율법으로 간주하여 이러한 규범에 메일 필요가 없다고까지 주장한다.[10]

* 율법은 과연 폐기되었는가? (엡 2:15, 골 2:14)

그렇다면 예수 그리스도께서는 십자가에서 모든 율법 조항을 폐기하셨는가? 율법에 대한 로마서의 의견은 다음과 같다.

"그런즉 우리가 믿음으로 말미암아 율법을 파기하느냐. 그럴 수 없느니라. 도리어 율법을 굳게 세우느니라"(롬 3:31).

본문은 믿음으로 율법을 파기하기는커녕 도리어 율법을 더욱 굳게 세운다고 말씀한다. 이신칭의의 믿음은 율법을 굳게 세우는 역할을 한다.[11] 예수께서도 자신이 온 것이 율법을 폐하러 온 것이 아님을 분명히 밝히셨다. 예수께서는 율법을 완전하게 하여 율법의 일점일획도 삭제하지 않고 다 성취하실 것을 말씀하셨다.

"내가 율법이나 선지자를 폐하러 온 줄로 생각하지 말라. 폐하러 온 것이 아니요 완전하게 하려 함이라. 진실로 너희에게 이르노니 천지가 없어지기 전에는 율법의 일점일획도 결코 없어지지 아니하고 다 이루리라"(마 5:17-18).

이 말씀에 따르면 예수께서는 십자가를 통해 율법을 폐지하지 않고, 도리어 더욱 완전하게 성취하러 오셨다. 그렇다면 앞서 "법조문으로 된 계명의 율법을 폐하셨다"는 말씀과 "불리하게 하는 법조문을 지우고 제하여 십자가에 못 박았다"는 말씀은 무슨 뜻인가? 만약 이 말씀들이 율법의 폐지를 말한다면 이는 분명 예수께서 하신 말씀,

그리고 로마서 말씀(3:31)과 정면으로 충돌한다.

먼저 에베소서 2장 15절 말씀을 검토해보자.

"법조문으로 된 계명의 율법을 폐하셨으니 이는 이 둘로 자기 안에서 한 새 사람을 지어 화평하게 하시고."

항상 한 구절을 이해하려면 이를 둘러싼 전후 문맥(2:11-22)의 흐름 안에서 그 의미를 파악하는 것이 중요하다. 무엇보다 이 말씀은 육체로는 할례받지 않은 에베소의 이방 그리스도인을 향한 말씀이다(11절). 예수를 믿기 전 이들은 그리스도 밖에 있었고 하나님의 언약 밖에 있던, 이스라엘 밖의 택함받지 못한 외국인들이었다(12절). 하나님 없이 살던 이들이 예수 그리스도 안에서 참되신 하나님을 알고 믿게 되었다. 이는 그리스도의 피 공로 덕분이었다(13절). 그리스도는 선민이라 자부하는 유대인과 이방인의 구별을 십자가로 폐하셨다.

15절의 '법조문'(헬. 도그마)은 특별히 선민으로서 이방인과 구별되게 행하는 규정들을 의미한다. 정결법, 할례, 안식일 준수와 절기 규정 등과 같은 의식법이 그것이다. 이는 이방인과 유대 선민을 구별해주는 확실한 표지들이다. 예수께서는 서로를 배척시키는 이러한 율법 계명들을 십자가로 소멸하시고(16절), 자기 안에서 이 둘, 곧 이방인과 유대인을 한 새 사람으로 새로 지어 화평하게 하셨다(15절). 여기에서 폐하셨다는 율법은 이방인과 유대인을 구별 짓는 의식법 표지들을 의미한다. 이제는 오직 십자가 아래서 새로 지음받은 한 종류의 사람만이 존재한다. 이방인이든 유대인이든 간에 누구든지 그리스도 안에 있으면 새로운 피조물이다(고후 5:17).

골로새서 2장 14절도 이와 같은 흐름에서 이해해야 한다. "우리를 거스르고 불리하게 하는 법조문으로 쓴 증서"란 골로새 교인들의 믿음을 흔들며, 이들이 진정한 하나님의 백성이라면 선민 됨의 표지를 지켜야 한다고 요구하는 율법 조항들, 즉 먹고 마시는 정결법, 절기, 초하루 등을 지키는 제사법, 안식일을 지키는 것과 관련된 안식일법 등을 의미한다(2:16). 이러한 것들은 모두 이방인과 유대인을 구별 짓고 차별하는 의식법이다. 골로새서는 예수께서 이 모든 율법 규정들을 십자가에 못 박으셨다고 말씀한다.

* 성령에 붙들린 율법 (롬 8:1-4)

성경은 율법을 죄악시하지 않는다. 바울은 "율법이 죄냐"고 물은 후 "그럴 수 없느니라"고 대답한다(롬 7:7). 예수께서는 율법을 폐하러 오신 것이 아니라 성취하러 오셨다고 말씀하셨다. 율법은 하나님의 선한 뜻을 이루는 도구로, 그 자체로 중립적이다. 율법을 일점일획까지 완전히 성취하면 하나님께 영광이 되지만 그렇지 못할 경우 우리는 죄를 짓게 된다. 율법은 우리에게 하나님이 금하시는 것이 무엇인지 알려주며, 그것을 온전히 성취하지 못하는 우리의 연약함과 죄를 깨닫게 한다. 따라서 율법은 누구에 의해 쓰임받느냐가 관건이다. 죄 된 육신으로 율법을 지키려 하다가는 도리어 율법에 삼키운 바 될 것이지만 생명의 성령에 붙들린 바 된 율법은 하나님의 뜻을 온전히 성취하는 도구가 된다. 이를 잘 보여주는 것이 로마서다.

"그러므로 이제 그리스도 예수 안에 있는 자에게는 결코 정죄함이 없나니 이는 그리스도 예수 안에 있는 생명의 성령의 법이 죄와 사망의 법에서 너를 해방하였음이라. 율법이 육신으로 말미암아 연약하여 할 수 없는 그것을 하나님은 하시나니 곧 죄로 말미암아 자기 아들을 죄 있는 육신의 모양으로 보내어 육신에 죄를 정하사 육신을 따르지 않고 그 영을 따라 행하는 우리에게 율법의 요구가 이루어지게 하려 하심이니라"(롬 8:1-4).

성도는 그리스도 예수 안에 거하는 존재다. 그리스도 안에는 생명의 성령의 법이 역사한다. 그리스도 밖에 있는 자에게는 죄와 사망의 법이 역사한다. 여기에서 '법'(헬. 노모스)은 율법을 의미하는 단어로 크게 두 가지 뜻이 있다.[12]

첫째, 중립적인 도구로서의 율법이다. '성령의 법' 또는 '죄와 사망의 법'이라고 할 때 '~의'는 소유의 의미다. '성령의 법'은 성령께서 소유한 율법, 즉 성령께 붙잡힌 바 된 율법을 의미하고(롬 7:14 참조), '죄와 사망의 법'은 죄와 사망이 붙잡고 있는 율법을 의미한다. 율법이 성령에 붙들릴 때 죄와 사망의 권세를 이기게 하는 율법이 되지만 죄와 사망에 붙들리면 우리를 사망에 이르게 한다.

둘째, 권세와 힘을 포함한 법이다. 율법이 죄와 사망에 붙들리면 죄와 사망이 주는 힘과 권세를 갖고 성령에 붙들리면 생명이 주는 힘과 권세를 갖는다.

생명의 성령에 의해 붙들린 바 된 성도는 율법의 요구를 급진적으로 이루게 된다. 이것이 예수께서 말씀하셨던 서기관과 바리새인보다 '더 나은 의'다. 이를 보여주는 좋은 사례가 율법에 대한 여섯 가지 반대명제이다(마 5:21-48). 여기에는 육신에 붙들려 행하던 살인(21절), 간음(27절), 이혼(31절), 맹세(33절), 보복(38절), 이웃 사랑(43절)의 여섯 가지 형식적인 율법 규례를 예수 안에서 어떻게 온전히 새롭게 성취할 것인가를 말씀한다. 구약의 율법 규정에 따르면 이러한 규정들은 최소한의 요구였다. '살인하지 말라'는 규정은 죄 된 인간의 행위를 억제하는 최소한의 안전장치였다. 그러나 예수께서는 이를 급진적으로 확장하여 원망 들을 만한 일이 일어날 때 화해하여 미움과 다툼의 여지를 제거하라고 하신다. 율법의 본뜻을 충만하게 성취하도록 하신 것이다.

성령에 붙들린 사람과 육신의 사람과는 율법을 대하는 태도가 다르다. 이에 관해 이어지는 로마서의 말씀을 보자.

> "육신을 따르는 자는 육신의 일을, 영을 따르는 자는 영의 일을 생각하나니 육신의 생각은 사망이요 영의 생각은 생명과 평안이니라. 육신의 생각은 하나님과 원수가 되나니 이는 하나님의 법에 굴복하지 아니할 뿐 아니라 할 수도 없음이라. 육신에 있는 자들은 하나님을 기쁘시게 할 수 없느니라. 만일 너희 속에 하나님의 영이 거하시면 너희가 육신에 있지 아니하고 영에 있나니 누구든지 그리스도의 영이 없으면 그리스도의 사람이 아니라"(롬 8:5-9).

여기서 '육신'이란 하나님의 뜻을 거역하며 그분께 반항하는 인간의 죄 된 본성(sinful nature, NIV)을 말한다.[13] 사망의 생각으로 율법을 붙들면 사망의 결과를 낳는다. 반면 생명과 평안으로 율법을 붙들면 성령의 법으로 작용하여 하나님의 뜻을 성취한다.

*** 율법의 마침, 예수 그리스도** (롬 10:4)

예수 그리스도는 율법의 마침이 되셨다.

> "그리스도는 모든 믿는 자에게 의를 이루기 위하여 율법의 마침이 되시니라"(롬 10:4).

'마침'(헬. 텔로스)은 크게 두 가지 의미가 있다. 첫째는 목적을 성취하는 완성이고 둘째는 종결이다.[14] 먼저 완성의 의미를 살펴보자. 그리스도께서 율법의 마침이 되셨다는 것은 율법의 최종목적을 완전히 성취하신 분이 되셨다는 뜻이다.

종교개혁과 개혁신학의 전통 아래 율법은 그 성격상 대략 세 가지로 분류한다. 의식법, 시민법, 도덕법이다.[15] 의식법은 하나님께 제사를 드리고 죄 사함을 얻는 것과 관련된 제사법, 정결법, 절기법과 같은 것들이다. 시민법은 이스라엘 백성이 약속의 땅에서 한 국가를 이루어 살아가는 데 필요한 질서유지와 법규들을 다룬다. 도덕법은 하나님을 사랑하고 이웃을 사랑하라는 율법에 담긴 근본적인 정신과 규례를 지키도록 한다.

웨스트민스터 신앙고백(19조, 하나님의 법에 대하여)에 따르면 의식법과 시민법은 그리스도 안에서 그 효력이 정지되었다. 의식법의 경우 그리스도께서 염소와 송아지의 피가 아닌 오직 자기의 피로 단번에 자기를 드려, 제사가 갖는 본래의 목적인 영원한 속죄를 온전히 성취하셨다(히 9:12). 이로써 더 이상 대제사장이 날마다 짐승으로 드리는 제사를 드릴 필요가 없게 되었다(히 7:27, 9:26). 따라서 그리스도 이후로 이전에 죄 사함과 정결함을 얻게 하도록 의도되었던 제사규정, 정결규정, 절기와 안식일 규정 등은 더는 효력을 발생하지 못하게 되었다. 시민법은 원래 약속의 땅에서 선민 공동체로 살아가기 위한 각종 토지, 소유, 종 등 다양한 규례를 포함한다. 이는 이스라엘이 주후 70년경 로마에 의해 멸망되었을 때 더 이상 효력을 발휘하지 못하고 중지된 것으로 본다.[16]

도덕법의 경우 율법의 근본정신을 온전히 지킬 것을 신약의 성도들에게 여전히 요구된다. 율법 전체를 해석하는 근본정신은 예수께서 다음과 같이 말씀하셨다.

> "예수께서 이르시되 네 마음을 다하고 목숨을 다하고 뜻을 다하여 주 너의 하나님을 사랑하라 하셨으니 이것이 크고 첫째 되는 계명이요 둘째도 그와 같으니 네 이웃을 네 자신같이 사랑하라 하셨으니 이 두 계명이 온 율법과 선지자의 강령이니라"(마 22:37-40).

하나님 사랑과 이웃 사랑이 율법 성취의 핵심이다. 예수께서 말씀하신 6대 반대명제의 핵심에도 사랑이 들어 있다. 로마서 또한 "사랑하는 자는 율법을 다 이루었느니라"(롬 13:8)고 말씀한다. 예수께서는 자신의 피로 맺은 새 언약을 통하여 제자들에게 새 계명을 주신다.

> "새 계명을 너희에게 주노니 서로 사랑하라. 내가 너희를 사랑한 것같이 너희도 서로 사랑하라"(요 13:34).
>
> "아버지께서 나를 사랑하신 것같이 나도 너희를 사랑하였으니 나의 사랑 안에 거하라. …너희도 내 계명을 지키면 내 사랑 안에 거하리라. …내 계명은 곧 내가 너희를 사랑한 것같이 너희도 서로 사랑하라 하는 이것이니라"(요 15:9-10,12).

성도들에게 주신 새 율법은 그리스도의 법, 곧 사랑의 법이다(갈 6:2 참조). 율법의 의식법으로는 부패한 본성을 누르고 사랑하는 데 한계가 있다. 우리의 힘으로는 온전히 사랑할 수 없다. 그래서 하나님은 부활의 능력이자 새 창조의 영, 곧 성령을 우리에게 부어주셔서 율법을 온전히 성취할 수 있는 힘을 주신다. 우리가 하나님 사랑과 이웃 사랑을 행하지 않을 때 성령은 근심하시고 우리의 양심을 책망하신다. 하나님은 우리에게 성령을 충만히 부어주셔서 우리로 더욱 더 온전히 하나님 사랑과 이웃 사랑을 행할 수 있도록 역사하신다(겔 36:27). 성령은 새 언약의 백성들에게 주신 하나님 백성의 표지이며(렘 31:31-33, 겔 36:26), 장차 완성하실 구원의 보증이다(엡 4:30, 고후 1:22, 5:5). 이렇게 볼 때 그리스도께서는 율법이 본래 가진 의도와 목적을 온전히 성취하셨다.

둘째, 그리스도가 율법의 마침이 되셨다는 것은 종결의 의미가 있다. 이는 율법(특히 의식법)이 가진 죄 사함과 구원의 효력이 더는 유효하지 않고 그리스도가 오심으로 폐지되었다는 의미다. 하나님은 본래 율법을 통해 생명을 얻게 하려 의도하셨다(레 18:5, 겔 20:11). 그러나 인간의 부패한 마음으로는 아무리 선하고 좋은 율법이라 하더라도 지키지 못할 율법에 불과했다(겔 20:25). 결국 율법은 죄를 깨닫게 하는 기능밖에 발휘하지 못했다(롬 3:20). 율법은 사람을 구원할 수 없다는 것을 알려주는 일종의 초등교사(몽학선생)에 불과했다. 결국 율법은 사람을 구원할 수 없고 그 끝 지점에서 그리스도를 가리킨다.

> "이같이 율법이 우리를 그리스도께로 인도하는 초등교사가 되어 우리로 하여금 믿음으로 말미암아 의롭다 함을 얻게 하려 함이라"(갈 3:24).

결국 율법은 그리스도를 기다리게 하고 그리스도는 하나님에게서 온 의를 사람에게 선물로 가져다주신다(롬 1:16-17). 하지만 이것이 율법의 모든 것이 폐기되었다는 것을 의미하지는 않는다. 여전히 율법이 지향하는 커다란 두 강령, 곧 하나님 사랑과 이웃 사랑은 유효하다. 도덕법의 영역은 여전히 성도에게 요구되는 윤리적 요청인 것이다. 이런 요구는 오직 성령의 능력으로 감당할 수 있다.

요컨대 그리스도는 율법의 마침이 되셨다. 이는 구원에 관한 한 율법이 본래 의도했던 효력이 폐지되었음을 의미한다. 율법은 결국 그리스도께로 인도하는 몽학선생의 역할만을 감당한다. 하지만 율법을 통해 하나님이 의도하셨던 율법의 두 강령인 사랑의 계명은 폐지된 것이 아니다. 그리스도께서 세우신 새 언약 안에서 성령의 능력으로 더욱 온전하게 성취되게 하신 것이다.

＊ 죄, 관계적 이해가 중요하다.

예수 그리스도께서 우리의 과거, 현재, 미래의 죄를 용서하셨다는 주장은 죄에 대한 존재론적 이해가 전제되어 있다. 죄를 물체와 같이 소유하고, 헤아리고(count), 다룰 수 있는 일종의 물질적 존재(physical being)처럼 보는 것이다. 과거에 졌던 죄, 현재의 죄, 앞으로 지을 죄가 모두 존재하고 태산처럼 많이 쌓였다고 가정한다. 이 죄를 모두 철저히 회개하면 죄가 존재론적으로 사라졌기에 더는 죄가 없게 되고 정죄함을 받지 않는다는 결론에 이르게 된다.

더 나아가 이런 존재론적 사고의 연장으로 어떤 이들은 죄가 육체에 거한다고 주장한다.[17] 이런 주장을 극단적으로 끌고 가면 죄는 우리의 피에 흐르고, 죄가 흐르는 피는 죄가 없는 새 피를 받아야 깨끗해진다는 괴상한 피가름 교리로 나아간다. 가계에 흐르는 저주도 죄를 물질적, 존재적으로 이해하기에 비롯되는 오해다. 요한복음 9장에 보면 날 때부터 맹인 된 사람을 보고 제자들이 예수께 묻는다.

"이 사람이 맹인으로 난 것이 누구의 죄로 인함인가요? 그의 부모의 죄 때문인가요?"

그러자 예수께서 대답하신다.

"이 사람이나 그 부모의 죄로 인한 것이 아니라 그에게서 하나님이 하시는 일을 나타내고자 하심이라"(요 9:3).

예수께서는 가계에 타고 흐르는 죄와 저주를 거부하셨다(겔 18:2-4,20, 렘 31:29 참조).[18)]

어떤 이단 단체들은 죄는 육체에만 거할 뿐 영혼에는 거하지 않는다고 본다. 그래서 육체로 짓는 죄가 영혼의 구원에 영향을 끼치지 않는다고 한다. 그렇다면 과연 영혼이 배제된 육체만으로 죄를 지을 수 있을까? 이런 주장은 육체를 죄 된 본성이 아닌 문자적 육체로 이해하기 때문에 생긴다(롬 8:5-9, 7:17-18 참조). 하지만 우리가 하나님 앞에 죄를 범할 때 그것은 우리가 육체와 영혼의 구분 없이 하나의 전인적인 존재로서 짓는 것이다.

죄는 관계적으로 이해해야 한다. 죄를 의미하는 헬라어 '하마르티아'는 과녁을 벗어나는 것을 의미한다. 하나님이 본래 의도하신 바른 관계를 벗어나는 것, 그 관계의 파괴 및 단절이 바로 죄다. 그래서 죄는 하나님과의 관계에서 불순종과 우상 숭배로 나타난다.

이런 면에서 '육신'이란 우리의 신체를 가리키는 용어가 아니라 관계적 용어임을 주목할 필요가 있다. 육신은 인간의 연약함을 나타내는 동시에 창조주를 거역하고 죄의 지배를 받으려는 우리의 부패한 성향을 의미한다(롬 8:7).[19)] 이런 상태로는 하나님과의 관계가 단절된다. 반면 영적인 것은 그리스도 안에서 성령의 통치 안에 있는 상태, 곧 하나님과 친밀하게 연결된 상태를 의미한다.

[5장 각주]

1) 김철홍, 「참사도 참복음」 (서울: 한국성서학연구소, 2016), 349쪽.
2) 홍정현, 「영원한 속죄: 변하지 않는 하나님의 사랑」(안양: 영생의말씀사, 2013), 50쪽.
3) 위의 책, 51-52쪽.
4) 정동섭, 「구원개념 바로잡기: 구원파 교리에 대한 성경적 비판」, 98쪽.
5) 위의 책, 110쪽.
6) 권신찬, 「믿음에서 믿음으로」 ; 정동섭, 「구원개념 바로잡기: 구원파 교리에 대한 성경적 비판」, 98쪽에서 재인용.
7) 박옥수, 「죄 사함 거듭남의 비밀 1」(서울: 기쁜소식사, 1988), 33쪽.
8) 위의 책, 36쪽.
9) 이러한 사상은 박진영, 「무엇을 위해 살죠」(서울: 은행나무, 2020), 163쪽, 202쪽에도 나타난다.
10) 정동섭, "성도의 행복을 위해 주신 율법… 은혜와 관계는?"(교회와신앙, 2015. 12. 3.)
11) 양형주, 「평신도를 위한 쉬운 로마서」(개정증보판), 105쪽.
12) 이 부분에 대해서는 위의 책, 197쪽을 참조하라.
13) 위의 책, 206쪽.
14) 위의 책, 282쪽.
15) 그레고리 K. 빌, 「신약성경신학」, 878쪽.
16) 위의 책, 879쪽.
17) 정동섭, 「구원개념 바로잡기: 구원파 교리에 대한 성경적 비판」, 89쪽.
18) 가계에 흐르는 저주에 대한 상세한 논의는 양형주, 「바이블 백신 1」, 261-270쪽을 참조하라.
19) 위의 책, 271쪽.

〉〉〉 CHAPTER · 06

구원에 관한 알쏭달쏭한 질문들

아담은 구원받지 못했을까?

이따금 천국과 지옥을 갔다 왔다고 주장하는 이들 중에 지옥에서 아담을 봤다고 하는 이들이 있다. 아담은 선악과를 따먹고 인류에게 죄와 사망을 가져왔기에 심판받고 지옥에 갔다는 것이다. 이것은 듣는 이의 호기심을 자극하는 충격적인 주장이다. 이런 주장의 실질적인 사례를 살펴보도록 하자.

"불연못 쪽으로 가장 가까이 있는 쇠창살 안에는 두 영혼이 갇이 들어 있었는데 그 두 영혼은 뼈만 남아 있었고 눈도 없이 구멍만 뚫려 있었다. 나는 즉시 그들이 아담과 하와인 것을 알 수 있었다. 나는 그들이 오랫동안 저 불못에서 고생하고 타다가 이 쇠창살 안에 넣어졌다는 것이 그냥 알아졌다. …아담을 보고 '왜 여기 와 있나?' 물었다. 아담이 말했다. 우리가 하나님의 말씀을 들었어야 했는데 뱀의 말을 들었다는 것이다."[1]

아담과 하와는 뱀의 말을 들었기에 지옥에 갔을까? 아담은 회개하지 않고 이후에도 계속해서 뱀에 순종하며 살았을까? 성경은 분명 아담이 지옥에 갔다든지 천국에 갔다든지 하는 명시적인 진술에 대해 침묵한다. 성경은 침묵하는데 자신은 봤다고 하면 자신의 체험이 성경의 권위를 앞서는 것이다. 우리는 겸손하게 성경이 말씀하는 곳에 머물 필요가 있다. 구원의 판단기준은 개인적 황홀 체험이나 느낌이 아닌 성경에 두어야 한다.

비록 성경은 아담의 구원에 대해 명시적으로 말하지 않지만 아담의 구원 여부를 판단할 수 있는 근거를 제공한다. 우리는 이 부분을 깊이 고찰할 필요가 있다. 그렇다면 성경은 아담의 구원에 대해 어떤 판단의 기준을 제공할까?

첫째, 하나님은 아담이 타락한 이후에도 이들을 저버리지 않으셨다. 죄로 밝아진 눈으로 인간의 허물과 부끄러움을 보며 어쩔 줄 몰라 하던 이들에게 가죽옷을 지어 입히셨다. 가죽옷을 지어 입혔다는 것은 이들의 허물과 부끄러움을 가리기 위하여 짐승의 희생으로 피 흘림이 있었음을 의미한다.

둘째, 하나님은 이들이 창조언약(창 1:26-28, 2:15-17)을 깨뜨린 이후에도 장차 구원을 베푸실 것을 새로운 언약으로 체결하셨다. 이를 하나님의 구속언약 중 '아담언약'이라 한다.[2] 아담언약은 소위 '원시복음' 으로 일컫는 창세기 3장 15절 말씀에 근거한다.

"내가 너로 여자와 원수가 되게 하고 네 후손도 여자의 후손과 원수가 되게 하리니 여자의 후손은 네 머리를 상하게 할 것이요 너는 그의 발꿈치를 상하게 할 것이니라 하시고."

하나님은 장차 여자의 후손, 곧 메시아적 후손을 보내실 것이고, 그는 사탄의 머리를 마침내 상하게 할 것이다.[3] 이 언약에는 예수 그리스도를 통한 구원을 약속하는 복음이 들어 있다. 아담이 이 언약을 받았다는 것은 이들이 하나님의 언약 안에 다시 들어오게 되었음을 의미한다. 선악과사건 이후 아담과 하와는 영원히 하나님을 저버리고 떠난 것이 아니라 아담언약을 붙들며 다가올 구원의 역사를 바라보면서 살았음을 암시한다.

셋째, 아담은 원시복음으로 주신 아담언약을 확신하고 단순히 '여자' 로 불리던 아내를 '하와' 라고 부른다(창 3:20). 하와는 '생명' 이란 뜻이다. 자신의 아내가 영원한 생명을 이어갈 후손을 낳을 자임을 선언하는 것이다.

넷째, 아담은 이후 아들 가인을 낳고 "내가 여호와로 말미암아 득남하였다"(창 4:1)라고 고백한다. 이는 하나님의 은혜와 도우심으로 아들을 얻었음을 의미한다. 아담과 하와가 낳을 자녀는 뱀의 머리를 상하게 할 메시아적 후손을 소망 중에 바라보며 출산한 하나님의 구원 경륜 안에 있는 자녀들인 것이다. 이를 선명하게 보여주는 것이 바로 누가복음 4장에 나오는 메시아의 족보다. 이 족보는 메시아 예수로부터 거슬러 아담으로까지 올라간다. 이러한 장면은 아담이 비록 에덴동산에서는 추방당한 몸이었지만 하나님의 언약을 소망 중에 바라보며 살아갔음을 보여준다.

다섯째, 아담은 자녀들에게 여호와를 경외하고 섬기는 신앙을 전수하였다. 아담의 자녀인 가인과 아벨은 여호와께 제사를 드렸다(창 4:3-4). 이는 아담의 신앙이 자녀들에게 전수되었음을 보여준다. 아버지가 하나님을 섬기는 모습을 아들이 보고 배웠음을 의미한다. 이후 하나님은 자식을 잃고 실의에 빠진 아담에게 셋을 아들로 주셨고, 셋의 아들 에노스 때부터 공식적으로 여호와의 이름을 부르며 예배하기 시작한다(창 4:26).[4]

요컨대 아담은 타락 이후에 비록 에덴동산에서는 쫓겨났지만 여전히 여호와의 이름을 부르며 예배하는 삶을 살았고, 그 후손에게도 장차 오실 여인의 후손 메시아에 대한 소망과 하나님만 예배하는 신앙을 전수하며 살았다. 하나님은 타락으로 심판 앞에 놓인 아담을 다시 은혜언약으로 부르셔서 원시복음을 주시고 하나님의 자녀로 살아가게 하셨다. 이런 아담이 지옥에 갔다고 단언할 수 있을까? 아담은 타락했지만 장차 오실 예수 그리스도를 약속한 아담언약 안에 들어옴으로써 다시 구원을 받았다.

구약 백성들은 어떻게 구원을 받았을까?

구약의 백성들은 예수 그리스도를 알지 못했는데 과연 어떻게 구원을 받았을까? 이는 크게 세 가지 관점에서 보아야 한다.

*** 첫째, 언약의 관점이다.**

구약의 백성은 옛 언약에 속한 백성이다. 이들은 장차 여인의 후손 메시아가 가져다줄 온전한 구원을 기다리고 소망했지만 메시아의 구원시대를 맞이하지 못했다. 그가 오시기 전 모두 죽음을 맞이했다. 메시아 예수께서 가져오신 언약은 그의 피로 단번에 영원히 세운 새 언약이다(히 7:27, 9:12,26,28, 벧전 3:18, 유 1:3). 새 언약의 시대에는 예수 그리스도의 이름을 부르고 믿어야 언약 안으로 들어올 수 있다. 새 언약으로 들어와야 하나님의 백성이 되어 구원을 받는다.

새 언약의 시대가 오기 전에는 첫 언약의 시대였다. 첫 언약의 시대에는 첫 언약 안으로 들어가 여호와의 이름을 부르며, 첫 언약이 궁극적으로 갱신되어 새 언약의 시대가 올 것을 고대하고, 그 안에 머물러야 구원받는다. 예수께서는 유대인들에게 "너희 조상 아브라함은 나의 때 볼 것을 즐거워하다가 보고 기뻐하였느니라"(요 8:56)고 말씀한다. 이는 매우 중요한 점을 시사한다. 아브라함은 하나님이 아담에게 주신 언약의 말씀을 붙들고, 장차 자신의 후손을 통해 뱀의 머리를 상하게 할 메시아가 태어날 것을 바라며 언약 안에 머물렀음을 보여주기 때문이다.

하나님께서 아브라함에게 주신 언약은 아담에게 허락하신 언약과 연결 선상에 있다. 하나님은 아브라함에게 상속자를 허락하시고, 이를 통해 하늘의 뭇별과 같이 창대하고 번성하게 하여, 결국 천하 만민이 복을 얻을 것이라고 약속하셨다(창 15:5, 22:17-18). 이 약속은 아담에게 주신 최초의 창조언약과 동일 선상에 있다(창 1:27-28, 12:1-3, 15:1-21, 17:1-8). 이후 아브라함이 독자 이삭을 드린 후 하나님이 주신 "그의 씨가 대적의 성문을 차지할 것"이라는 또 다른 약속은 아담언약을 재확인한 것이다(창 22:17-18).

이처럼 구약의 선조들은 장차 오실 메시아의 구원을 기다리며 그 언약을 성취해가는 당시의 옛 언약 안에 신실하게 머물러 있어야 했다. 옛 언약은 아담언약 이후로 노아언약(창 8:20-9:17), 아브라함언약(창 12:1-3), 모세언약(출 21:1-24:11), 다윗언약(삼하 7:12-16)으로 이어지며 새 언약을 기다린다(렘 31:31-34, 겔 36:24-28). 옛 언약 안에 머무르는 것은 새 언약의 시대를 맞이하기 위한 필수조건이었다. 히브리서 11장은 장차 오실 메시아의 시대를 기다리며 하나님의 옛 언약 안에 신실하게 머물렀던 믿음의 선진들을 모델로 제시한다. 이는 언약 안에 머물렀던 구약 백성의 구원 문제의 좋은 예시가 된다.

＊ 둘째, 임시적 제사의 관점이다.

구약 백성이 언약 안에 머무르기 위해서는 죄의 문제를 처리할 필요가 있었다. 하나님은 이들에게 의식법을 허락하셔서 하나님 앞에서 짐승의 피로 죄 사함을 받고 거룩함을 유지하도록 하셨다. 구약시대의 제사는 불완전하지만 그 기능을 어느 정도 감당했다. 적어도 하나님의 언약백성이 그 언약 안에 머무르도록 하는 데는 어느 정도 역할을 하였다. 구약의 백성은 구약의 의식법을 통해 언약 안에 계속해서 머무르며 구원받았다. 하지만 이것은 장차 새 언약시대에 메시아 예수가 가져올 완전한 제사의 그림자에 불과했다.

> "율법은 장차 올 좋은 일의 그림자일 뿐이요 참 형상이 아니므로 해마다 늘 드리는 같은 제사로는 나아오는 자들을 언제나 온전하게 할 수 없느니라. …이는 황소와 염소의 피가 능히 죄를 없이 하지 못함이라"(히 10:1,4).

구약 백성은 해마다 자주 제사를 드리는 것으로 죄 문제를 처리하고 언약 안에 끊임없이 머물려고 힘썼다. 하지만 제사의 불완전하고 임시적인 성격으로 인해 의식법은 갈수록 껍데기 형식만 남고 그 본래의 의도가 사라졌다. 하나님은 이런 제사를 끔찍이도 싫어하셨다. 이런 제사는 하나님을 역겹게 하였고, 급기야 하나님은 구약의 백성에게 더 이상 헛된 제사를 드리지 말라고 말씀하신다.

> "헛된 제물을 다시 가져오지 말라. 분향은 내가 가증히 여기는 바요 월삭과 안식일과 대회로 모이는 것도 그러하니 성회와 아울러 악을 행하는 것을 내가 견디지 못하겠노라. 내 마음이 너희의 월삭과 정한 절기를 싫어하나니 그것이 내게 무거운 짐이

라. 내가 지기에 곤비하였느니라. 너희가 손을 펼 때에 내가 내 눈을 너희에게서 가리고 너희가 많이 기도할지라도 내가 듣지 아니하리니 이는 너희의 손에 피가 가득함이라"(사 1:13-15).

이제 첫 언약은 한계점에 도달했다. 첫 언약으로는 더 이상 하나님의 백성으로 살아갈 수 없었다. 이때 하나님은 첫 언약의 한계를 근본적으로 바꿀 새 언약을 약속하셨다. 새 언약은 하나님 백성의 마음판에 새겨질 것이고(렘 31:33), 하나님의 거룩한 새 영, 즉 성령을 마음에 부어주셔서 하나님의 참 백성으로 살아가게 할 것이다(겔 36:26-28). 이처럼 새 언약은 구약의 불완전한 제사와 의식법을 온전히 성취할 것이다.

"이 뜻을 따라 예수 그리스도의 몸을 단번에 드리심으로 말미암아 우리가 거룩함을 얻었노라. 제사장마다 매일 서서 섬기며 자주 같은 제사를 드리되 이 제사는 언제나 죄를 없게 하지 못하거니와 오직 그리스도는 죄를 위하여 한 영원한 제사를 드리시고 하나님 우편에 앉으사 그 후에 자기 원수들을 자기 발등상이 되게 하실 때까지 기다리시나니 그가 거룩하게 된 자들을 한 번의 제사로 영원히 온전하게 하셨느니라"(히 10:10-14).

이처럼 새 언약은 예수 그리스도가 자신의 몸을 단번에 드려 완전한 제사를 성취하심으로 갱신되었다.

* 셋째, 믿음으로 얻는 의에 관한 것이다.

믿음으로 의롭다 함을 얻는 것을 칭의라 한다. 이신칭의, 즉 믿음으로 말미암아 의롭다 함을 얻는 것은 새 언약시대 백성이 얻는 구원의 큰 특징이다.

"이제는 율법 외에 하나님의 한 의가 나타났으니 율법과 선지자들에게 증거를 받은 것이라. 곧 예수 그리스도를 믿음으로 말미암아 모든 믿는 자에게 미치는 하나님의 의니 차별이 없느니라"(롬 3:21-22).

"할례자도 믿음으로 말미암아 또한 무할례자도 믿음으로 말미암아 의롭다 하실 하나님은 한 분이시니라"(롬 3:30).

"너희가 다 믿음으로 말미암아 그리스도 예수 안에서 하나님의 아들이 되었으니"(갈 3:26).

그렇다면 믿음으로 말미암아 구원을 얻는 이신칭의의 원리는 신약시대에만 적용되는 것일까? 그렇지 않다. 구약시대에도 믿음으로 의롭다 하심을 얻는 원리가 적용되고 있었다. 가장 대표적인 예가 아브라함과 다윗이다.

"아브람이 여호와를 믿으니 여호와께서 이를 그의 의로 여기시고"(창 15:6).

"성경이 무엇을 말하느냐. 아브라함이 하나님을 믿으매 그것이 그에게 의로 여겨진 바 되었느니라"(롬 4:3).

"아브라함이 하나님을 믿으매 그것을 그에게 의로 정하셨다 함과 같으니라"(갈 3:6).

이러한 은혜는 다윗도 경험했다.

"일을 아니할지라도 경건하지 아니한 자를 의롭다 하시는 이를 믿는 자에게는 그의 믿음을 의로 여기시나니 일한 것이 없이 하나님께 의로 여기심을 받는 사람의 복에 대하여 다윗이 말한 바 불법이 사함을 받고 죄가 가리어짐을 받는 사람들은 복이 있고 주께서 그 죄를 인정하지 아니하실 사람은 복이 있도다 함과 같으니라"(롬 4:5-8).

이처럼 하나님은 그의 구원역사를 신뢰하는 이를 의롭다 여겨주신다. 이렇게 볼 때 예수 그리스도를 믿음으로 주어지는 새 언약시대의 의는 첫 언약과 대조해볼 때 전혀 생소하지 않은 의이다.[5] 이는 믿음의 선조들이 첫 언약시대에도 경험했던 은혜였다. 물론 첫 언약시대에는 율법을 지켜야 하는 의무가 있었지만 율법은 믿음 없이는 온전하게 세울 수 없다. 믿음으로 말미암아 해석, 적용될 때 그 본래의 의미를 온전하게 이룰 수 있다.[6] 대표적인 것이 할례이다. 할례를 행함으로써 의롭다 함을 받는 것이 아니라 선민으로 택하고 의롭게 여기는 은혜를 믿음으로 확증하는 표로 이해할 때 할례의 본뜻을 온전히 구현할 수 있는 것이다(롬 4:9-13). 하지만 이들은 분명 첫 언약의 한계를 절감하고 더 좋은 언약을 기다리고 있었다(눅 2:26,38 참조).

베리칩을 받으면 구원받지 못하는가?

베리칩에 대해 들어봤는가? 베리칩(verichip)은 식별(verification)을 위한 반도체(chip)의 합성어다. 이는 쌀알만 한 작은 칩으로 사람의 피부 속에 주사기를 통해 이식하는데, 이 칩에는 각 개인을 식별하는 16자리 고유번호가 있고, 여기에는 각 개인의 정보, 의료정보, 금융정보, 유전자정보 등이 들어간다고 한다. 16자리면 전 세계 인구의 ID를 만드는 데 충분한 숫자다. 또한 GPS 위치추적기능이 있어 그의 이동경로가 일일이 추적된다. 또 매매기능이 들어 있어 앞으로는 이것 없이는 매매할 수 없게 되는데, 이것이 곧 요한계시록 13장에 등장하는 666이라는 것이다.[7] 베리칩을 받는 자는 짐승의 수 666을 받는 것이며, 그렇게 되면 구원받지 못하게 된다고 주장한다.

특히 최근에는 기도 중 천국에 가서 예수님께 직접 베리칩이 666이라는 계시를 받고 왔다고 주장하는 이가 나타나서 이러한 주장이 더 광범위하게 퍼지고 있다.[8] 그의 주장에 따르면 베리칩은 적그리스도의 후 삼 년 반 기간에 심어지게 된다. 그렇다면 이런 이들이 주장하는 베리칩이 666인 성경적인 증거는 무엇인가?

첫째, 베리칩은 우리의 몸 특히 이마나 손에 들어간다. 이마와 손은 외부 온도 변화가 심한 부위이고, 베리칩은 바깥의 온도 변화로 평생 충전되는 기능이 있다. 이마나 손에 받는 것은 요한계시록 13장 16절의 말씀과 일치한다고 말한다.

"그가 모든 자 곧 작은 자나 큰 자나 부자나 가난한 자나 자유인이나 종들에게 그 오른손에나 이마에 표를 받게 하고"(계 13:16).

둘째, 베리칩에는 매매기능이 있다. 앞으로는 지폐나 동전이 없어지고 신용카드도 필요 없어진다. 베리칩으로 물건을 사고팔게 될 것이다.

셋째, 베리칩이 컴퓨터 시스템으로 통제된다. 베리칩은 무선주파수 인식기술(RFID. Radio-Frequency Identification) 기능이 들어 있어 컴퓨터로 그 시그널을 알아낸다. 이 컴퓨터 알파벳을 6의 배수로 계산하면 666이 나온다. 아래의 표를 보라.

베리칩에 있는 인류의 생체인식정보는 벨기에에 있는 슈퍼컴퓨터에 저장되는데, 그 이름이 아이러니하게도 짐승(The Beast)이다(계 13:18 참조).

넷째, 베리칩에는 사람의 뇌를 조종하는 기능이 있다. 이 칩에는

A = 6	G = 42	M = 78	S = 114	Y = 150
B = 12	H = 48	N = 84	T = 120	Z = 156
C = 18	I = 54	O = 90	U = 126	
D = 24	J = 60	P = 96	V = 132	
E = 30	K = 66	Q = 102	W = 138	
F = 36	L = 72	R = 108	X = 144	

C(18)+O(90)+M(78)+P(96)+U(126)+T(120)+E(30)+R(108) = 666

128개의 유전자 코드가 들어가서 사람을 마음대로 조종할 수 있는 시대가 온다. 하나님을 배반하고 적그리스도를 숭배하도록 사람의 뇌를 조종한다.

다섯째, 베리칩이 몸속에서 터지면 암이 유발된다. 베리칩 안에는 리튬 성분이 들어 있어 이것이 몸 안에서 파괴되면 악성 종양, 즉 암을 일으킨다. 이는 일곱 대접 재앙 중 첫째 대접이 쏟아지면 나타나게 되는데, 이때 칩이 몸속에서 부서지고 악하고 독한 종기가 짐승의 표를 받은 자들에게 날 것이다.

"또 내가 들으니 성전에서 큰 음성이 나서 일곱 천사에게 말하되 너희는 가서 하나님의 진노의 일곱 대접을 땅에 쏟으라 하더라. 첫째 천사가 가서 그 대접을 땅에 쏟으매 짐승의 표를 받은 사람들과 그 우상에게 경배하는 자들에게 악하고 독한 종기가 나더라"(계 16:1-2).

여기에 더해 천국에 갔다 왔다고 주장하는 이는 주님이 직접 베리칩이 666인 것을 말씀하셨고, 심지어 주님께서 베리칩이 666이라고 직접 써 주셨다고 한다.

"이제도 있고 전에도 있었고 장차 올 자가 말하노라. 베리칩은 666이니라."[9]

이런 계시를 예수님께만 받은 것이 아니다. 그녀는 사탄, 곧 루시

퍼에 의해 다시 한번 확증받는다. "너 베리칩 알지? 그 베리칩으로 전 세계가 내 손아귀에 들어오지 하하하."[10] 게다가 그녀는 하늘에서 이전에 천국을 다녀왔다고 주장한 한 여인을 만나 "아직 베리칩이 666인 것을 모르는 자들에게 그것이 666인 것을 경고하여 받게 하지 말라"는 당부를 받는다.[11]

결국 베리칩은 마지막 때에 절대 받으면 안 되는 것이고, 이것을 받으면 구원을 잃어버린다는 것이다. 과연 그럴까? 이러한 주장에 대한 바른 성경적인 주장은 무엇일까?

첫째, 베리칩을 한 번 심으면 평생 온도 변화에 따라 충전된다는 것은 근거가 충분하지 못하다. 그 안에 리튬 성분이 있다는 것은 베리칩을 구동하는 배터리가 리튬 이온 배터리일 가능성을 의미하는데, 한 번 심으면 외부 온도 차에 의해 평생 충전된다는 것은 상식적으로도 의심을 품게 한다. 그렇다면 온도 차가 거의 없는 하와이나 아마존 같은 열대지역에서는 과연 잘 작동할까? 배터리는 그 어떤 것도 영구적으로 충전되는 것은 없으며 시간이 지난 후에는 반드시 교체해야 한다. 만약 충전하는 것이 영구적이라면 그 출처를 명확하게 밝혀야 할 것이다.

둘째, 베리칩에 RFID 카드가 들어 있어 결제기능을 한다는 것은 보안상 생각보다 쉽지 않다. 요즘 어느 편의점에나 다 있는 RFID 리더기에 손을 갖다 대면 무조건 결제가 된다는 말인가? 아무나 갖다 대면 민감한 보안정보가 다 나올 텐데, 과연 어떤 사람이 칩을 넣어 자기 개인정보가 쉽게 노출되게 허락하겠는가? RFID는 개인정보가 유출되는 장치가 될 수 있는데 이것은 미래사회에도 매우 민감한 문제다. 상식적으로도 말이 안 되는 주장이다. 그렇게 주장할 것이면 차라리 스마트폰을 666이라고 하는 것은 어떤가? 스마트폰에는 개인정보와 인터넷 사이트에서 어떤 관심사를 갖고 검색하는지에 대한 정보, 현금을 대체하는 RFID 카드 결제기능이 다 들어 있지 않은가?

셋째, 컴퓨터를 알파벳 숫자로 결합하면 666이고, 유럽 벨기에에 있는 컴퓨터가 짐승(The Beast)이라는 주장은 시한부 종말론자들이 오랫동안 주장했으나 근거 없는 음모론에 불과한 것으로 이미 드러났다. 컴퓨터가 666이라는 주장의 근거는 과연 타당한가? 왜 영어 알파벳을 6진법으로 계산하여 컴퓨터라는 글자를 합쳤을까? 이것은 자의적인 기준에 불과하다. 알파벳을 6진법으로 계산한 것은 바벨론 알파벳을 6진법으로 숫자를 넣어 계산하던 것에서 유래했다. 하지만 이것은 영어 알파벳과는 전혀 상관이 없다. 자의적으로 넣은 것이며, 그렇게 해서 컴퓨터가 666이라는 것은 더욱 끼워 맞추기 식의 해석이다. 알파벳을 9진법으로 하면 더 황당한 상황이 펼쳐진다. 예수(Jesus)님의 이름이 666이 되기 때문이다. 다음을 보라.

A = 9	G = 63	M = 117	S = 171	Y = 225
B = 18	H = 72	N = 126	T = 180	Z = 234
C = 27	I = 81	O = 136	U = 189	
D = 36	J = 90	P = 145	V = 198	
E = 45	K = 99	Q = 153	W = 207	
F = 54	L = 108	R = 162	X = 216	

J(90)+E(45)+S(171)+U(189)+S(171) = 666

자의적인 숫자놀이가 얼마나 위험한지 알겠는가? 컴퓨터는 666을 가리키는 암호가 아니고 알파벳에 6진법을 대입하는 것도 자의적이다. 기억하라! 666은 사물의 이름도, 기계의 이름도 아니며, 칩(chip)의 이름은 더더구나 아니다! 성경에 따르면 666은 사람의 수여야 한다.

"지혜가 여기 있으니 총명한 자는 그 짐승의 수를 세어 보라. 그것은 사람의 수니 그의 수는 육백육십육이니라"(계 13:18).

사람의 수란 사람의 이름이 수로 환산 가능한 알파벳을 갖고 있어야 함을 의미한다. 이를 '게마트리아'라고 하는데 알파벳의 숫자를 통해 어떤 인물을 표현하는 방법을 말한다. 고대 언어에 게마트리아가 발달한 이유는 당시에는 오늘날 아라비아 숫자같이 수를 별도로 표기하는 방법이 없었기 때문이다. 따라서 오늘날 숫자를 사용하는 영어, 한글에는 게마트리아가 없다. 이런 게마트리아는 히브리어, 헬라어와 같은 언어에 발달해 있다. 예를 들어 화산재로 멸망한 폼페이의 한 벽에는 "나는 이름의 수가 545인 그녀를 사랑한다"는 기록이 남아 있다.[12] 이는 그 당시에 흔히 사용했던 게마트리아식 표기법을 반영한다.

요한계시록에서 말씀하는 사람의 수 666은 게마트리아식으로 표현할 때 한 특정한 사람의 이름을 가리키는 수이고, 그 사람은 짐승을 나타낸다고 한다. 요한계시록에서 짐승은 성도들을 핍박하는 짐승, 곧 제국을 상징한다. 요한계시록에서 666은 1세기 말 교회를 핍

박하던 로마제국의 통치자 네로 카이사르를 히브리어식 게마트리아로 표현한 것이다.[13)]

넷째, 짐승이라는 컴퓨터가 벨기에에 있다는 주장은 그 출처가 불분명하고 신빙성이 떨어지는 허구에 불과하다. 만약 벨기에에 그 존재가 있다면 그 출처를 정확하게 밝혀 사실 여부를 확인해야 할 것이다. 이것은 '~카더라 통신' 에 불과하다.

이런 비슷한 현상은 전에 베리칩이 오바마 헬스케어 HR4872 보고서에 의해 시행될 것이고, 그렇게 되면 미국을 시작으로 전 세계 모든 사람이 베리칩을 받게 될 것이라는 음모론에도 나타났다. 이때 사람들은 출처가 불분명한 헬스케어 법안 내용을 들이대며 이것이 베리칩을 시행하려는 오바마 짐승 행정부의 치밀한 계략이라고 주장했다. 오바마 행정부는 헬스케어 법안을 통과시켰지만 베리칩에 대한 내용은 허구임이 드러났다. 한동안 기승을 부렸던 음모론은 다시 어디론가 사라졌다.

다섯째, 베리칩에는 128개 유전자 코드정보가 들어가 사람의 뇌를 조종하는 기능이 있어 이것으로 하나님을 배반하고 적그리스도를 숭배하도록 조종한다는 주장을 살펴보자. 결론부터 말하자면 베리칩에는 그러한 기능이 없다. 무선주파수 인식기술(RFID)은 인식기술이지 뇌를 조종하는 기술이 아니다. 더 나아가 베리칩을 받으면 하나님을 믿다가 배반하고 적그리스도를 따른다는 주장은 더더욱 성경적이지 않다.

요한계시록을 보면 짐승의 표를 받기 전에 성도들이 하나님의 인을 받는 역사가 먼저 일어난다.

"이르되 우리가 우리 하나님의 종들의 이마에 인치기까지 땅이 나 바다나 나무들을 해하지 말라 하더라. 내가 인침을 받은 자의 수를 들으니 이스라엘 자손의 각 지파 중에서 인침을 받은 자들이 십사만 사천이니"(계 7:3-4).

짐승이 활동하며 표를 주기 전에 하나님의 천사가 먼저 하나님의 이스라엘 십사만 사천을 인치는 역사가 일어난다. 이들은 유대인 이스라엘이 아닌 구원받은 하나님의 새 언약백성, 즉 새 이스라엘이다. 이를 보여주는 것이, 이어지는 요한계시록 7장 5절부터 8절까지의 열두 지파 이름이다. 여기 소개되는 열두 지파는 구약의 열두 지파와 다르다. 레위 지파가 들어갔고, 에브라임 대신 요셉 지파가 들어갔으며, 단 지파가 빠졌다. 이는 하나님의 새 이스라엘임을 보여준다.[14] 다른 관점에서 볼 때 이들은 "각 나라와 족속과 백성과 방언에서 아무도 능히 셀 수 없는 흰옷 입은 큰 무리"다(계 7:9). 이 일이 다 이루어질 때까지 성도들은 안전하게 보호받는다.

다른 한편으로 베리칩을 맞아 두뇌를 조종하여 믿지 못하게 한다는 것은 사고기능이 마비된 치매환자를 떠올리게 한다. 베리칩은 치매환자처럼 온전한 정신을 갖지 못하게 만드는 장치란 말인가? 그런 상태로 하나님을 배반하는 것은 자기 믿음으로 배반하는 것인가, 칩에 의해 타의적으로 믿음을 잃어버리는 것인가?

더 나아가 믿음으로 얻은 구원을 칩을 받음으로써 잃어버린다는 것이 과연 성경적일까? 여기 짐승의 표라는 것은 1세기 로마 황제에게 충성을 맹세하는 표시로 이마나 손에 작은 표시를 하던 것을 의미한다. 이것은 당시 이방 신전의 사제나 제국에 충성을 맹세하는 고관들이 흔히 새기던 표식을 의미한다. 따라서 짐승의 표를 받는다는 것은 적그리스도와 같은 제국 통치자에게 충성을 맹세한 표시로 받는 것을 의미한다. 여기에는 명료한 의식을 바탕으로 내린 자기 결정이 전제된다. 결코 칩을 받아 온전한 정신으로 생각하지 못하는 상태에서 맹종하는 치매상태가 아니다.

여섯째, 베리칩이 인체 안에서 터지면 악성 종양을 일으키고, 이것이 곧 첫째 대접의 악하고 독한 종기인가? 이것은 지나친 비약이다. 종기를 의미하는 헬라어 '헬코스'는 종종 전염으로 감염되는 찢어질 듯 아픈 병으로 나사로가 걸렸던 질병이기도 하다(눅 16:21). 또한 종기는 출애굽할 때 여섯째 재앙으로 내렸던 질병이기도 하다(출 9:9-11). 이때 내린 종기는 하나님 말씀에 불순종할 때 내리는 재앙의 성격을 갖고 있었다. 신명기 말씀에 따르면 하나님께 불순종하고 다른 신을 따르게 될 때 이런 종기가 내리게 되는데(신 28:14-15, 35), 요한계시록 첫째 대접의 종기는 바로 이런 성격의 종기다.[15] 당시 이런 종기는 좀처럼 낫지 않고 점점 심화되어 큰 고통을 주었다. 이것이 베리칩이 터져서 나오는 리튬 성분이 일으키는 암이라는 주장은 허황된 주장에 불과하다.

일곱째, 베리칩이 666이라고 예수님이 말씀하셨다면 그렇게 말씀하신 예수는 우리가 믿는 예수님이 아닌 다른 예수다. 다음의 성경 구절을 깊이 유념해보자.

"만일 누가 가서 우리가 전파하지 아니한 다른 예수를 전파하거나 혹은 너희가 받지 아니한 다른 영을 받게 하거나 혹은 너희가 받지 아니한 다른 복음을 받게 할 때에는 너희가 잘 용납하는구나"(고후 11:4).

요한계시록은 그 끝부분에 계시록 말씀을 가감하지 않을 것을 엄중하게 경고하며 다음과 같이 말씀한다.

"만일 누구든지 이것들 외에 더하면 하나님이 이 두루마리에 기록된 재앙들을 그에게 더하실 것이요 만일 누구든지 이 두루마리의 예언의 말씀에서 제하여 버리면 하나님이 이 두루마리에 기록된 생명나무와 및 거룩한 성에 참여함을 제하여 버리시리라"(계 22:18-19).

천국에서 예수님께 직접 말씀을 받았다는 이는 "이제도 있고 전에도 있었고 장차 올 자"라는 요한계시록 1장 8절 말씀에 "베리칩은 666이니라"는 성경과 다른 주장을 덧붙임으로 계시록 외의 다른 주장을 더했다. 이런 현상은 직통계시를 받았다고 주장하는 이들 가운데 종종 나타난다. 사도 바울은 이러한 직통계시의 위험성을 잘 알고 있었다. 그래서 갈라디아 성도들에게 "우리나 혹은 하늘로부터 온 천사라도 우리가 너희에게 전한 복음 외에 다른 복음을 전하면 저주를 받을지어다"(갈 1:8)라고 경고한다.

베리칩이 666이라는 주장은 666이 '사람의 수'라는 요한계시록의 말씀(13:18)을 정면으로 반대하는 말이다.

복음을 한 번도 들어보지 못한 사람은 어떻게 되는가?

이 질문은 성도들 가운데 가장 자주 제기되는 질문인 동시에 선교분야의 주요한 관심사이기도 하다. 예수께서는 "내가 곧 길이요 진리요 생명이니 나로 말미암지 않고는 아버지께로 올 자가 없느니라"(요 14:6)고 말씀하셨다. 예수 그리스도만이 유일한 구원자이며 예수를 통하지 않고는 아버지께로 올 자가 없다면, 예수에 대해 한 번도 들어보지 못한 사람의 운명은 어떻게 되는가? 선교지에서 복음이 선포되기 전까지 예수 그리스도에 대해 전혀 몰랐던 선조들은 어떻게 되는가? 이 질문은 정서적으로 안타까움을 불러일으킨다. 예수 그리스도의 복음에 대해 한 번도 들을 기회가 없이 구원받지 못한다는 것은 너무한 것 아니냐는 것이다. 그래서 이 질문에는 이런 이들도 어떻게든 구원을 받았으면 좋겠다는 바람이 들어 있다.

이 질문에는 하나님의 사랑과 악, 그리고 이 악을 다루시는 하나님의 능력과 공의의 문제가 함께 섞여 있다. 사랑의 하나님이 한 번도 복음을 들어볼 기회를 갖지 못한 이들을 지옥으로 보내는 것은 너무 불공평한 일이 아닐까? 공의의 하나님이 한 번도 복음을 들어보지 못한 이들에게 어떻게든 억울하지 않도록 기회를 주셔야 하지 않을까? 능력의 하나님이 복음을 듣지 못한 이들의 사후세계라도 가서 복음을 듣도록 기회를 주셔야 하지 않을까? 이런 연속적인 질문이 꼬리에 꼬리를 물고 일어나게 된다.

그렇다면 이 질문에 대한 올바른 대답은 무엇일까? 성경은 이것에 대한 명확한 언급이 없다. 다만 우리는 성경이 말씀한 것을 바탕으로 추론할 수 있을 뿐이다. 이에 관해서는 대략 세 가지 입장이 있다. 첫째, 포괄적 구원론, 둘째, 신적 견인론, 셋째, 제한적 속죄론이다.[16] 이를 구체적으로 살펴보면 다음과 같다.

*** 포괄적 구원론**

포괄적 구원론이란 복음을 한 번도 들어보지 못한 이들이라 할지라도 자신이 가지고 있는 계시에 기초하여 하나님에 대한 신앙이 있다면 구원받을 수 있다는 주장이다. 하나님은 모든 사람이 구원을 받으며 진리를 아는 데에 이르기를 원하신다(딤전 2:4, 참조 벧전 3:9). 예수께서도 부활하시면 모든 사람을 내게로 이끌겠노라고 말씀하셨다(요 12:32). 하나님의 은혜는 모든 사람에게 구원을 주시는 은혜이다(딛 2:11).

그렇다면 하나님을 알지 못하던 시대의 사람들은 어떻게 되는가? 포괄적 구원론은 사도 바울이 아테네 사람들을 전도하며 했던 말에 주목한다.

> "알지 못하던 시대에는 하나님이 간과하셨거니와 이제는 어디든지 사람에게 다 명하사 회개하라 하셨으니"(행 17:30).

복음 이전의 시대에는 간과하셨다. 어떻게 간과하실 수 있을까? 그것은 하나님이 창조세계에 하나님을 알 만한 것들, 곧 그의 보이지 않는 영원하신 능력과 신성을 분명히 보여 알도록 계시하셨기 때문이다(롬 1:19-20). 이는 사람들로 하나님을 더듬어 찾아 발견하게 하려 함이다(행 14:17). 하나님의 특별한 구원계시가 없던 시절, 이방인들에게는 하나님이 본성에 심어주신 양심을 따라 하나님의 뜻을 행하도록 하셨다(롬 2:14-15).

포괄적 구원론은 비록 예수 그리스도 안에 나타난 구원의 특별계시를 모른다 할지라도 구원받을 가능성을 긍정한다. 일반계시를 통해 주어진 진리와 선함 이면에 계신 하나님을 발견하고, 그에게 의탁하며 양심에 주어진 하나님의 뜻대로 행하면 구원받을 것이라고 한다. 이를 위해 성령은 복음이 사람들에게 알려지기 전에도 언제 어디서나 어떤 방법으로든 사람들이 하나님과 교제할 수 있도록 일하신다.[17] 반면 일반계시를 통해 하나님을 알도록 하여도 이를 거부하고 믿지 않는 이들은 구원받지 못한다.

그렇다면 이방인들에게 굳이 특별계시인 복음이 필요할까? 하나님께서는 왜 특별계시를 주려 하셨을까? 포괄적 구원론에 따르면 복음은 하나님의 아들을 명확하게 알고 고백함으로 주어지는 특별한 복을 경험할 수 있게 한다. 이전의 일반계시가 서울에서 부산까지 걸어서 가는 것이었다면 특별계시인 복음은 비행기로 가는 것과 같다. 예수 그리스도를 통해서만이 우리는 이전에 경험할 수 없었던 풍성하고 충만한 삶을 맛볼 수 있기 때문이다. 창조자를 아는 지식만으로도 영적 생명을 누릴 수 있다. 하지만 부활하신 그리스도를 아는 지식은 하나님이 주기 원하시는 메시아적 복과 풍성한 영적 생명을 누리게 해준다. 게다가 그것은 이 땅에서 현재적으로 시작된다. 이는 기독교 공동체 안에서 누리는 교제의 영적 유익과 이 땅에서 그리스도와 동행하는 풍성한 삶으로 구현된다. 이것만으로도 우리는 복음을 전할 충분한 동기를 가질 수 있다.

이러한 포괄적 구원론은 복음을 한 번도 들어보지 못한 이들에 대한 정서적 안타까움을 해소하는 데 도움이 된다. 그러나 다른 한편으로는 복음전파의 강력한 동기를 떨어뜨린다. 복음이 아니라도 모든 사람이 일반계시와 역사 속에 일하시는 하나님의 섭리를 통해 구원에 이르는 어느 정도의 지식에 접근할 수 있다면 굳이 목숨을 걸고 증거할 필요가 있을까? 양심에 따라 하늘을 경외하고 착하게 살라고 하면 되지 않을까? 예수 그리스도를 모르더라도 구원에 이를 수 있다면 굳이 목숨 걸고 복음이 전파되지 않은 생소한 낯선 땅에 가서 선교할 필요가 있을까? 구원을 얻는 데 복음은 충분조건일 뿐 필수조건은 아니지 않는가? 포괄적 구원론은 무엇보다 예수 그리스도께서 하신 말씀에 정면으로 충돌한다.

> "예수께서 이르시되 내가 곧 길이요 진리요 생명이니 나로 말미암지 않고는 아버지께로 올 자가 없느니라"(요 14:6).

구원의 절대적 기준은 십자가에 못 박히고 부활하신 예수 그리스도를 믿느냐 믿지 않느냐이다. 다음의 구절을 보라.

> "그를 믿는 자는 심판을 받지 아니하는 것이요 믿지 아니하는 자는 하나님의 독생자의 이름을 믿지 아니하므로 벌써 심판을 받은 것이니라"(요 3:18).

"아들이 있는 자에게는 생명이 있고 하나님의 아들이 없는 자에게는 생명이 없느니라"(요일 5:12).

성경은 분명 예수 그리스도를 믿는 믿음 여부가 구원의 절대적인 기준이 됨을 명시한다. 이것은 사도들의 신앙고백의 핵심을 이루는 부분이었다.

"다른 이로써는 구원을 받을 수 없나니 천하 사람 중에 구원을 받을 만한 다른 이름을 우리에게 주신 일이 없음이라 하였더라"(행 4:12).

그렇다면 포괄적 구원론이 지지하는 "모든 사람이 구원을 받으며 진리를 아는 데에 이르기를 원하시느니라"(딤전 2:4)는 말씀은 어떻게 이해해야 할까? 이와 유사한 몇몇 구절도 함께 살펴볼 필요가 있다.

"그는 우리 죄를 위한 화목 제물이니 우리만 위할 뿐 아니요 온 세상의 죄를 위하심이라"(요일 2:2).
"모든 사람에게 구원을 주시는 하나님의 은혜가 나타나"(딛 2:11).

여기서 '온' '모든' 이란 표현은 문자 그대로 모든 개개인을 일컫는 것이 아니라 '누구나 차별 없이' '예외 없이' 를 의미한다. 다음의 구절을 보라.

"거기에는 헬라인이나 유대인이나 할례파나 무할례파나 야만인이나 스구디아인이나 종이나 자유인이 차별이 있을 수 없나니 오직 그리스도는 만유시요 만유 안에 계시니라"(골 3:11).

"너희는 유대인이나 헬라인이나 종이나 자유인이나 남자나 여자나 다 그리스도 예수 안에서 하나이니라"(갈 3:28).

"유대인이나 헬라인이나 차별이 없음이라. 한 주께서 모든 사람의 주가 되사 그를 부르는 모든 사람에게 부요하시도다"(롬 10:12).

여기서 '모든'은 신분과 남녀의 차별 없이 모두를 의미하며 구원은 그를 부르는 '모든' 이에게 주시는 선물임을 진술한다.

그렇다면 하나님께서 예수 그리스도 이전에 "하나님이 창조세계에 하나님을 알 만한 것들, 곧 그의 보이지 않는 영원하신 능력과 신성을 분명히 보여 알도록 계시하셨다"는 말씀(롬 1:19-20 참조)과 "알지 못하던 시대에는 하나님이 간과하셨다"라는 말씀은 어떻게 이해해야 할까?

물론 하나님께서 피조세계에 그의 능력과 신성을 계시하신 것은 사실이다. 그러나 인류가 복음 없는 상태로 받은 신성과 계시는 곧바로 우상 숭배로 이어짐을 로마서는 보고한다. 결국 인류는 허망한 생각과 미련한 마음으로 어두워져 하나님의 영광을 우상으로 바꾸었고, 죄의 정욕에서 헤어나지 못하는 영적인 파산 상태에 이르게 되었다(롬 1:21,23). 인류는 이렇게 행하는 자신들이 모두 사형에 해당한다는 것을 아는 상태까지 이르렀다(롬 1:32). 모두 구원받지 못하고 멸망으로 갈 것을 알고 있었다는 것이다. 그래서 인류에게는 지옥에 대한 근원적인 두려움이 있다. 결국 이렇게 진행된 로마서의 결론은 "유대인이나 헬라인이나 다 죄 아래에 있다"(롬 3:9)는 것이다. "모든 사람이 죄를 범하였으매 하나님의 영광에 이르지 못하더니"(롬 3:23). 결국 자연계시와 양심으로 구원을 얻으려는 인류의 종착점은 영적 파산과 멸망임을 로마서는 분명히 밝힌다.

둘째, 알지 못하던 시대에는 하나님이 간과하셨다는 말씀은 어떻게 볼 것인가?

> "알지 못하던 시대에는 하나님이 간과하셨거니와 이제는 어디든지 사람에게 다 명하사 회개하라 하셨으니"(행 17:30).

이 말씀을 살펴보면 '간과하셨다'는 표현과 다 명하사 '회개하라'는 표현이 대조적으로 등장함을 알 수 있다. 간과하셨으면 회개할 필요가 있을까? 만약에 간과가 단순히 지나치고 무시했다는 뜻이라면 굳이 회개할 필요는 없을 것이다. 우리는 이런 '간과하다'는 표현을 로마서에서도 발견할 수 있다.

> "이 예수를 하나님이 그의 피로써 믿음으로 말미암는 화목제물로 세우셨으니 이는 하나님께서 길이 참으시는 중에 전에 지은 죄를 간과하심으로 자기의 의로우심을 나타내려 하심이니"(롬 3:25).

여기서 간과했다는 것은 단순히 모른 척하고 무시하여 넘어갔다는 의미가 아니다. 여기서 간과하심은 마땅히 받아야 할 중벌을 내리지 않고 참고 견디셨다는 의미다.[18] 그래서 우리는 '간과하셨다'는 표현 앞에 나오는 '길이 참으시는 중에'라는 표현에 주목해야 한다. 만약 간과하는 것이 단순히 모른 척 무시하는(overlook) 행동이라면 오랫동안 참을 필요가 없다. 단순히 무시하고 관심을 두지 않으면 그만이다. 그러나 그렇게 되면 하나님은 죄에 대해 불의하신 분이 된다. 하나님께서는 온 인류를 구원하시려는 자신의 언약에 신실하시기에 그리스도의 화목제물을 통해 인류를 구원하기까지 인내하며 기다리셨다. 마침내 하나님은 죄를 지나치지 않으시고 예수 그리스도를 통해 합당하고 공정하게 심판하셨고 하나님의 공의를 드러내신 것이다.[19] 하나님께서는 복음을 알지 못했던 시대에 인류의 죄악을 보시고 당장에 심판해야 마땅하셨지만 예수 그리스도가 오시기까지 인내하며 이 세상을 멸망시키지 않고 기다리셨다. 이것이 바로 하나님의 간과하심이다.

이상으로 포괄적 구원론에 대한 논의를 살펴볼 때 포괄적 구원론은 정서적으로 성도들의 마음에 위안을 줄 수 있겠지만, 복음전파의 기본적인 동기를 훼손할 뿐 아니라 예수만이 구원의 길이 된다는 복음의 진술과 충돌하기에 성립하기 어려움을 알 수 있다.

* 신적 견인론

신적 견인론은 하나님은 길이요 진리요 생명이신 그리스도를 인류 전체에게 알리기까지 절대 포기하지 않고 끝까지 인내하며 복음이 전파되게 하신다는 것이다. 이들은 심지어 예수 그리스도를 모르고 죽은 이들에게도 사후에라도 복음을 듣고 믿을 기회를 주기 위하여 예수께서는 이들이 있는 곳에 가서 복음을 증거하셨다고 주장한다. 이들은 하나님의 온전한 선하심과 전능하심, 그리고 실재(實在)하는 악의 문제를 어느 하나도 희생하거나 제거하지 않고도 가장 조화롭게 해결할 수 있는 것이 바로 신적 견인론이라 주장한다.[20] 하나님의 선하심은 피조물이 직면한 한계를 뛰어넘기에 지옥뿐 아니라 죽음조차 하나님의 선하심과 인내를 막을 수 없다는 것이다. 하나님의 강력한 사랑은 복음을 듣지 못해 지옥에 있는 이들에게도 마침내 선포되게 될 것이다.[21]

이에 대한 근거로 이들은 베드로전서의 성경 구절을 집중적으로 인용한다.

> "그가 또한 영으로 가서 옥에 있는 영들에게 선포하시니라. 그들은 전에 노아의 날 방주를 준비할 동안 하나님이 오래 참고 기다리실 때에 복종하지 아니하던 자들이라. 방주에서 물로 말미암아 구원을 얻은 자가 몇 명뿐이니 겨우 여덟 명이라"(벧전 3:19-20).
>
> "이를 위하여 죽은 자들에게도 복음이 전파되었으니 이는 육체로는 사람으로 심판을 받으나 영으로는 하나님을 따라 살게 하려 함이라"(벧전 4:6).

신적 견인론을 주장하는 이들은 위의 구절들을 인용하여 예수께서는 영으로 지옥에 가서 그곳에 갇혀 있는 영들에게 복음을 증거하여 이들의 영혼이 다시 영생을 얻어 구원받도록 하신다고 주장한다.

이러한 신적 견인론은 성도들의 복음 전파 동기를 약화시킨다. 우리가 복음을 증거하지 않아도 언젠가 저들은 복음을 들을 기회를 얻게 될 것이고, 심지어 죽고 난 이후에도 복음을 들을 기회를 갖게 될 것이기에 굳이 지금 고생스럽게 전도할 필요가 없다. 물론 신적 견인론을 주장하는 이들은 복음은 기쁜 소식이기에 값진 보화와 같은 복음을 소유하게 된다면 가만히 있을 수 없고 나누게 된다고 주장한다.[22] 그러나 갈수록 전도가 약화되고 있는 현실 속에서 신적 견인론은 성도가 복음을 증거하지 않아도 된다는 합리적인 구실을 제공한다.

우리는 전도를 회피할 핑계를 찾기 전에 과연 신적 견인론자들이 주장하는 바가 타당한지 검토해야 한다. 가장 중요한 점은 과연 구원의 기회가 사람이 살아 있는 동안만 주어지는지, 아니면 죽음 이후에도 주어지는지 하는 것이다.

언뜻 볼 때 이들이 인용하는 구절들은 그리스도께서 지옥에 있는 이들에게 복음을 증거였음을 진술하는 것 같다. 만약 이러한 주장이 타당하다면 구원의 기회는 살아 있을 때만이 아니라 죽음 이후에도 주어지는 것인가? 과연 그러할까? 신적 견인론에서 주장하는 구절들을 비판적으로 검토해볼 필요가 있다.

먼저, 베드로전서 3장 19~20절의 의미를 검토해보자. '영으로 갔다'(19절)는 것은 무슨 뜻인가? 예수께서 육체와 영혼의 분리를 경험하시고 영혼으로 지옥에 내려가셨다는 뜻인가? 이를 파악하려면 바로 앞의 18절 문맥을 함께 고려해야 한다. 예수 그리스도는 육체로는 죽임을 당하셨지만 성령(의 능력)으로 다시 살리심을 받으셨다. 여기서 '영으로'는 '성령' 또는 '성령의 능력'을 의미한다. 따라서 '영으로 갔다'는 것은 '성령의 능력'으로 갔다는 의미다. 그리스도를 부활하게 하신 성령의 능력으로 그리스도는 옥에 있는 영들에게 선포하신 것이다.

둘째, 그렇다면 '옥에 있는 영들'이란 누구일까? '지옥에 있는 불신자들'일까? 본문을 자세히 검토하면 '옥에 있는 영들'은 지옥에 있는 불신자들의 영혼을 의미하는 것이 아님을 알 수 있다. 본문의 '옥에 있는 영들'은 이어지는 20절의 '노아의 날 방주를 준비할 동안 복종하지 아니하던 자들(영들)'을 의미한다. 이는 1세기 유대인들에게 꽤 익숙했던 에녹1서의 이야기를 배경으로 한다. 이들은 하늘에서 타락하여 땅으로 추방된 감시자(Watcher)와 타락한 천사들을 가리킨다(에녹1서 12:4 참조).[23] 이들은 당시에 거룩한 의인이었던 에녹에게 자신들이 다시 하늘에 올라갈 수 있도록 중보해달라고 부탁한다. 그러나 에녹은 악한 영들이 결코 하늘에 올라가지 못할 것이고, 그들이 이 땅에서 죄악으로 미혹했던 모든 사람과 함께 멸망할 것이며 영원히 옥에 갇힐 것이라 선언한다(에녹1서 14:5-6). 여기서 '옥에 갇힌다'는 표현은 공간적 용어(spatial term)를 사용하여 이들이 예수의 이름으로 하나님의 권능 아래 결박당하는 상태에 처할 것을 의미한다.[24]

셋째, '선포하다'(헬. 케뤼소)라는 것은 복음을 전한다는 뜻인가? 성경에서 '복음을 전파한다'는 말은 헬라어 '유앙겔리조'를 사용한다. 여기서 '선포했다'는 것은 헬라어 '케뤼소'로, 공식적인 입장, 사실, 왕의 칙령 등을 발표했다는 뜻이다.

따라서 베드로전서 3장 19~20절의 말씀은 예수께서 십자가에 죽으시고 부활하심으로 사탄의 세력을 깨뜨리고 승리하셨음을 선포했다는 의미다. 결코 예수께서 영혼으로 지옥에 가서 복음을 한 번도 들어보지 못한 이들에게 복음을 전파했다는 뜻이 아니다. 예수께서 이렇게 하신 이유는 악한 영들도 이제는 예수의 이름에 무릎 꿇고 '주'라 시인하며 부르도록 하기 위함이다. 이를 잘 보여주는 것이 빌립보서 2장 9~11절 말씀이다.

"이러므로 하나님이 그를 지극히 높여 모든 이름 위에 뛰어난 이름을 주사 하늘에 있는 자들과 땅에 있는 자들과 땅 아래에 있는 자들로 모든 무릎을 예수의 이름에 꿇게 하시고 모든 입으로 예수 그리스도를 주라 시인하여 하나님 아버지께 영광을 돌리게 하셨느니라."

이런 관점으로 베드로전서 4장 6절을 검토해보자. 여기서 "죽은 자들에게도 복음이 전파되었으니"라는 것은 무슨 의미인가? 언뜻 볼 때는 예수 믿지 않고 죽은 자들인 것 같다. 그러나 전후 문맥을 볼 때 이들은 예수를 신실하게 잘 믿다 죽은 성도들을 의미한다. 사도 베드로는 음란과 정욕과 방탕으로 치닫는 풍조 속에서 고난 가운데서도 믿음을 지키다 죽은 성도들은 비록 죽음이 심판처럼 다가와도 살아 있을 때 복음을 믿었기에 성령의 능력으로 장차 일어날 온전한 부활

을 기다린다고 말하는 것이다.[25)]

이상의 검토를 바탕으로 볼 때 신적 견인론을 지지하는 성경적인 근거는 불충분하고 신적 견인론은 지지받을 수 없다. 히브리서는 분명 "한 번 죽는 것은 사람에게 정해진 것이요 그 후에는 심판이 있으리니"(히 9:27)라고 말씀한다. 이는 사람이 육체적 죽음으로 구원받을 기회가 끝남을 분명히 보여준다. 누가복음에 나오는 부자와 나사로의 이야기(눅 16:19-31)는 이를 잘 보여준다. 부자는 죽음 이후 곧바로 심판을 받고 음부에 떨어져 고통스러워한다. 하나님은 부자에게 "너희와 우리 사이에 큰 구렁텅이가 놓여 있어 여기서 너희에게 건너가고자 하되 갈 수 없고 거기서 우리에게 건너올 수도 없게 하였느니라"(눅 16:26)고 말씀한다. 이는 죽음 이후에는 더 이상 구원의 기회가 없음을 보여준다. 그러자 부자는 나사로를 보내어 자기 자녀들에게 복음을 증거하게 해달라고 요청한다(눅 16:27). 그러나 이러한 요구 또한 거절당한다.

복음은 살아 있는 자들이 살아 있는 기간 동안 증거하고, 복음을 받는 자도 살아 있는 동안만 받고 결단할 수 있다. 이러한 신앙고백은 초대교회에도 분명하게 존재했다. 속사도 교부시대의 클레멘트 서신에는 다음과 같은 진술이 있다. "우리가 세상을 떠나고 나면 그곳에서는 더 이상 우리에게 고백하고 회개할 능력이 없다"(클레멘트 후서 8:3). 이는 당시의 성도들이 죽음에 대해 가졌던 생각을 보여준다. 이들은 죽음이 구원의 기회가 끝났음을 보여주는 징표라고 생각했다.[26)]

* 제한적 속죄론

제한적 속죄론은 예수 그리스도만이 유일한 구원의 길이기에 복음을 들어보지 못했거나 죽기 전에 믿음을 갖지 못한 사람들에게는 구원이 주어지지 않는다는 견해이다. 이는 개혁신학의 전통을 잇는 아우구스티누스와 종교개혁자 루터와 칼빈, 그리고 조나단 에드워드의 입장이기도 하다.

제한적 속죄론을 검토할 때 반드시 살펴보아야 할 것이 있다. 그것은 바로 예수 그리스도의 복음을 듣기 이전에 인류가 처한 상태다. 구원에 관한 한 인류는 적어도 세 번에 걸쳐 크게 파산하였다.

첫째는 아담의 타락이다. 아담은 인류의 대표자로 죄를 지어 타락했고, 이후 모든 인류는 아담의 범죄 아래 놓이게 되었다. 인류는 아담 안에 이미 사망선고를 받았다(고전 15:22). 아담 한 사람의 범죄로 말미암아 죄인으로 정죄 받았으며 아담의 정죄는 모든 사람에게 미치게 되었다. 아담의 범죄로 말미암아 사망이 인류의 왕 노릇하게 되었다(롬 5:12-21).

둘째는 노아의 홍수사건이다. 하나님의 은혜언약으로 인하여 아담과 그 후손은 대를 이어가며 이 땅에 살아갔지만 아담 안에 범죄한 모든 인류는 노아시대에 이르러 하나님 앞에 부패하여 그 포악함이 땅에 가득했다(창 6:11). 그리하여 노아와 그의 가족을 제외하고 모두 물로 심판을 받아 멸망하였다. 노아와 그의 가족을 제외한 인류는 이미 사망선고를 받았다. 물로 심판하신 것은 창조 이전 물이 지구에 가득했던 혼돈과 공허의 상태로 돌아가는 역창조를 의미한다. 하나님은 인류 창조를 창조 이전으로 다시 리셋하신 것이었다.

셋째는 바벨탑사건이다. 하나님의 은혜로 다시 번성한 인류는 패역하고 교만하여 자신의 이름을 내고 하나님보다 높아지려 바벨탑을 쌓았다. 하나님은 이들을 이전처럼 물로 쓸어버리실 수도 있었다. 그러나 노아언약으로 인하여 인간의 불의함과 부패가 하나님의 신실함을 더 이상 압도하지 못할 것을 약속하셨다. 그래서 하나님은 이들의 언어를 모두 갈라놓아 흩어버리셨다. 인류를 흩어버리는 사건은 인류의 죄악과 부패함에 대한 하나님의 심판이었다.

이런 인류에게는 자기 힘으로 자신을 구원할 가능성이 전혀 없다. 구원에 관한 한 인간은 이미 전적으로 파산하였다. 이때 하나님은 아브라함 한 사람을 택하여 언약을 맺으시고, 그의 후손을 언약백성으로 삼으사 이스라엘 민족을 하나님의 백성으로 택하셨다. 이것이 구약시대에 하나님께서 이스라엘 한 백성을 통해 일으키신 구원 역사였다.

이스라엘 주변을 둘러싸고 있던 가나안 족속은 모두 우상 숭배에 찌들어 있던 사람들이었다. 만약 이들에게도 자연계시를 통해 신의 존재에 대한 인식이 있고, 나름대로 양심을 따라 살았으니 구원받아야 한다고 하면 무엇이라 대답하겠는가? 분명한 것은 율법이 모세를 통해 세상에 오기 이전 모든 인류는 이미 아담 안에서 파산하였다는 사실이다! 아담 안에서 인류는 자기 힘으로 자신을 구원할 수 없는 전적 타락과 부패 아래 놓이게 된 것이다.

하나님은 이런 가운데 구약시대에 오직 언약백성 이스라엘에게만 구원을 허락하셨다. 성경은 이를 토기장이의 비유로 대답한다.

"이 사람아 네가 누구이기에 감히 하나님께 반문하느냐. 지음을 받은 물건이 지은 자에게 어찌 나를 이같이 만들었느냐 말하겠느냐. 토기장이가 진흙 한 덩이로 하나는 귀히 쓸 그릇을, 하나는 천히 쓸 그릇을 만들 권한이 없느냐. 만일 하나님이 그의 진노를 보이시고 그의 능력을 알게 하고자 하사 멸하기로 준비된 진노의 그릇을 오래 참으심으로 관용하시고 또한 영광받기로 예비하신 바 긍휼의 그릇에 대하여 그 영광의 풍성함을 알게 하고자 하셨을지라도 무슨 말을 하리요"(롬 9:20-23).

토기장이가 자신의 주권적인 의지로 귀한 그릇을 만들기도 하고 천한 그릇을 만들기도 한다. 주인이 자신의 주권으로 작정하신 것을 누가 반문할 수 있겠는가? 마찬가지다. 인류를 지으신 창조주 하나님께서 이런 방식으로 구원을 가져오기로 작정하셨다. 우리는 이것에 대해 반문하거나 왈가왈부할 권한이 없다. 구원은 전적으로 하나님의 주권에 속한 것이기 때문이다. 하나님은 이런 방식으로 인류를 구원하기를 기뻐하셨다.

예수 그리스도께서 오시기 전 모든 인류는 구원에 관한 한 아담 안에서 이미 파산하였고 흑암 가운데 있었다. 이것은 우리 선조도 마찬가지다. 우리는 선조들에 대한 구원의 가능성을 제기하기보다 도리어 가능성 없던 우리에게 복음의 소식이 전해진 것에 감격하며 감사해야 한다. 우리 선조들은 자동차와 컴퓨터 문명의 이기와 혜택을 누릴 수 없었다. 왜 선조들은 사용하지 못했냐고 너무 불쌍하고 안타깝다고 하면 무엇이라 하겠는가? 그것은 바꿀 수 없는 역사적 사실이고, 이것에 대해 우리는 더 이상 왈가왈부할 수 없다. 마찬가지다. 구원에 관한 한 인류는 이미 파산하였고, 그 가운데 감사할 것은 구원의 소식이 우리 때에 값없이 거저 주어졌다는 사실이다. 그래서 복음이 기쁜 소식이고 구원의 소식인 것이다.

이런 면에서 우리는 제한적 속죄론이 강조하는 예수만이 유일한 구원이라는 성경 구절을 주목해야 한다.

> "예수께서 이르시되 내가 곧 길이요 진리요 생명이니 나로 말미암지 않고는 아버지께로 올 자가 없느니라"(요 14:6).
>
> "네가 만일 네 입으로 예수를 주로 시인하며 또 하나님께서 그를 죽은 자 가운데서 살리신 것을 네 마음에 믿으면 구원을 받으리라. 사람이 마음으로 믿어 의에 이르고 입으로 시인하여 구원에 이르느니라"(롬 10:9-10).
>
> "아들이 있는 자에게는 생명이 있고 하나님의 아들이 없는 자에게는 생명이 없느니라"(요일 5:12).
>
> "아들을 부인하는 자에게는 또한 아버지가 없으되 아들을 시인하는 자에게는 아버지도 있느니라"(요일 2:23).
>
> "다른 이로써는 구원을 받을 수 없나니 천하사람 중에 구원을 받을 만한 다른 이름을 우리에게 주신 일이 없음이라 하였더라"(행 4:12).
>
> "그를 믿는 자는 심판을 받지 아니하는 것이요 믿지 아니하는 자는 하나님의 독생자의 이름을 믿지 아니하므로 벌써 심판을 받은 것이니라"(요 3:18).

"오직 이것을 기록함은 너희로 예수께서 하나님의 아들 그리스도이심을 믿게 하려 함이요 또 너희로 믿고 그 이름을 힘입어 생명을 얻게 하려 함이니라"(요 20:31).

기억하라! 예수만이 유일한 구원의 소망이다!

[6장 각주]

1) 서사라, 「이제도 있고 전에도 있었고 장차 올 자 예수 그리스도」(성경편1-창세기)(남양주: 하늘빛, 2015), 66쪽.
2) 하나님의 언약에 관해서는 양형주, 「바이블 백신 1」, 63-67쪽, 275-284쪽을 참조하라.
3) 위의 책, 277-278쪽.
4) 박유신, "아담과 하와가 지옥에 갔을까?"(기독교포털뉴스, 2020. 9. 1.)
5) 양형주, 「평신도를 위한 쉬운 로마서」(개정증보판), 114쪽.
6) 위의 책, 116쪽.
7) 양형주, 「바이블 백신 2」, 228쪽.
8) 서사라, 「요한계시록 핵심: 하나님께서 열어 주신 계시록 핵심정리」(성경편1-창세기), 226-235쪽.
9) 위의 책, 235쪽.
10) 위의 책, 233쪽.
11) 위의 책, 234쪽.
12) R. H. Mounce, *The Book of Revelation*, Revised, 양형주, 「평신도를 위한 쉬운 요한계시록 2」, 77쪽에서 재인용.
13) 양형주, 「평신도를 위한 쉬운 요한계시록 2」, 81쪽.
14) 양형주, 「평신도를 위한 쉬운 요한계시록 1」(서울: 브니엘, 2020), 293쪽.
15) 양형주, 「평신도를 위한 쉬운 요한계시록 2」, 136쪽.

16) 로널드 내쉬 외, 박승민 역, 「복음을 듣지 못한 사람은 어떻게 되는가」(서울: 부흥과개혁사, 2010).
17) 위의 책, 65쪽.
18) 양형주, 「평신도를 위한 쉬운 로마서」(개정증보판), 103쪽.
19) 위의 책, 104쪽.
20) 로널드 내쉬 외, 「복음을 듣지 못한 사람은 어떻게 되는가」, 113쪽, 121쪽.
21) 위의 책, 123쪽.
22) 위의 책, 142쪽.
23) Jobes, K. H., *1 Peter BECNT*, Grand Rapids: Baker Academic, 2005, p.244.
24) 위의 책, p.244.
25) 양형주, 「바이블 백신 1」, 83쪽.
26) 로널드 내쉬 외, 「복음을 듣지 못한 사람은 어떻게 되는가」, 204쪽.

믿는 자에게 구원이란 무엇인가? | 구원의 과거, 현재, 미래

언약의 성취로서의 구원 | 그리스도 안에 새로운 피조물로 살라

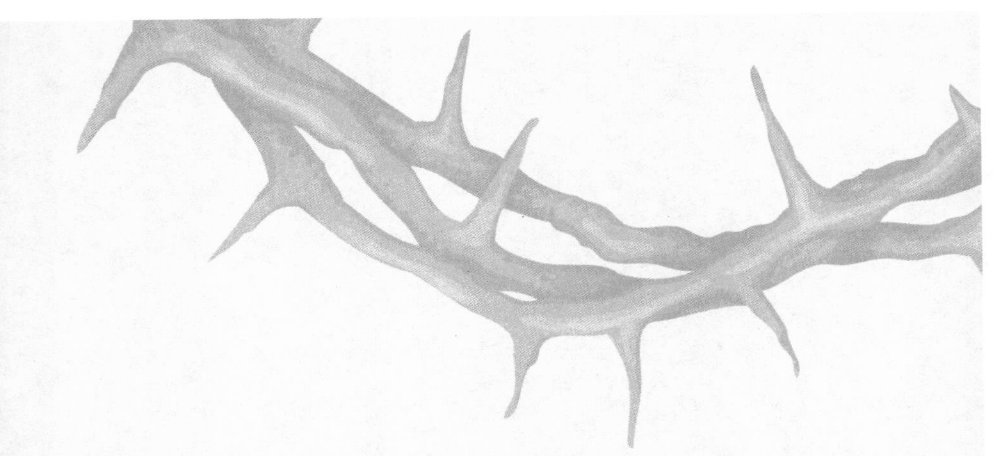

P·A·R·T·2

흔들 수 없는 구원의 견고한 기초 세우기

〉〉〉 CHAPTER · 07

믿는 자에게 구원이란 무엇인가?

구원의 다양한 영역

성경은 구원을 한 가지로 정의하지 않는다. 상황에 따라 '구원'을 다양한 의미로 사용한다. 그렇기에 문맥에 따른 구원의 의미를 분별해야 한다. 그렇지 않으면 자칫 성경이 말하는 구원을 왜곡하여 이해하기 쉽다. 그렇다면 성경이 말하는 구원에는 어떠한 의미가 있을까?

첫째, 성경은 하나님의 백성을 위협하고 억압하는 대적, 나라, 제국, 그리고 제국의 압제자로부터의 해방을 '구원' 으로 부른다. 다음의 용례를 보라.

- 야곱의 장자 르우벤은 요셉을 죽이려는 형제들의 손에서 그를 '구원' 하려 했다(창 37:21).
- 모세는 하나님께서 그의 백성들을 바로의 압제와 위협의 손으로부터 해방시키는 것을 '구원' 역사로 선언한다(출 14:30).
- 모세는 그의 장인 이드로에게 하나님이 자신을 도우셔서 바로의 칼에서 구원하셨다고 증언한다(출 18:8).
- 모세는 하나님께서 이스라엘의 적군과 싸우시고 구원하실 것이라 선포한다(신 20:4).
- 하나님은 기드온에게 이스라엘을 미디안의 손에서 구원하라고 보내신다(삿 6:14).
- 하나님께서는 다윗에게 블레셋 사람들을 치고 그일라를 구원하라 하신다(삼상 23:2).
- 하나님은 다윗을 모든 원수의 손과 사울의 손에서 구원하셨다(삼하 22:1).
- 하나님께서는 여호사밧 왕의 간절한 기도에 모압, 암몬, 세일 자손들의 손에서 구원하신다(대하 20:17).
- 하나님은 자기를 의뢰하는 의인들을 악인들에게서 건져 구원하신다(시 37:40).

둘째, 구원은 하나님의 백성인 개인이나 공동체가 자신의 힘으로 빠져나올 수 없는 가난, 질병, 재난, 환난으로부터 하나님의 손길을 힘입어 빠져나오는 것이다. 심지어 구원은 불임의 현실에서 하나님의 능력으로 이루어진 출산의 은혜도 포함된다. 아래의 용례를 보라.

- 롯은 소돔과 고모라의 재앙 가운데 하나님의 은혜로 구원을 얻었다(창 19:19).
- 삼손은 목이 말라 죽음에 처할 위기에 있었는데 하나님의 능력으로 샘물이 터져 나와 그것을 마시고 소생하여 구원을 얻는다(삿 15:18-19).
- 욥의 친구 엘리바스는 욥에게 하나님이 여섯 가지 환난에서 그를 구원하셨다고 한다. 더 나아가 그는 기근의 위협과 전쟁 때 칼의 위협에서 건짐받는 것도 구원이라 한다(욥 5:19-20).
- 한나는 사무엘을 출산한 직후 "내가 주의 구원으로 말미암아 기뻐함이니이다"(삼상 2:1)라고 고백한다.
- 다윗은 가난과 슬픔으로부터 구원해주실 것을 기도한다(시 69:29).
- 야고보서는 믿음의 기도는 병든 자를 구원한다고 말씀한다(약 5:15).
- 사도 바울은 자신이 감옥에서 풀려나는 것을 구원에 이른다고 한다(빌 1:19).

셋째, 구원은 한 장소에서 벗어나 새로운 장소로 들어가는 것이다. 다음의 용례를 보라.

- 이스라엘은 애굽에서 탈출하여 약속의 땅으로 들어가는 구원을 경험하였다.
- 하나님은 이스라엘 백성들 중에 우발적인 실수로 사람을 죽였을 경우 그들이 피의 보복자들로부터 죽임을 당하지 않고 살 수 있도록 도피성을 요단 동편에 세 곳, 요단 서편에 세 곳을 마련하여 그곳으로 피하면 목숨을 건질 수 있도록 하셨다(민 35:9-34, 신 19:1-13, 수 20:1-9).
- 이스라엘이 바벨론의 포로로 끌려갔을 때 하나님께서는 70년 만에 이들을 구원하여 약속의 땅으로 돌아올 것을 약속하셨다(렘 29:10, 30:3).

넷째, 진정한 구원은 죄로부터 해방되어 건짐받는 것이다. 이는 예수의 이름에 나타난다. '예수'는 "그가 자기 백성을 그들의 죄에서 구원할 자"(마 1:21)라는 뜻이다. 하나님의 아들은 우리를 죄에서 구원하고 영생을 주기 위해 오셨다. 예수님의 구속역사로 성도는 죄와 사망의 권세에서 해방되어 생명의 성령의 법에 따라 살아간다. 더 나아가 성령을 따라 사는 성도는 그의 썩을 몸이 부활의 첫 열매되신 그리스도의 몸과 같이 온전한 몸으로 부활하여 전인적 구원을 얻는다.

"예수를 죽은 자 가운데서 살리신 이의 영이 너희 안에 거하시면 그리스도 예수를 죽은 자 가운데서 살리신 이가 너희 안에 거하시는 그의 영으로 말미암아 너희 죽을 몸도 살리시리라"(롬 8:11).

"참으로 이 장막에 있는 우리가 짐 진 것같이 탄식하는 것은 벗고자 함이 아니요 오히려 덧입고자 함이니 죽을 것이 생명에 삼킨 바 되게 하려 함이라. 곧 이것을 우리에게 이루게 하시고 보증으로 성령을 우리에게 주신 이는 하나님이시니라" (고후 5:4-5).

"그가 또한 우리에게 인치시고 보증으로 우리 마음에 성령을 주셨느니라"(고후 1:22).

죄는 삼중적인 소외를 가져온다.[1] 하나님으로부터의 소외, 이웃으로부터의 소외, 더 나아가 진정한 자아로부터의 소외가 그것이다. 예수 그리스도의 구원역사는 이러한 삼중적 소외로부터 성도를 회복시킨다.

다섯째, 구원은 하나님과 그의 언약 백성의 진정한 관계 회복을 가져온다. 하나님께서는 인류를 죄로부터 건지실 뿐 아니라 이들의 참 하나님이 되어주시고, 인류가 하나님의 참되고 거룩하고 영광스러운 그의 언약백성이 되기를 원하신다. 이런 친밀한 언약백성으로의 회복은 종종 혼인관계로 비유되며, 하나님 구원의 최종 목표가 된다. 하나님은 곳곳에서 "나는 그들의 하나님이 되고 그들은 내 백성이 될 것이라"는 언약을 선명하게 선언하신다(렘 31:33, 겔 11:20, 37:23, 27, 슥 8:8, 고후 6:16, 히 8:10). 이러한 최종적인 관계의 회복은 요한계시록 21장에 나오는 거룩한 성 새 예루살렘의 회복 때 온전히 이루어진다.

"또 내가 보매 거룩한 성 새 예루살렘이 하나님께로부터 하늘에서 내려오니 그 준비한 것이 신부가 남편을 위하여 단장한 것 같더라. 내가 들으니 보좌에서 큰 음성이 나서 이르되 보라. 하나님의 장막이 사람들과 함께 있으매 하나님이 그들과 함께 계시리니 그들은 하나님의 백성이 되고 하나님은 친히 그들과 함께 계셔서 모든 눈물을 그 눈에서 닦아 주시니 다시는 사망이 없고 애통하는 것이나 곡하는 것이나 아픈 것이 다시 있지 아니하리니 처음 것들이 다 지나갔음이러라"(계 21:2-4).

여섯째, 예수 그리스도의 대속으로 인한 구원은 인간의 죄 사함의 차원에서만 머무르지 않는다. 구원은 공동체적으로 확장된다. 이는 죄 사함을 받아 그리스도의 몸으로 부름받은 교회 공동체의 회복과 일치, 곧 하나 됨으로까지 확장된다(빌 2:12). 소외된 이웃과 화해하고 그리스도의 사랑으로 섬기며 하나 됨을 이루어가는 것이다. 더 나아가 구원의 목표는 인간이 두 발을 디디고 살아가는 온 피조세계가 죄의 영향으로부터 회복되어 하나님의 영광에 이르는 것으로까지 확장된다.

"그 바라는 것은 피조물도 썩어짐의 종노릇한 데서 해방되어 하나님의 자녀들의 영광의 자유에 이르는 것이니라. 피조물이 다 이제까지 함께 탄식하며 함께 고통을 겪고 있는 것을 우리가 아느니라"(롬 8:21-22).

"보좌에 앉으신 이가 이르시되 보라. 내가 만물을 새롭게 하노라 하시고 또 이르시되 이 말은 신실하고 참되니 기록하라 하시고"(계 21:5).

구원은 하나님이 온 세상을 죄로부터 새롭게 하여 다스리는, 하나님 나라의 최종적인 완성을 목표로 한다.[2] 구원은 죄로 죽음을 맞이한 인류와 타락한 세상이 하나님 은혜의 주권 아래 전인적이고 총체적으로 회복되는 것을 목표로 한다.

자력 구원인가, 신적 구원인가?

구원에 관하여 분명하게 전제해야 할 것이 있다. 그것은 우리는 무력하여 자신의 힘으로 자신을 구원할 수 없다는 사실이다. 구원은 내가 성취하거나 이루는 것이 아니다. 구원에 관한 한 우리는 전적으로 무기력하다. 우리가 가진 힘과 자원으로는 구원에 조금이라도 다가갈 수 없다. 물에 빠진 사람이 힘을 다해 지푸라기를 잡는다고 하더라도 구원에 아무런 보탬이 되지 않는 것과 마찬가지다. 인생에 감당할 수 없는 대적, 나라, 제국, 질병, 원수, 재난, 환난, 그리고 죄의 문제 앞에 연약한 인간은 절대 자기 힘으로 자신을 구원할 수 없다. 특히 죄에 관한 한 인간은 전적으로 타락했고 무력하다.

따라서 구원은 자신의 힘으로 절대로 빠져나올 수 없는 곤궁에 처한 나를 힘 있는 누군가가 건져내주는 것이 구원이다. 나의 힘과 공로로 나올 수 있으면 내가 애써서 구원을 이루겠지만, 이것은 절대 내 힘으로 위기를 모면할 수 있는 상황이 아니다. 이럴 때 비로소 우리는 "구원받는다"라고 말한다. 자신의 힘으로 구원을 확보할 수 없기에 구원은 하나님이 우리를 위해 마련하신 것을 '받는 것' 이고 '얻는 것' 이다. 이것을 '선물' 이라고 한다.

> "너희는 그 은혜에 의하여 믿음으로 말미암아 구원을 받았으니 이것은 너희에게서 난 것이 아니요 하나님의 선물이라"(엡 2:8).

그렇다! 구원은 은혜로 마련하신 것을 믿음을 통하여 선물로 '받는 것' 이다. 구원의 근거는 절대 우리에게서 난 것이 될 수 없다. 구원의 출처는 오직 삼위일체 하나님께만 있다. 혹여나 내가 열심히 무엇을 이루어 그것이 구원의 근거가 된다면 이것은 철저한 착각이고 오해이다. 구원은 삼위일체 하나님께서 우리에게 주시려고 태초부터 작정하시고 이루시며 각 개인에게 적용되도록 역사하신 신적 선물이다. 하나님의 구원역사를 우리에게 주기 위하여 삼위 하나님은 함께 역사하셨다.

먼저, 성부 하나님은 우리의 구원을 계획하셨다.

> "곧 창세 전에 그리스도 안에서 우리를 택하사 우리로 사랑 안에서 그 앞에 거룩하고 흠이 없게 하시려고 그 기쁘신 뜻대로 우리를 예정하사 예수 그리스도로 말미암아 자기의 아들들이

되게 하셨으니"(엡 1:4-5).

창세 전에 하나님은 우리를 택하시고 자기의 자녀로 삼으려고 예정하고 계획하셨다. 택정과 계획은 누군가가 실행하지 않으면 현실이 될 수 없다. 그래서 하나님은 이 계획을 창세기부터 알리고(창 3:15), 성자를 보내 이 계획을 실현하도록 하셨다. 그는 율법의 의를 이루시고 십자가에서 인류의 죄를 대신하여 죽으시고 부활하여 하나님의 구원 계획을 완성하셨다.

"우리는 그리스도 안에서 그의 은혜의 풍성함을 따라 그의 피로 말미암아 속량 곧 죄 사함을 받았느니라"(엡 1:7).

우리 주 예수 그리스도를 통하여 성취한 객관적 구원(redemption accomplished) 사역을 '구속사'(salvation history)라고 한다. 하지만 이런 놀라운 역사는 우리에게 자동으로 주어지는 것이 아니다. 이는 성령 하나님을 통하여 우리를 부르시고 구원의 역사가 개인에게 적용되게 하심으로써 일어난다.

"그 안에서 너희도 진리의 말씀 곧 너희의 구원의 복음을 듣고 그 안에서 또한 믿어 약속의 성령으로 인치심을 받았으니 이는 우리 기업의 보증이 되사 그 얻으신 것을 속량하시고 그의 영광을 찬송하게 하려 하심이라"(엡 1:13-14).

성령은 예수 그리스도께서 십자가와 부활로 성취하신 객관적 차원의 구원역사를 신자에게 주관적으로 적용되게 하신다. 그리스도가 완성하신 구원을 성령께서 개개인에게 적용하는 사역을 가리켜 '구원 서정' (order of salvation, ordo salutis)이라고 한다.[3]

누가복음 24장 44~49절에서는 구원의 두 가지 차원을 잘 보여준다.

"또 이르시되 내가 너희와 함께 있을 때에 너희에게 말한 바 곧 모세의 율법과 선지자의 글과 시편에 나를 가리켜 기록된 모든 것이 이루어져야 하리라 한 말이 이것이라 하시고 이에 그들의 마음을 열어 성경을 깨닫게 하시고 또 이르시되 이같이 그리스도가 고난을 받고 제삼일에 죽은 자 가운데서 살아날 것과"(44-46절, 구속사).

"또 그의 이름으로 죄 사함을 받게 하는 회개가 예루살렘에서 시작하여 모든 족속에게 전파될 것이 기록되었으니 너희는 이 모든 일의 증인이라. 볼지어다. 내가 내 아버지께서 약속하신 것을 너희에게 보내리니 너희는 위로부터 능력으로 입혀질 때까지 이 성에 머물라 하시니라"(47-49절, 구원 서정).

예수께서는 엠마오에 가는 제자들에게 나타나셔서 구약성경을 통해 예수 그리스도께서 이루신 구속사를 설명하고, 이 구속사가 회개의 역사를 통하여 모든 족속에게 성령의 능력으로 적용될 것을 말씀하셨다.

성령께서 이루어가는 구원 서정

그렇다면 그리스도의 구원사가 우리에게 적용되게 하시는 성령의 역사는 어떻게 우리에게 이루어질까? 이는 우리를 효과적으로 부르시고(소명), 변화시키고(중생), 돌이키게 하시고(회개), 믿음을 주시고(믿음), 의롭게 여겨주시고(칭의), 자녀 삼아주시고(양자), 거룩하게 하시고(성화), 끝까지 붙들어주시며(견인), 영광스럽게 하시는(영화) 역사를 통해 이루어진다. 이러한 구원역사는 우리의 전 일생을 거쳐 나타난다. 이러한 순서는 신학적, 논리적 순서임을 기억할 필요가 있다. 성령의 역사 가운데서는 동시적으로 일어나기도 하고, 때로는 적용되는 시간적 순서가 바뀔 때도 있기 때문이다. 이를 좀 더 구체적으로 살펴보면 다음과 같다.

▶ 소명

예수 그리스도 안에서 주어진 구원을 받아들이도록 죄인을 초청하시는 하나님의 은혜로운 부르심이다. 성령께서 적용하시는 구원역사는 먼저 죄인을 부르심으로 시작된다. 하나님 은혜의 부르심 없이 우리는 자신의 힘으로 깨닫고 구원의 길로 나아갈 수 없다. 우리의 지, 정, 의는 전적으로 타락했기에 결코 하나님의 부르심 없이 먼저 나아갈 수 없다. 교회는 부르심에 응답하여 주께로 나아온 이들의 모임이다. 교회를 의미하는 헬라어 '에클레시아'는 '~로부터'를 의미하는 접두어 '에크'와 '부르다'를 의미하는 '클레오'가 결합된 말로 어둠으로부터 부름받아 빛으로 나아온 이들을 의미한다. 교회는 은혜로운 부르심에 의해 형성된 존재인 것이다.

성령의 부르심은 크게 두 가지 통로를 통하여 이루어진다. 먼저는 외적 부르심이다. 이는 신자들을 통해서 이루어진다. 신자는 전도를 통해 어둠 가운데 있는 이들을 구원으로 초대한다. 그런데 사람의 부름만으로는 초대에 응하기 쉽지 않다. 초대 가운데 성령께서 죄인들에게 역사하셔서 그들을 효과적으로 부르셔야 가능하다. 전도자의 초대를 거절하던 이들도 성령께서 역사하시면 어느 순간 더 이상 거부하면 안 될 것 같은, 반드시 나아가야 할 것 같은 마음이 들게 된다. 이전에는 그토록 거부감이 들었는데 이제는 기꺼이 이에 반응하게 된다. 성령의 거부할 수 없는 불가항력적 부르심이 함께한 것이다. 이러한 성령의 효과적인 부르심을 '내적 부르심'이라고 한다.

성령의 효과적인 부르심의 기원은 삼위일체 하나님의 구원 경륜에 근거한다.

> "우리가 알거니와 하나님을 사랑하는 자 곧 그의 뜻대로 부르심을 입은 자들에게는 모든 것이 합력하여 선을 이루느니라. 하나님이 미리 아신 자들을 또한 그 아들의 형상을 본받게 하기 위하여 미리 정하셨으니 이는 그로 많은 형제 중에서 맏아들이 되게 하려 하심이니라. 또 미리 정하신 그들을 또한 부르시고 부르신 그들을 또한 의롭다 하시고 의롭다 하신 그들을 또한 영화롭게 하셨느니라"(롬 8:28-30).

신자는 '그의 뜻대로' 부르심을 받았다. 영원 전에 하나님의 경륜 가운데 작정하신 그의 뜻이 부르심을 낳는 근원인 것이다.[4] 하나님은 미리 아신 자들을 미리 정하셨고(28절), 미리 정하신 그들을 부르셨다(30절). 이러한 효과적인 부르심의 신적 기원은 에베소서에서도 언급된다.

> "찬송하리로다. 하나님 곧 우리 주 예수 그리스도의 아버지께서 그리스도 안에서 하늘에 속한 모든 신령한 복을 우리에게 주시되 곧 창세 전에 그리스도 안에서 우리를 택하사 우리로 사랑 안에서 그 앞에 거룩하고 흠이 없게 하시려고 그 기쁘신 뜻대로 우리를 예정하사 예수 그리스도로 말미암아 자기의 아들들이 되게 하셨으니 이는 그가 사랑하시는 자 안에서 우리에게 거저 주시는 바 그의 은혜의 영광을 찬송하게 하려는 것이라. 우리는 그리스도 안에서 그의 은혜의 풍성함을 따라 그의 피로 말미암아 속량 곧 죄 사함을 받았느니라. 이는 그가 모든 지혜와 총명을 우리에게 넘치게 하사 그 뜻의 비밀을 우리에게 알리신 것이요 그의 기뻐하심을 따라 그리스도 안에서 때가 찬 경륜을 위하여 예정하신 것이니 하늘에 있는 것이나 땅에 있는 것이 다 그리스도 안에서 통일되게 하려 하심이라. 모든 일을 그의 뜻의 결정대로 일하시는 이의 계획을 따라 우리가 예정을 입어 그 안에서 기업이 되었으니 이는 우리가 그리스도 안에서 전부터 바라던 그의 영광의 찬송이 되게 하려 하심이라. 그 안에서 너희도 진리의 말씀 곧 너희의 구원의 복

음을 듣고 그 안에서 또한 믿어 약속의 성령으로 인치심을 받았으니 이는 우리 기업의 보증이 되사 그 얻으신 것을 속량하시고 그의 영광을 찬송하게 하려 하심이라"(엡 1:3-14).

하나님은 그 기쁘신 뜻대로 성도를 예정하셨고(5절), 그 뜻의 비밀을 그리스도 안에서 성도에게 알리셨다(9절). 성도는 하나님의 뜻의 결정대로 예정을 입어 그 안에서 기업이 되었다(11절). 효과적인 부르심을 위해 성부는 예정을(5절), 성자는 예정에 따른 구속을(7절), 성령은 구속의 결과를 적용하게 하셨다(13절). 이처럼 효과적인 부르심은 하나님의 미리 아심, 작정하심에 따라 이루어진다.

▶ 중생

중생(重生)은 흔히 '거듭남'(regeneration)이라고도 하며, '다시 태어난다'(born again)라고도 표현한다. 다시 태어난다는 것은 이전에 죽었음을 전제한다.[5] 이는 우리의 영혼이 죄로 인하여 하나님과의 영적 관계가 끊어졌으며 그로 인하여 초래된 영혼의 죽음을 맛보게 되었음을 의미한다. 중생은 성령의 주권적 역사로, 죄로 죽었던 우리의 영혼이 다시 살아나 죄 된 성향이 근본적으로 변화되는 것이다. 바람이 임의로 불 때 어디로 와서 어디로 가는지 모르는 것처럼 중생은 우리도 모르는 사이에 일어나는 무의식적인 내적 변화다.[6]

"내가 네게 거듭나야 하겠다 하는 말을 놀랍게 여기지 말라. 바람이 임의로 불매 네가 그 소리는 들어도 어디서 와서 어디로 가는지 알지 못하나니 성령으로 난 사람도 다 그러하니라"(요 3:7-8).

이처럼 중생은 인간의 의지와 결단으로 생기는 것이 아니요, 그리스도와의 연합 가운데 일어나는 무의식적 차원의 성령의 주권적 역사다.

"우리도 전에는 어리석은 자요 순종하지 아니한 자요 속은 자요 여러 가지 정욕과 행락에 종노릇한 자요 악독과 투기를 일삼은 자요 가증스러운 자요 피차 미워한 자였으나 우리 구주 하나님의 자비와 사람 사랑하심이 나타날 때에 우리를 구원하시되 우리가 행한 바 의로운 행위로 말미암지 아니하고 오직 그의 긍휼하심을 따라 중생의 씻음과 성령의 새롭게 하심으로 하셨나니 우리 구주 예수 그리스도로 말미암아 우리에게 그 성령을 풍성히 부어주사 우리로 그의 은혜를 힘입어 의롭다 하심을 얻어 영생의 소망을 따라 상속자가 되게 하려 하심이라"(딛 3:3-7).

여기서 '우리'는 죄에 빠져 자신을 구원할 가능성이 전혀 없는 전적으로 타락한 죄인이었음을 밝힌다. 그랬던 '우리'가 오직 하나님의 긍휼하심을 따라 중생을 경험한다. 따라서 중생은 사람의 공로나 행위와 무관하게 하나님의 은혜로 말미암은 성령의 주권적 역사로 나타난다. 이런 중생의 은혜가 부어질 때 나도 모르는 사이 강퍅했던 마음이 녹고 굳게 닫혔던 마음이 열린다. 예수께서는 중생이 '물과 성령으로' 일어나는 것임을 말씀한다.

"예수께서 대답하시되 진실로 진실로 네게 이르노니 사람이 물과 성령으로 나지 아니하면 하나님의 나라에 들어갈 수 없느니라"(요 3:5).

여기서 '물과 성령'은 '물, 곧 성령'이란 뜻이다. 등위접속사 '과'(헬. 카이)는 앞에 있는 것을 대등하게 설명해주는 역할을 한다. 따라서 여기서 '물'은 죄인을 씻으시고 깨끗하게 정화하시는 성령의 사역을 의미한다(요 7:37-38, 겔 36:25-28 참조).[7]

이러한 중생이 일어나는 순간은 바람이 임의로 부는 것과 같아서 정확하게 알 수 없다. 하지만 중생이 일어난 여부를 알아보는 방법이 있다. 그것은 하나님의 말씀에 대한 반응을 통해서다.

"너희가 거듭난 것은 썩어질 씨로 된 것이 아니요 썩지 아니할 씨로 된 것이니 살아 있고 항상 있는 하나님의 말씀으로 되었느니라"(벧전 1:23).

중생한 사람에게는 말씀에 대한 믿음과 순종이 일어나고, 죄에 대해 애통하고 회개하는 마음이 생겨난다. 또한 예수 그리스도에 대한 열린 마음과 믿음과 사랑이 생겨나고 하나님을 사랑하고 형제를 사랑하려는 마음이 일어난다. 이처럼 성령의 효과적인 주권적 부르심으로 말미암아 하나님의 말씀에 반응하는 변화는 중생 여부를 가늠할 수 있는 중요한 표지가 된다.

▶ 회개

인생의 방향을 죄로부터 전환하여 죄를 떠나 하나님께로 나아가는 것이다. 이러한 회개는 전인적 돌이킴을 의미한다. 이는 우리의 지적, 감정적, 의지적 돌이킴을 포괄한다. 이러한 돌이킴은 우리가 어떤 상태로 돌이키느냐에 따라 크게 두 가지로 나눌 수 있다.

첫째는 회심(conversion)이다. 이는 하나님을 떠나 있던 죄에서 믿음으로 그리스도께로 돌이키는 사건, 즉 죽음에서 영생으로 돌이키는 단회적 사건이다.[8)]

둘째는 회개(repentance)다. 이는 죄로부터 돌이켜 그리스도 안에 있는 성도가 계속해서 그리스도 안에 머물기 위하여 날마다 반복적으로 삶을 돌이키고 죄 용서를 구하며 하나님께 가까이 나아가는 것이다.[9)] 회심이 원죄에 대한 단회적 돌이킴이라면 회개는 자범죄에 대한 반복적인 돌이킴이다.

기억할 것은 회심과 회개가 우리의 결단과 의지에 달린 인간편에서의 사역만이 아니라는 점이다. 이는 성령께서 우리로 그분께 돌이키도록 회개함을 주셔야 가능한 성령의 주권적 사역이기도 하다. 회개는 하나님께서 주셔야 가능한 은혜의 선물이다.

"그들이 이 말을 듣고 잠잠하여 하나님께 영광을 돌려 이르되 그러면 하나님께서 이방인에게도 생명 얻는 회개를 주셨도다 하니라"(행 11:18).

"거역하는 자를 온유함으로 훈계할지니 혹 하나님이 그들에게 회개함을 주사 진리를 알게 하실까 하며"(딤후 2:25).

이처럼 사람은 하나님께서 돌이키도록 하지 아니하시면 그 누구도 돌아갈 수 없다. 이 점을 예수께서도 말씀하셨다.

"또 이르시되 그러므로 전에 너희에게 말하기를 내 아버지께서 오게 하여 주지 아니하시면 누구든지 내게 올 수 없다 하였노라 하시니라"(요 6:65).

따라서 회개는 내가 돌이키기 전 돌이킬 수 있는 성령의 주권적 은혜의 사역이 있어야 가능하다.

▶ 믿음

이는 그리스도 안에서 하나님이 이루신 것을 진리로 받아들이는 것이다. 더 나아가 믿음은 믿음의 대상인 그리스도를 적극적으로 영접하고(accepting), 수납하고(receiving), 그 안에서 쉬는 것(resting upon)으로 정의한다.[10] 믿음의 대상인 그리스도와 연합하여 그 안에 굳게 서서 안식하며 평안을 누리는 것이다.

* 믿음의 3요소

참된 믿음은 3가지 요소, 즉 지식, 동의, 신뢰가 있어야 한다.

먼저, 지식이란 믿음의 대상에 관한 내용을 말한다. 아무런 내용 없이 맹목적으로 믿는 것은 참된 믿음에 이르지 못하게 한다. 구원에 이르게 하는 참된 믿음은 바른 지식과 함께 시작하고, 바른 지식에 기초하며, 바른 지식을 향하여 나아가야 한다.[11] 우리가 예수 그리스도를 믿고 구원을 얻으려면 하나님이 우리의 구원을 위하여 예수 그리스도 안에서 행하신 구원역사, 곧 그의 탄생과 사역, 그리고 죽음과 부활에 대한 바른 지식을 갖고 있어야 한다.

둘째, 믿음은 지식에 대한 의지적 동의가 있어야 한다. 바리새인을 비롯한 당시의 종교 지도자들은 예수께서 말씀하시는 바에 대한 지식이 있었다. 그러나 그 지식에 동의하지 않고, 도리어 예수를 잡아 죽이려 하였다(요 5:18 참조). "대제사장들과 바리새인들이 예수의 비유를 듣고 자기들을 가리켜 말씀하심인 줄 알고 잡고자 하나 무리를 무서워하니 이는 그들이 예수를 선지자로 앎이었더라"(마 21:45-46). 지식이 있다고 믿음이 생기는 것은 아니다. 지식에 의지적 동의 없이 믿음이 일어나지 않는다.

신자가 복음을 믿게 된다면 다음과 같은 사실에 동의해야 한다.[12] 하나, 나는 죄인이다. 둘, 나는 자신의 힘으로 구원할 수 없다. 셋, 나에게는 구원자가 필요하다. 넷, 하나님의 아들 예수 그리스도가 나를 위해 죽고 부활하신 구원자시다. 다섯, 예수 그리스도를 믿으면 하나님의 자녀가 되고 영생을 얻는다. 신자는 이러한 지식에 반드시 의지적으로 동의해야 한다. 의지적 동의 없이 감정적으로 동의했다면 이런 믿음은 얼마 지나지 않아 시들어버린다.

셋째, 믿음은 지식과 동의와 함께 예수 그리스도를 전적으로 의지하는 신뢰가 있어야 한다. 참된 믿음은 인격적인 신뢰가 기초되어야 한다. 신뢰란 예수 그리스도에 대한 지식과 의지적인 동의를 거쳐 그에게 자신을 맡기는 것이다.[13] 신자는 예수 그리스도의 선한 의도와 능력을 믿고, 그분이 신자의 참된 구원자이자 주님이자 왕이심을 인정하고, 그분에게 우리 삶의 모든 것을 맡기며, 더 나아가 영원한 운명을 의탁해야 한다.[14] 이러한 온전한 신뢰를 통해 성도는 그리스도 안에 온전히 거할 수 있다.

*** 믿음, 공로 아닌 은혜의 선물**

기억할 것은 믿음은 그 자체로 구원에 있어 어떤 유효한 공로를 세우지 못한다는 사실이다. 믿음은 우리가 그리스도와 그의 공로를 붙잡는 통로이자 도구에 불과하다. 더 나아가 믿음은 그리스도를 효과적으로 붙들도록 하나님께서 은혜로 주시는 선물임에 주목해야 한다. 다음 구절을 보라.

> "이방인들이 듣고 기뻐하여 하나님의 말씀을 찬송하며 영생을 주시기로 작정된 자는 다 믿더라"(행 13:48).

하나님은 이방인에게 믿음의 선물을 주셔서 그리스도를 붙들게 하신다. 에베소서 2장 8절 역시 믿음이 하나님의 선물임을 진술한다.

"너희는 그 은혜에 의하여 믿음으로 말미암아 구원을 받았으니 이것은 너희에게서 난 것이 아니요 하나님의 선물이라."

여기서 '이것'은 중성형 대명사로, 여성형으로 사용된 '믿음'이나 '은혜'를 특정해서 가리키는 것이 아니라 구원의 모든 것 전체를 가리킨다.[15] 즉 구원 전체가 하나님의 선물이고, 따라서 믿음도 오직 은혜로 주어지는 선물이다. 믿음이 하나님의 선물임은 다음 구절에도 잘 드러난다.

"그리스도를 위하여 너희에게 은혜를 주신 것은 다만 그를 믿을 뿐 아니라 또한 그를 위하여 고난도 받게 하려 하심이라"(빌 1:29).

신자가 그리스도를 믿는 것은 은혜를 주셔야 가능하다. 믿음은 은혜로 말미암는 선물이다. 선물은 내 노력과 의로 쟁취하는 것이 아니라 은혜로 받는 것이다.

"예수 그리스도의 종이며 사도인 시몬 베드로는 우리 하나님과 구주 예수 그리스도의 의를 힘입어 동일하게 보배로운 믿음을 우리와 함께 받은 자들에게 편지하노니"(벧후 1:1).

사도 베드로는 성도들을 향하여 보배로운 믿음을 사도들과 함께 받은 자들이라고 진술한다. 여기서 '받다'(헬. 랑카노)는 동사는 '제비뽑아 받다, 얻다' 는 뜻으로 인간의 자유의지 영역을 벗어나 하나님의 주권적이고 은혜로우신 뜻 안에서 주어지는 또는 얻어지는 것으로 진술된다.[16] 믿음은 인간의 일이지만 궁극적으로는 하나님 은혜의 선물임을 기억하라.

참된 믿음은 신자에게 순종과 실천에 이르게 한다. 예수 그리스도가 참된 주요 왕이라 믿고 확신한다면 신자는 그의 말씀과 뜻을 전적으로 신뢰하고 순종하는 것이 마땅하다. 참된 믿음에는 이에 부합하는 순종과 행위가 따르기 마련이다.

▶ 칭의

예수 믿는 자들을 의롭다고 선언하시는 하나님의 법정선언이다. 이러한 정의에는 칭의를 이해하는 중요한 키워드가 들어 있다.

* 윤리적 의가 아닌 법정적 의

칭의는 윤리적 의가 아닌 법정적 의를 다룬다는 점이다. 이는 내면의 성품과 도덕적 변화가 아닌 법정적 신분의 변화를 다룬다. 법적으로 의롭다고 선언받으면 더는 죄의 책임, 곧 죄책(guilt)을 묻지 않는다. 죄인에서 의인의 신분으로 바뀌게 된다. 죄의 법정적 책임을 묻고 죄라고 선언하는 것을 정죄(condemnation)라고 한다. 이러한 법정적 정죄에 대하여 로마서는 다음과 같이 선언한다.

"그러므로 이제 <u>그리스도 예수 안에 있는 자에게는 결코 정죄</u>

함이 없나니 이는 그리스도 예수 안에 있는 생명의 성령의 법이 죄와 사망의 법에서 너를 해방하였음이라. 율법이 육신으로 말미암아 연약하여 할 수 없는 그것을 하나님은 하시나니 곧 죄로 말미암아 자기 아들을 죄 있는 육신의 모양으로 보내어 육신에 죄를 정하사"(롬 8:1-3).

'정죄함'은 '죄에 대한 유죄판결'을 의미한다. 그리스도 안에 있는 자에게는 사법적 유죄판결이 없다. 이는 칭의의 중요한 특징을 드러낸다. 칭의는 하나님이 죄인을 죄 없는 의로운 자라 법정적으로 선고하는 영단번(once and for all)의 사건이다.[17] 법정적으로 일단 확정하여 선언하면 다시는 번복이나 취소가 있을 수 없다. 마찬가지로 칭의는 번복되거나 취소될 수 없다. 그렇다면 만약 어떤 이가 오랫동안 신앙생활을 하다가 나중에 주님을 거부하고 불신앙의 자리로 떨어진 상태에서 죽음을 맞이했다면 그는 어떻게 될까? 사람의 구원은 하나님의 주권에 속한 것이라 함부로 판단할 수 없으나 개혁신학의 기초에서 말하자면 그는 애초부터 참된 믿음으로 거듭난 사람이 아닐 가능성이 크다.[18]

칭의는 사법적 정죄에서 자유로운 의인의 신분으로 바뀌게 됨을 의미한다. 칭의는 죄인이 회개하고 예수 그리스도를 주와 구주로 믿고 신뢰할 때 그리스도와 연합함으로 이루어지는 사건이다. 그리스도 안에 들어감으로써 그리스도의 완전한 의는 죄인에게 전가되고, 죄인의 죄는 그리스도에게 전가된다.

* 칭의의 법적 근거

칭의는 의롭다고 선언할 법적 근거를 필요로 한다. 로마서는 그 근거가 예수께서 인간을 대신하여 인류의 죄를 죄 있는 육신의 모양으로 정죄받은 것이라고 설명한다(롬 8:3). 여기서 '모양'(헬. 호모이오마)이란 하나님의 아들이 인간과 다른 점이 있음을 암시한다. 그것은 사람과 달리 죄가 없는 모습이다.[19] 이처럼 하나님의 아들 그리스도는 무죄한 자기 육체에 죄의 사법적 고발과 정죄를 담당하여 죽임을 당하셨다. 하나님의 아들이 대신 정죄받으셨기 때문에 그리스도 안에 있는 자에게는 더 이상 정죄가 없다.

* 우리에게 전가된 그리스도의 의

칭의는 신자가 이룬 자기 의가 아닌 전적으로 우리 밖에서 이룬 외래적인 의(alien righteousness)가 우리에게 전가된 것(imputed righteousness)이다.

> "이제는 율법 외에 하나님의 한 의가 나타났으니 율법과 선지자들에게 증거를 받은 것이라. 곧 예수 그리스도를 믿음으로 말미암아 모든 믿는 자에게 미치는 하나님의 의니 차별이 없느니라"(롬 3:21-22).

이는 율법으로 말미암은 의가 아니라 하나님으로 말미암은 외래적인 의다. 이 의는 율법의 요구처럼 무엇인가를 행함으로써 얻는 것이 아니라 믿음으로 말미암아 주어지는, 즉 전가되는 의다.

'전가' (imputation)는 잘못이나 책임을 남에게 떠넘겨 덮어씌우는 것이다. 신자는 자신의 불의를 마치 예수 그리스도의 것인 양 그에게 전가시키고, 내 것이 아닌 예수 그리스도의 의를 마치 내 것인 양 떠넘겨 받아 그의 의로 덮어씌운다.[20]

＊ 수동적 순종과 능동적 순종

신자가 전가받는 그리스도의 의는 그리스도의 능동적 순종과 수동적 순종, 두 가지 측면이 있다. 능동적 순종이란 그리스도께서 지상사역을 감당하며 율법을 완전히 지키시며 율법의 요구를 성취하신 것을 말한다. 이는 인류의 대표 아담이 실패한 지점, 곧 율법의 불순종을 그의 순종으로 충족시킨 것이다.

> "때가 차매 하나님이 그 아들을 보내사 여자에게서 나게 하시고 율법 아래에 나게 하신 것은 율법 아래에 있는 자들을 속량하시고 우리로 아들의 명분을 얻게 하려 하심이라"(갈 4:4-5, 참조 5:3).

그리스도는 그의 공생애를 통해 율법의 요구를 일점일획도 남김없이 온전히 순종하여 율법의 긍정적 요구를 충족시켰다. 그는 인류의 첫 번째 언약의 대표인 아담이 실패한 언약의 법을 온전히 순종함으로 그 요구를 충족시킨 마지막 아담이다(고전 15:45).

수동적 순종이란 율법의 불순종으로 인류에게 찾아온 율법의 부정적 요구인 죽음을 해결하기 위해 그리스도께서 인류의 죄를 지고 십자가에서 대속의 죽음을 당하신 것을 말한다. 결국 그리스도는 그의 전 생애를 통해 율법을 긍정적으로 또 수동적으로 순종하심으로써 훼손되었던 하나님의 의를 온전히 세우셨다.

신자는 그리스도의 수동적 순종을 통해 죄책이 제거된다. 그러나 그것만으로 충분하지 않다. 하나님 앞에 의로운 자로 서기 위해서는 율법의 요구를 능동적으로 순종하신 그리스도의 완전한 의가 필요하다.

> "한 사람이 순종하지 아니함으로 많은 사람이 죄인 된 것같이 한 사람이 순종하심으로 많은 사람이 의인이 되리라"(롬 5:19).

아담의 불순종으로 많은 사람이 죄인이 되었지만 예수 그리스도의 완전한 순종이 믿는 자에게 온전한 의를 가져다주었다.

* 칭의의 도구, 믿음

외래적인 의가 어떻게 죄인인 우리에게 전가될 수 있을까? 그것은 바로 믿음을 통해서다. 우리는 믿음으로 예수 그리스도 안에 들어가 그와 연합하게 된다. 이 연합으로 인하여 그리스도의 의가 믿는 자들의 것으로 인정된다. 이 땅에서 온전한 순종의 삶을 사셨으며 율법의 요구를 성취하셨을 뿐만 아니라 십자가의 죽음으로 인류의 죄를 대속하심으로 그리스도를 통해 그리스도는 완벽한 의를 성취하셨고 이 의가 하나님의 아들을 믿는 모든 이에게 전가된다.

"하나님이 죄를 알지도 못하신 이를 우리를 대신하여 죄로 삼으신 것은 우리로 하여금 그 안에서 하나님의 의가 되게 하려 하심이라"(고후 5:21).

이처럼 믿음은 그리스도의 의를 붙잡는 것이다. 믿음으로 신자의 죄가 그리스도에게 전가되고, 그리스도의 의가 죄인에게 전가된다(롬 3:21-26, 4:2, 5:19).

또한 믿음은 신자에게 위대한 교환을 일으킨다. 믿음으로 우리의 죄는 십자가의 그리스도에게 전가되고, 그리스도의 의가 죄인에게 전가된다. 엄밀히 말하면 여기에는 삼중의 전가가 전제된다. 첫째는 아담이 범죄함으로써 그 죄가 인류에게 전가된다. 둘째, 인류의 죄는 십자가에서 그리스도에게 전가된다. 셋째, 그리스도의 의가 신자에게 전가된다. 이처럼 믿음은 칭의를 위한 중요한 도구가 된다.

"그러므로 사람이 의롭다 하심을 얻는 것은 율법의 행위에 있지 않고 믿음으로 되는 줄 우리가 인정하노라"(롬 3:28).
"그(그리스도) 안에서 발견되려 함이니 내가 가진 의는 율법에서 난 것이 아니요 오직 그리스도를 믿음으로 말미암은 것이니 곧 믿음으로 하나님께로부터 난 의라"(빌 3:9).

신자가 믿음으로 의롭다 함을 얻는 것은 믿음이 은혜의 선물인 것처럼 칭의 또한 믿음의 선물임을 전제한다.

* 칭의의 종말적 특성

칭의는 장차 성도가 받을 종말의 최후 심판까지 유효한 현재적 선언이다(롬 8:1-2). 예수 그리스도는 우리를 대신하여 심판받으심으로 장차 다가올 종말의 심판에 앞서 우리를 이미 의롭다고 선언하셨다.[21] 따라서 칭의는 최후 심판에 받을 판결을 지금 미리 신자에게 알려주신 것이다. 그리스도의 재림은 믿는 자를 심판하고 정죄하기 위해 오시는 것이 아니라 신자의 구원을 완성하고 세상을 심판하기 위한 재림임을 기억할 필요가 있다.

> "이와 같이 그리스도도 많은 사람의 죄를 담당하시려고 단번에 드리신 바 되셨고 구원에 이르게 하기 위하여 <u>죄와 상관없이 자기를 바라는 자들에게</u> 두 번째 나타나시리라"(히 9:28).

▶ 양자

* 양자 됨, 법적 신분의 변화

양자는 친자녀가 아닌 사람에게 입양으로 자녀의 자격을 주어 합법적 자녀로 삼는 것을 말한다. 양자를 의미하는 헬라어 '휘오데시아'는 '아들'(휘오스)과 '세우다'(티데미)라는 단어가 결합된 단어다. 여기서 '양자 됨'이란 용어를 사용하는 이유는 예수 그리스도의 아들 됨(the sonship of Jesus Christ)과 신자의 자녀권(childrenhood of Christians)을 구별하기 위해서다.[22] 예수 그리스도의 아들권은 본래 아들, 즉 친자로서 성격을 갖는다. 반면 신자의 자녀권은 법적 의미에서 양자 됨을 통해 이루어진다. 우리는 본질상 진노의 자식이었으나(엡 2:3) 하나님께서 믿음으로 칭의받은 신자를 하나님의 법적인 자녀로 삼아주셨다는 것은 말할 수 없는 은혜이다.

신자를 하나님의 아들, 딸의 신분으로 세우는 것은 하나님의 주권적 사역을 반영한다. 입양은 사람의 행위에 의존하지 않는다. 입양은 하나님의 계획과 예정 안에 있는 은혜의 사역이다.

> "곧 창세 전에 그리스도 안에서 우리를 택하사 우리로 사랑 안에서 그 앞에 거룩하고 흠이 없게 하시려고 그 기쁘신 뜻대로 우리를 예정하사 예수 그리스도로 말미암아 자기의 아들들이 되게 하셨으니"(엡 1:4-5).

'아들들이 되게' 하는 것을 '입양'이라고 한다. 이는 양친과 양자가 법적으로 부모와 자식의 신분관계를 맺는 법률적인 용어다.[23] 예수 그리스도로 말미암아 칭의받은 이들은 자녀의 신분을 얻어 하나님의 자녀로 입양된다. 따라서 입양의 기초는 예수 그리스도의 사역에 근거한다.

> "때가 차매 하나님이 그 아들을 보내사 여자에게서 나게 하시고 율법 아래에 나게 하신 것은 율법 아래에 있는 자들을 속량하시고 우리로 아들의 명분을 얻게 하려 하심이라"(갈 4:4-5)

이처럼 입양은 하나님의 주도적인 은혜로 말미암는 사역이고 인간의 모든 공로와 자랑이 배제된다.[24] 입양의 강조점은 법적 신분이 하나님의 아들로 바뀌는 것에 있다. 영접하는 자, 곧 그리스도를 믿는 자들에게는 하나님의 자녀가 되는 법적 권세를 주셨다(요 1:12 참조). 따라서 양자 됨은 법적 관계의 변화에 주된 강조점이 있다.

＊ 양자 됨에 수반되는 성령의 역사

하지만 양자 됨의 변화에는 성령의 주권적 사역이 수반된다.

> "너희가 아들이므로 하나님이 그 아들의 영을 우리 마음 가운데 보내사 아빠 아버지라 부르게 하셨느니라"(갈 4:6).

하나님은 그리스도로 말미암아 자기의 양자가 된 이들의 마음에 성령을 보내사 '아빠 아버지'라 부르게 역사하신다. 신자의 양자 됨은 성령의 내주로 확증되는 것이다.

> "무릇 하나님의 영으로 인도함을 받는 사람은 곧 하나님의 아들이라. 너희는 다시 무서워하는 종의 영을 받지 아니하고 양자의 영을 받았으므로 우리가 아빠 아버지라고 부르짖느니라. 성령이 친히 우리의 영과 더불어 우리가 하나님의 자녀인 것을 증언하시나니"(롬 8:14-16).

성령은 '양자의 영'으로도 불리며 우리가 하나님의 자녀임을 증언하고 지속해서 확신을 주신다. 이는 마치 예수께서 세례받으실 때 성령이 비둘기같이 임하며 "이는 내 사랑하는 아들이요 내 기뻐하는 자라"(마 3:17)고 확증하신 사역을 떠올리게 한다. 성령은 그리스도께서 이미 행하신 일에 근거하여 그분 안에서 우리가 누구인지를 지속적으로 기억나게 하신다. 이는 우리가 의심으로 흔들릴 때 우리의 정체성에 대해 견고한 법적 확신 가운데 거하도록 하기 위해서다.[25] 우리는 그리스도께서 다시 오실 때까지 성령으로 인치심을 받았다. 이는 우리가 하나님의 소유된 자녀임을 지속해서 보증하는 것이다(고후 1:22, 5:5, 엡 1:13, 4:30).

* 양자의 특권

우리가 법적으로 하나님의 양자가 되면 얻게 되는 특권이 있다.[26]

첫째, 하나님을 아버지로 부른다. 이 특권을 사용하여 우리는 예수 그리스도의 이름으로 아빠 아버지께 기도한다.

둘째, 아버지의 보호하심과 돌봄과 인도를 받는다(마 6:26,31, 7:11, 10:30-31).

셋째, 자녀는 아버지의 유업, 곧 하나님의 나라를 이어받는 상속자가 된다(롬 8:17, 벧전 1:4). 아버지 나라에 속한 모든 것이 신자의 것이 되었다.

넷째, 양자는 자유자의 특권이 있다. 더 이상 죄와 종의 멍에를 메지 않고 자유롭게 하나님을 섬기는 특권을 갖는다(갈 5:1,13).

다섯째, 양자는 하나님의 대가족, 곧 그리스도 안에서 형제자매 된 교회 공동체를 선물로 받는다.

여섯째, 자녀는 때로 하나님의 징계를 받는다. 자녀가 그릇된 길로 가는데도 이를 방임하고 징계하지 않으면 참 자녀가 아니라 사생자이다. 그래서 히브리서 12장 8절은 "징계는 다 받는 것이거늘 너희에게 없으면 사생자요 친아들이 아니니라"고 말씀한다.

일곱째, 양자는 장차 몸의 속량, 곧 몸의 부활을 입게 된다. "그뿐 아니라 또한 우리 곧 성령의 처음 익은 열매를 받은 우리까지도 속으로 탄식하여 양자될 것 곧 우리 몸의 속량을 기다리느니라"(롬 8:23). 성령의 첫 열매로 중생과 칭의를 힘입어 양자 된 성도는 장차 죄의 오염과 부패로 인해 죽을 육신이 된 우리 몸의 부활을 통해 온전한 존재로 변화된다. 로마서 8장 11절은 이를 다음과 같이 약속한다. "예수를 죽은 자 가운데서 살리신 이의 영이 너희 안에 거하시면 그리스도 예수를 죽은 자 가운데서 살리신 이가 너희 안에 거하시는 그의 영으로 말미암아 너희 죽을 몸도 살리시리라." 양자의 최종 완성은 몸의 부활을 통해 성취된다. 그래서 우리의 양자 됨은 이미 시작되었지만 아직 최종 성취를 기다리고 있다.

여덟째, 우리는 하나님 아버지의 아들과 딸로 장차 그리스도와 더불어 영원히 왕 노릇할 것이다(계 22:5).

▶ 성화

* 칭의와 성화

성화는 칭의, 즉 의롭다 하심을 얻은 신자를 죄의 오염에서 건지고, 그의 전 인격이 예수 그리스도의 형상을 닮게 하는 성령의 사역을 말한다. 따라서 성화는 구원의 서정에서 칭의를 기초로 한다. 칭의가 법정적 측면에서 신자의 죄책과 신분의 거룩 문제를 다룬다면, 성화는 내면의 부패성과 인격적, 내적 거룩함을 다룬다. 이는 그리스도의 사역에 근거한다. 그리스도께서 신자를 위해 칭의받으신 것처럼(롬 4:25) 신자의 성화를 위해서도 거룩하게 되셨다. 그는 우리에게 "지혜와 의로움과 거룩함과 구원함"(고전 1:30)이 되셨기 때문이다. 성도는 성화되신 그리스도 안에 거하며 거룩하게 살아가는 것이다. 칭의와 성화의 주요한 차이는 아래의 표와 같다.[27]

구원 서정의 순서상 칭의는 신학적, 논리적으로 성화에 앞선다. 이는 칭의가 성화의 기초임을 의미한다. 만약 순서가 뒤바뀌어 성화가 칭의의 기초가 된다면 어떻게 될까? 우리의 구원은 불확실한 구원이 될 것이다. 이런 경우 성도는 칭의를 얻기까지 자신의 불완전한 본성과 씨름해야 하기에 자신이 하나님과 올바른 관계에 서 있는지

칭의	성화
죄책을 제거	죄의 오염을 제거
하나님의 심판 법정에서 이루어진다	내면에서 이루어진다
의롭다 선언되며 그리스도의 의가 전가	의롭게 변화되며 거룩하게 되어간다
자녀의 신분과 권리를 회복	하나님의 자녀로 하나님의 형상을 회복하고 닮아감
즉각적이며 완료된 단번의 역사	평생의 지속적인 과정, 영화를 통해 완료
모든 신자는 같은 신분을 얻는다	신자는 거룩의 성숙도에 따라 다르다

확신할 수 없을 것이다.[28] 자신이 하나님과 올바른 관계로 서는 것이 그리스도의 칭의에 달린 것이 아니라 자신의 거룩한 행위에 좌우되기 때문이다.

가톨릭의 경우 칭의와 성화를 구분하지 않고 동일시하기에 이들은 자신의 구원 여부를 확신하지 못하는 경우가 많다. 구원의 확신이 있는지 물어보면 많은 경우 "죽어봐야 알지요…" 하며 확답을 미룬다. 따라서 칭의는 반드시 성화에 앞서야 하고, 성화의 기초가 되어야 한다. "또 미리 정하신 그들을 또한 부르시고 부르신 그들을 또한 의롭다 하시고 의롭다 하신 그들을 또한 영화롭게 하셨느니라"(롬 8:30).

만약 성화를 신자가 이루어가야 하는 힘겨운 과업으로 간주한다면 성화는 자칫 행위와 공로를 앞세우는 율법주의로 빠질 것이다. 많은 이단이 성도의 성화가 부족하다는 것을 비난하며 더 무거운 율법주의 신앙으로 몰고 간다. 성화를 신자 편에서의 역할로 이해하면 성화는 부담스러운 짐이 된다. 그래서 성화는 성령의 주권적 역사로 이루어짐을 항상 인정해야 한다.

이와 반대로 성도의 칭의만을 강조하다 보면 자칫 율법 폐기론으로 빠질 수 있다. 이제 그리스도 안에, 은혜 아래 있기에 정죄함이 없으니 이제는 어떤 일을 해도 정죄당하지 않는다는 것이다. 하지만 은혜는 우리를 하나님의 선한 길로 인도함을 기억해야 한다. 에베소서 2장 8~9절은 성도가 은혜에 의하여 믿음으로 말미암아 구원을 받았고, 이것이 오직 하나님 은혜의 선물임을 강조한 후 이런 선물을 주신 이유를 다음과 같이 진술한다.

"우리는 그가 만드신 바라. 그리스도 예수 안에서 선한 일을 위하여 지으심을 받은 자니 이 일은 하나님이 전에 예비하사 우리로 그 가운데서 행하게 하려 하심이니라"(엡 2:10).

하나님이 우리를 죄에서 자유하게 하신 것은 하나님의 영광을 위한 선한 일을 위해서다. 이를 로마서는 다음과 같이 진술한다.

"그러므로 너희는 죄가 너희 죽을 몸을 지배하지 못하게 하여 몸의 사욕에 순종하지 말고 또한 너희 지체를 불의의 무기로 죄에게 내주지 말고 오직 너희 자신을 죽은 자 가운데서 다시 살아난 자같이 하나님께 드리며 너희 지체를 의의 무기로 하나님께 드리라. 죄가 너희를 주장하지 못하리니 이는 너희가 법 아래에 있지 아니하고 은혜 아래에 있음이라"(롬 6:12-14).

따라서 칭의는 결코 성화의 가능성을 제거하지 않는다. 도리어 성화를 위한 더욱 탄탄한 토대를 제공할 뿐이다. 은혜 아래 있는 성도에게는 하나님을 위하여 살아야 할 새로운 부르심이 주어지고, 하나님 사랑과 이웃 사랑이라는 튼튼한 새 계명이 마음에 새겨지게 된다(히 10:16, 렘 31:33).

* 확정적 성화와 점진적 성화

성화는 확정적 특성과 점진적 특성이 있다. 확정적 성화는 성도가 믿음과 회개, 칭의를 통하여 그리스도 안에 거하며 '이미' 세상과 구별된 존재가 되었음을 말한다. 성경은 종종 성도를 이미 거룩하여진 존재로 진술한다.

"고린도에 있는 하나님의 교회 곧 그리스도 예수 안에서 거룩하여지고 성도라 부르심을 받은 자들과…"(고전 1:2).
"너희 중에 이와 같은 자들이 있더니 주 예수 그리스도의 이름과 우리 하나님의 성령 안에서 씻음과 거룩함과 의롭다 하심을 받았느니라"(고전 6:11).
"이 뜻을 따라 예수 그리스도의 몸을 단번에 드리심으로 말미암아 우리가 거룩함을 얻었노라"(히 10:10).

이처럼 성도는 '이미' 거룩하여진 존재다. 이미 거룩하여진 성도의 특징이 있다. 그것은 자신이 거룩한 자가 되었다는 자각이 아니라 내가 정말 쓰레기만도 못한 존재라는 사실을 깨닫는 것이다. 이런 나 같은 죄인을 살리신 주 은혜가 놀랍다는 사실을 전 존재의 떨림으로 자각하는 것이다. 이런 자각이 더 이상 자신을 의지하는 것이 아니라 신자 안에 내주하는 성령을 의지하게 한다.

성도의 확정적인 성화를 보여주는 또 다른 특징이 있다. 그것은 그리스도 안에 의롭다 함을 얻을 때 성령으로 보증받은 것이다(고후 5:5). 성령이 신자 안에 거하시면 성령의 능력으로 육신의 행실을 죽이고 죄와 싸워 이기며, 성령이 주시는 하나님의 자녀 된 확신 아래 성령의 인도와 생각을 따라 살게 된다(롬 8:5-15).

이처럼 성도는 '이미' 확정적으로 거룩하게 되었지만 '아직' 완전히 거룩하게 된 존재는 아니다. 여전히 죄와 치열하게 싸우며 거룩을 지키며 '영화'(glorification)에 이르러야 한다. 그래서 성도의 성화는 '이미'와 '아직' 사이에 있다.

점진적 성화는 단계적으로 점점 높은 차원으로 올라간다는 의미보다는 '지속적'이라는 의미가 있다.[29] 단계적으로 올라간다고 하면 성화를 자칫 개인의 공적과 노력으로 이루는 것으로 오해할 수 있다. 점진적 성화는 소극적으로는 그리스도 안에 거하며 끊임없이 침투하는 죄의 영향력과 씨름하며 일평생 지속해서 싸워나가는 것을 의미한다(롬 8:13, 고전 15:31, 히 12:1, 골 3:5). 자신의 죄인 됨과 죄인을 붙들어주시는 큰 은혜를 일평생 자각하며 그리스도의 은혜 아래 감사하며 그리스도를 사랑하며 그 앞에 겸손한 것이다.

이와 동시에 적극적인 의미에서 점진적 성화는 그리스도를 닮아가는 것이다(고후 3:18, 롬 12:2).

> "우리가 다 수건을 벗은 얼굴로 거울을 보는 것같이 주의 영광을 보매 그와 같은 형상으로 변화하여(are being transformed-NRSV, NIV) 영광에서 영광에 이르니 곧 주의 영으로 말미암음이니라"(고후 3:18).
> "너희는 이 세대를 본받지 말고 오직 마음을 새롭게 함으로 변화를 받아(be transformed-NRSV, NIV) 하나님의 선하시고 기뻐하시고 온전하신 뜻이 무엇인지 분별하도록 하라"(롬 12:2).

주목할 것은 여기 성화의 과정으로 나타나는 변화가 모두 수동형으로 사용되었다는 점이다. 이는 성화 가운데 역사하는 성령의 활동을 보여준다. 성화는 성도가 이루기 이전에 성령께서 이루어가는 주권적 사역이기도 하다. 성령께서 우리 안에서, 우리를 통해 일하신다.

* 성화의 영역과 기간

성화는 전인적으로, 공동체적으로 우리 삶의 모든 영역에서 일어난다. 우리의 지식, 감정, 의지의 모든 영역에서 거룩해지고 우리의 영혼뿐만 아니라 죽을 몸까지 거룩하게 된다(살전 5:23). 그뿐만 아니다. 성화는 주의 이름으로 모인 성도의 모임인 교회 공동체의 거룩을 함께 이루어간다. 이러한 성화는 궁극적으로 하나님의 영광을 드러낸다(엡 1:6,12,14, 빌 1:11, 벧전 2:9).

성화는 이 땅에서 완성되지 않는다. 어떤 이단 단체는 이 땅에서 완전 성화를 이루어야 한다고 주장하지만 그것은 불가능하다. 죄의 오염 가운데 있는 인간이 이 땅에서 완전 성화에 이를 수 없다. 최종 완성은 주께서 재림하실 때 우리의 몸도 온전히 부활하여 온전한 영화를 경험할 때 완성될 것이다. 그때까지는 지금의 이 씨름을 계속해서 싸워나가야 한다.

* 영접기도를 평가절하하지 말라.

성화와 관련하여 영접기도를 평가절하하는 이들이 있다. 영접기도를 했다고 구원받은 것처럼 말하지만 구원받은 자의 행실이 결과로 나타나지 않으면 그것은 진정한 구원이 아니며, 영접기도는 구원을 너무 값싼 것으로 만든다는 것이다. 영접기도를 마치 면죄부나 부적처럼 남발하지 말라는 것이다. 이러한 주장은 영접기도에 대한 부정적인 면을 강조하는 나머지 영접기도가 가진 긍정적이고 밝은 면을 자칫 도매금으로 무시할 위험이 있다.

사역의 현장에서 영접기도는 불신자를 돌이키고 새로운 믿음생활의 출발점을 갖게 하는 중요한 전환점으로 작용하는 것을 종종 목격한다. 아내가 교회에 다니는 것을 싫어하고 핍박하는 남편이 있었다. 어느 날, 그 남편의 사업장으로 찾아가 짧은 시간 복음을 증거하고 예수 그리스도를 받아들이자고 초대하였다. 그러자 놀랍게도 그 남편이 순순하게 마음을 열고 영접기도를 따라 하며 예수 그리스도를 받아들였다. 더욱 놀라운 것은 그다음이었다. 그 주 주일에 예배를 나오기 시작하면서 삶에 놀라운 변화가 시작되었다. 강퍅했던 마음이 부드러워지고, 예배 때 눈물이 나기 시작하며, 가슴 벅찬 찬양과 기도가 터져 나오기 시작했다. 그 이후 그 남편은 한결같이 주님을 섬기고 교회를 사랑하며 섬기는 모범적인 성도로 변모하였다.

나는 영접기도가 성령의 구원 서정이 시작되는 결정적인 전환점이 되는 경우를 수없이 보아왔다. 영접기도 중에 가슴이 뜨거워지고 통회의 눈물을 쏟으며, 그다음부터 그리스도를 향한 뜨거운 신앙생활을 시작한다. 마음을 열고 진지하게 그리스도 예수를 영접하고 붙든 이들은 대부분 그때부터 중생과 믿음과 회개와 성화의 놀라운 성령의 구원 서정이 시작됨을 수없이 보아왔다. 성령께서 행하시는 구원역사를 함부로 규정하고 평가절하해서는 안 될 것이다.

그렇다면 영접기도를 한다는 것은 어떤 의미가 있을까? 영접기도는 자신의 마음을 돌이키고 그동안의 인생 방향을 돌이켜 예수 그리스도를 인생의 주인으로 믿고 받아들이며 붙드는 행위다. 영접기도라는 용어는 요한복음 말씀에 근거한다.

> "영접하는 자 곧 그 이름을 믿는 자들에게는 하나님의 자녀가 되는 권세를 주셨으니"(요 1:12).

'영접한다'(헬. 람바노)는 동사는 크게 두 가지 의미가 있다. 하나는 '붙잡다'(take hold of), '취하다'(take)는 의미고, 다른 하나는 '받아들이다'(accept), '맞아들이다'(receive)라는 의미다(BDAG). 그리스도를 영접한다는 의미에는 이 두 가지가 내포되어 있다. 하나는 그리스도를 구세주이자 인생의 주인으로 믿음으로 붙잡는 것이고, 다른 하나는 그를 내 인생의 주인으로 맞아들이는 것을 의미한다. 이는 그리스도 밖에 있던 자가 믿음으로 그리스도를 붙들고 그의 통치 안으로 들어가는 행위다. 이러한 행위는 그리스도의 구원역사를 적용하게 하시는 성령의 구원 서정의 역사가 우리에게 개시됨을 의미한다.

좀 더 구체적으로 말하면 영접기도의 순간 소명, 중생, 회개, 믿음, 양자 됨, 칭의, 즉각적 성화의 역사가 거의 동시다발적으로 일어나기도 한다는 것이다. 어떤 이에게는 즉각적, 동시적으로 나타나기도 하지만 다른 이에게는 점진적으로 나타나기도 한다. 물론 이러한 역사는 각 개인에 따라 다르다. 하지만 영접기도가 성령께서 역사하시는 중요한 통로가 됨을 인지하고 우리는 겸손하게 주변에 있는 이들을 그리스도께로 초대하여 그분을 주님이요 구세주로 받아들이도록 인도해야 한다.

▶ 견인

견인은 하나님께서 효과적으로 부르시고 거듭나게 하며 의롭다 하신 자들을 하나님의 능력으로 보전하여 은혜의 신분에서 이탈하지 않도록 보존하심을 말한다. 견인의 근거는 성도의 변덕스러운 자유의지가 아니라 하나님의 변치 않는 사랑에서 흘러나오는 신실하심에 근거한다.[30] 하나님이 성도들을 끝까지 붙들고 보존하시는 것은 예수 그리스도 안에서 그의 피로 맺은 새 언약으로 말미암아 성도들을 하나님의 언약백성으로 삼으셨기 때문이다. 하나님은 아들 예수 그리스도의 피로 맺은 새 언약에 신실하시다. 인간의 불성실함에 따라 반응하는 것이 아니라, 그럼에도 불구하고 하나님의 신실하신 사랑에 따라 끝까지 붙드신다. 우리의 성화와 최종 구원은 우리의 의지력이나 힘과 노력에 달린 것이 아니라 신실하신 하나님의 붙들어주심에 달려 있다.

* 견인, 은혜의 사역

견인의 주체는 인간이 아니라 하나님이다. 내 힘과 결심으로 이룰 수 있는 것이 아니라 믿음으로 말미암는 전적인 은혜의 사역이다.

> "너희는 말세에 나타내기로 예비하신 구원을 얻기 위하여 믿음으로 말미암아 하나님의 능력으로 보호하심을 받았느니라"(벧전 1:5).

공중권세 잡은 사탄이 우는 사자와 같이 성도들을 공격하고 은혜에서 끌어내리려 할 때 하나님은 능력으로 그의 백성을 보호하신다. 하나님의 능력이 보호하시기에 성도는 끝까지 견뎌낼 수 있는 것이다. 하나님께서 붙들어주시는 은혜의 사역은 누가복음 22장에 잘 나타난다. 예수님은 십자가를 지시기 전 베드로를 끌어내리려는 사단의 집요한 공격과 그를 붙들어주시려는 그리스도의 집요한 사역을 베드로에게 말씀해주신다.

> "시몬아, 시몬아, 보라. 사탄이 너희를 밀 까부르듯 하려고 요구하였으나 그러나 내가 너를 위하여 네 믿음이 떨어지지 않기를 기도하였노니 너는 돌이킨 후에 네 형제를 굳게 하라"(눅 22:31-32).

예수께서는 베드로에게 시험이 닥치기 전 영적 세계에서 일어났던 치열한 영적전투의 상황을 말씀한다. 사탄은 제자들을 무너뜨리기 위해 하나님께 이들을 집요하게 요구하였다. 그러나 예수께서는 이들의 믿음이 떨어지지 않기를 간절히 중보하시며 이들의 신앙을 끝까지 지켜주셨다. 이러한 영적전쟁의 상황은 사탄이 하나님의 자녀를 건드리려면 허락을 받아야 함을 의미한다.[31] 물론 사탄은 베드로에게 치명적인 상처를 입힌다. 베드로는 예수님을 세 번이나 부인했기 때문이다.

그러나 베드로는 끝끝내 믿음에서 이탈하지 않는다. 하나님께서 환난과 시험 중에도 베드로의 믿음이 떨어지지 않도록 끝까지 지키고 보호하셨기 때문이다. 예수께서는 자신의 중보기도가 효력을 발휘하여 베드로가 결국에는 돌이킬 것을 아셨다. 이처럼 예수께서는 하나님께서 자신에게 주신 자 중 하나도 잃어버리지 않고 마지막 날에 다시 살릴 것을 약속하셨다(요 6:38-40). 예수께서는 이들에게 영생을 주실 것이고 그 누구도 자신의 손에서 빼앗을 자가 없다고 선언하셨다(요 10:28-29).

* 견인, 전인적 성령의 사역

교회의 시대에 견인의 사역은 하나님의 성령이 신자의 삶에 내주하여 붙들어주시는 성령의 사역으로 나타난다. 비록 신자가 사탄의 공격에 넘어가 휘청거린다고 하더라도 성령께서는 말할 수 없는 탄식으로 하나님의 뜻을 따라 신자를 위하여 간구하신다.

> "이와 같이 성령도 우리의 연약함을 도우시나니 우리는 마땅히 기도할 바를 알지 못하나 오직 성령이 말할 수 없는 탄식으로 우리를 위하여 친히 간구하시느니라. 마음을 살피시는 이가 성령의 생각을 아시나니 이는 성령이 하나님의 뜻대로 성도를 위하여 간구하심이니라"(롬 8:26-27).

견인은 신자 홀로 버텨내는 것이 아니라 주의 성령께서 붙들어주시는 은혜의 사역이다. 벌코프가 정의한 것처럼 견인은 "심령 안에 시작된 신적 은혜의 사역이 지속되고 완성에 이르게 하는 신자 안에서의 성령의 지속적 사역"[32]이다. 이런 성령의 사역으로 말미암아 환난이나 곤고나 박해나 기근이나 적신이나 위험이나 칼이나 그 어떤 것도 신자를 붙드시는 그리스도의 사랑에서 끊을 수 없다(롬 8:35). 이어지는 로마서는 견인의 확신을 담대하게 다음과 같이 고백한다.

"그러나 이 모든 일에 우리를 사랑하시는 이로 말미암아 우리가 넉넉히 이기느니라. 내가 확신하노니 사망이나 생명이나 천사들이나 권세자들이나 현재 일이나 장래 일이나 능력이나 높음이나 깊음이나 다른 어떤 피조물이라도 우리를 우리 주 그리스도 예수 안에 있는 하나님의 사랑에서 끊을 수 없으리라"(롬 8:37-39).

따라서 신자는 성령으로 충만하여 성령의 인도하심에 기쁘게 따라가야 한다. 다음의 성경 구절은 견인이 오직 하나님의 은혜와 보호하심으로 가능한 은혜의 역사임을 잘 보여준다.

"하나님의 성령을 근심하게 하지 말라. 그 안에서 너희가 구원의 날까지 인치심을 받았느니라"(엡 4:30).
"능히 너희를 보호하사 거침이 없게 하시고 너희로 그 영광 앞에 흠이 없이 기쁨으로 서게 하실 이 곧 우리 구주 홀로 하나이신 하나님께 우리 주 예수 그리스도로 말미암아 영광과 위엄과 권력과 권세가 영원 전부터 이제와 영원토록 있을지어다. 아멘"(유 1:24-25).

이처럼 하나님의 능력이 끝까지 그의 성도들을 보호하고 지키심은 성도들의 행위와 공로로 말미암는 것이 아니다. 하나님의 견인 역사는 전인적이다. 그것은 우리의 몸과 영혼 전체가 그분의 보호하심 아래 놓임을 의미한다.

> "평강의 하나님이 친히 너희를 온전히 거룩하게 하시고 또 너희의 온 영과 혼과 몸이 우리 주 예수 그리스도께서 강림하실 때에 흠 없게 보전되기를 원하노라"(살전 5:23).

삼위일체 하나님께서는 그리스도의 재림 때까지 신자를 전인적으로 지키시고 보호하실 것이다.

* 견인의 근거, 하나님의 신실하심

하나님의 전폭적인 지키심과 보호하심은 예수의 피로 새 언약을 체결하신 하나님의 신실하신 성품에 기초한다.

> "주는 미쁘사 너희를 굳건하게 하시고 악한 자에게서 지키시리라"(살후 3:3).

견인이 하나님의 신실하심에 기초함을 보여주는 게 고린도전서다. 고린도교회는 여러 가지 죄의 문제로 씨름하고 있었다. 교회 안의 분파 싸움(1:10-17, 3:1-23), 성적 부도덕(5장, 6:12-20), 상호 간의 법정 소송(6:1-12), 우상 숭배의 문제(10장) 등 온갖 문제로 진흙

탕 싸움을 하고 있었다. 이런 성도들을 향해 바울은 "그리스도 예수 안에서 거룩하여지고 성도라 부르심을 받은 자들"(고전 1:2)이라 부른다. 더 나아가 바울은 고린도교회를 향한 하나님의 견고한 붙들어 주심, 곧 견인의 은혜를 확신한다.

> "주께서 너희를 우리 주 예수 그리스도의 날에 책망할 것이 없는 자로 끝까지 견고하게 하시리라"(고전 1:8).

바울은 하나님의 최종 칭의와 견인의 은혜를 확신한다. 그 이유는 언약에 충실하신 하나님의 미쁘심(faithfulness) 때문이다.

*** 견인 교리의 목적과 유익**

견인의 교리는 참된 믿음을 소유하고 고난의 현장에서 분투하며 인내하는 성도를 위한 교리다. 견인의 교리를 자칫 오해하면 신자는 죄를 지으며 방탕하게 살아가도 된다는 율법방임주의에 빠질 수 있다. 하지만 견인의 교리는 불신자를 위한 것이 아니다. 견인의 교리는 고난 중에 있는 성도들에게 구원의 확신과 위로와 격려를 해주어 성도에게 시작된 성화가 끝까지 계속되어 영화에 이르도록 하기 위한 것이다.[33] 따라서 견인은 고난 중에도 참된 믿음을 소유한 신자의 참된 표지다.

> "우리가 시작할 때에 확신한 것을 끝까지 견고히 잡고 있으면 그리스도와 함께 참여한 자가 되리라"(히 3:14).

신자가 그리스도 안에 거하는 참된 믿음을 가졌다면 죽는 순간까지, 또는 그리스도께서 재림하실 때까지 이 믿음을 지켜내는 것을 보여주어야 한다. 이처럼 견인은 신자가 믿음으로 의롭다 함을 얻은 후 시작된 성화와 영화를 이어주는 연결고리다. 신자가 견인의 은혜를 분투의 현장에서 보여주는 것이 인내다. 성도는 인내하며 은혜 가운데 굳게 서서 머물러 있어야 한다(행 11:23, 14:22). 사도 바울은 환난과 핍박 중에 복음을 증거하며 예수를 믿게 된 성도들에게 다음과 같이 간곡하게 권면했다.

> "제자들의 마음을 굳게 하여 이 믿음에 머물러 있으라 권하고 또 우리가 하나님의 나라에 들어가려면 많은 환난을 겪어야 할 것이라 하고"(행 14:22).
>
> "우리 형제 곧 그리스도의 복음을 전하는 하나님의 일꾼인 디모데를 보내노니 이는 너희를 굳건하게 하고 너희 믿음에 대하여 위로함으로 아무도 이 여러 환난 중에 흔들리지 않게 하려 함이라. 우리가 이것을 위하여 세움받은 줄을 너희가 친히 알리라"(살전 3:2-3).
>
> "또 주께서 우리가 너희를 사랑함과 같이 너희도 피차간과 모든 사람에 대한 사랑이 더욱 많아 넘치게 하사 너희 마음을 굳건하게 하시고 우리 주 예수께서 그의 모든 성도와 함께 강림하실 때에 하나님 우리 아버지 앞에서 거룩함에 흠이 없게 하시기를 원하노라"(살전 3:12-13).

이처럼 성경은 신자가 믿음으로 그리스도를 붙들면서 시작되는 삶의 현장에 여러 가지 많은 환난이 있음을 명시한다. 따라서 성도는 신앙생활을 시작할 때 더불어 따라오는 것이 세상의 반대와 저항, 비방과 핍박임을 기억하고 인내의 분투가 필수임을 명심해야 한다. 신자가 처한 세상은 여전히 공중의 권세를 잡은 사탄의 세력이 기회를 엿보고 있으며, 우리가 방심하기를 기다리며 우는 사자와 같이 호시탐탐 삼킬 자를 노리고 있다.

> "근신하라. 깨어라. 너희 대적 마귀가 우는 사자같이 두루 다니며 삼킬 자를 찾나니 너희는 믿음을 굳건하게 하여 그를 대적하라. 이는 세상에 있는 너희 형제들도 동일한 고난을 당하는 줄을 앎이라"(벧전 5:8-9).

신자의 참된 믿음은 영화 때까지 인내로 지켜내는 것으로 드러난다. 견인은 하나님이 이 세상에서부터 하나님 나라로 우리를 이끄시는 경로다.[34] 따라서 신자는 견인으로 하나님 나라를 유업으로 얻어야 한다. 견인은 마라톤 경주와 같다. 우리를 얽매는 죄의 유혹을 벗어버리고 인내로 견인의 경주를 끝까지 달려가야 한다.

> "이러므로 우리에게 구름같이 둘러싼 허다한 증인들이 있으니 모든 무거운 것과 얽매이기 쉬운 죄를 벗어 버리고 인내로써 우리 앞에 당한 경주를 하며 믿음의 주요 또 온전하게 하시는 이인 예수를 바라보자. 그는 그 앞에 있는 기쁨을 위하여 십자

가를 참으사 부끄러움을 개의치 아니하시더니 하나님 보좌 우편에 앉으셨느니라"(히 12:1-2).

* 견인을 위한 경고

견인되는 성도들을 위해 성경은 엄한 경고를 보낸다. 앞서 살펴보았던 히브리서의 경고 구절(2:3, 3:12, 6:4-6, 10:26-31)이 대표적인 예이다(1장의 여섯 번째 주제 '한 번 죄를 범하면 다시 구원받을 수 없다?' 참조). 성경은 한편으로 신자의 견인과 확실한 안전을 말씀한다. 누구도 예수님의 손에서 신자들을 빼앗지 못한다(요 6:39, 10:28-29). 그러나 성화와 견인에서 이탈하여 불의함에 빠지면 하나님 나라를 유업으로 받지 못할 것이다(고전 6:9-10, 갈 5:21). 이러한 경고들을 어떻게 이해해야 할까?

이러한 경고는 영생을 확신하는 하나님의 택함받은 자녀들, 즉 참된 성도에게 믿음 안에서 인내하도록 전향적으로 주신 것이다.[35)]만약 이러한 경고가 후향적으로 주어졌다면 사람을 결과론적으로 판단할 가능성이 크다. "네가 이렇게 믿음을 지키지 않고 방탕한 것을 보니 너는 참된 신자가 아니었음에 틀림없어!" 이런 식의 판단은 위험하다. 그가 끝까지 택함받았는지 아닌지, 참된 신자인지 아닌지는 우리의 판단 영역이 아니라 오직 하나님의 주권에 속한 것이기 때문이다. 따라서 이러한 경고는 '전향적'으로 사용되어야 한다.

자동차를 타고 가다가 벼랑에 떨어지는 표지판이 나온다고 하자. 그것은 곧 자동차가 벼랑에 떨어진다는 말인가? 아니다. 벼랑에 떨어질 수 있는 위험이 있으니 조심하라는 경고다. 이 경고를 보고 운전자는 속도를 줄이고 주변을 더욱 예의 주시하여 조심스럽게 운전한다. 이것은 운전자가 죽음의 길로 들어섰으니 이제 죽었음을 선언하는 후향적인 성격의 것이 아니라 위험이 도사리고 있으니 예방운전을 하라는 전향적 경고인 것이다.

따라서 견인을 위한 경고의 구절들은 참된 신자들로 믿음 안에서 인내하도록 하나님이 정하신 은혜의 방편이다. 이러한 경고는 신자가 타락하지 않도록 지켜주는 긍정적 역할을 한다.[36]

▶ 영화

구원의 마지막 완성 단계로, 마지막 날 성도는 온전히 거룩하게 되고, 그의 몸 또한 부활하여 영광스럽게 되어 신자의 전 존재가 그리스도를 완전히 닮는 상태에 이르게 된다. 구원의 완성으로서 영화에는 우리 영혼의 영화뿐 아니라 몸의 영화도 포함된다. 이는 인간의 타락을 생각하면 도움이 된다.

아담의 타락으로 인류에게 죽음이 찾아왔다. 죽음은 인간의 영혼과 육체를 전적으로 타락시켰다. 또한 죽음으로 사람의 육체와 영혼은 끔찍한 분리를 경험하게 되었다. 하지만 신자의 구원이 완성될 때 이 모든 것이 영광스럽게 회복된다. 영화는 크게 두 단계로 이루어진다. 첫째는 영혼의 영화이고, 둘째는 육체의 영화이다.

먼저, 영혼의 영화를 살펴보자. 성도는 죽는 순간 그 영혼이 몸과 분리되어 하늘나라, 곧 낙원에 들어간다. 그의 영혼은 천국에서 완전한 거룩함과 영광을 맛보며 하나님과 영광스럽고 완전한 교제를 나누며 온전히 그리스도를 닮는다.

둘째, 육체의 영화다. 영혼이 하늘나라에 들어가 있는 동안 성도의 육체는 이 땅에 묻혀 최종적인 구속, 곧 몸의 부활을 기다린다. 그리스도께서 재림하실 때 천사장의 나팔소리와 함께 우리의 몸은 부활하여 영광스럽게 된다.

> "보라. 내가 너희에게 비밀을 말하노니 우리가 다 잠 잘 것이 아니요 마지막 나팔에 순식간에 홀연히 다 변화되리니 나팔 소리가 나매 죽은 자들이 썩지 아니할 것으로 다시 살아나고 우리도 변화되리라. 이 썩을 것이 반드시 썩지 아니할 것을 입겠고 이 죽을 것이 죽지 아니함을 입으리로다"(고전 15:51-53).
>
> "주께서 호령과 천사장의 소리와 하나님의 나팔 소리로 친히 하늘로부터 강림하시리니 그리스도 안에서 죽은 자들이 먼저 일어나고"(살전 4:16).

이때 신자의 죽었던 몸은 그 영혼과 결합하여 최종적인 구원을 성취하며 전인적인 영광을 경험한다. 부활의 몸은 더 이상 사망의 권세가 주관할 수 없다. 왜냐하면 그리스도의 재림과 함께 사망은 불못에 던져져 더는 힘을 쓸 수 없기 때문이다(계 20:14). 신자의 부활한 몸은 그리스도의 부활한 몸과 같이 변화될 것이다.

> "그는 만물을 자기에게 복종하게 하실 수 있는 자의 역사로 우리의 낮은 몸을 자기 영광의 몸의 형체와 같이 변하게 하시리

라"(빌 3:21).

이러한 영광스러운 몸으로 성도는 더 이상 아픔과 눈물과 고통과 질병과 사망에 사로잡히지 않고 완전히 해방될 것이다(계 21:4, 고전 15:53). 한편 이런 영광스러운 모습은 신자의 양자 됨의 최종적인 완성이기도 하다.

"그뿐 아니라 또한 우리 곧 성령의 처음 익은 열매를 받은 우리까지도 속으로 탄식하여 양자 될 것 곧 우리 몸의 속량을 기다리느니라"(롬 8:23).

하나님이 우리를 자녀 삼아주신 것은 단순히 영혼의 구원으로 끝나지 않는다. 독생자 예수 그리스도가 온전한 몸의 부활로 영광스럽게 되어 부활의 첫 열매가 되신 것처럼(고전 15:20,23) 신자도 온전한 몸의 부활로 양자 됨을 완성할 것이다. 이러한 영광스러운 신분으로 신자는 독생자 예수 그리스도와 함께 하늘의 유업을 잇는 상속자가 될 것이다(히 1:2,14, 엡 3:6, 딛 3:7).

한 가지 주목할 점은 성도의 영화의 최종적인 모습은 그리스도의 신부된 교회의 영화로 나타난다는 것이다(계 21:2,9). 따라서 성도의 성화, 견인, 영화는 교회와 함께 이루어가야 한다.

[7장 각주]

1) 최윤배, 「구원은 하나님 은혜의 선물」(서울: 킹덤북스, 2016), 23쪽.
2) 양형주, 「바이블 백신 2」, 87쪽.
3) 위의 책, 89쪽.
4) 강웅산, 「구원론」(화성: 말씀과 삶, 2016), 162쪽
5) 정성욱, "[정성욱 교수의 조직신학 에세이 8] 거듭남과 중생이란 무엇인가?"(기독일보, 2020. 11. 16.)
6) 양형주, 「바이블 백신 2」, 106쪽.
7) 위의 책, 107쪽.
8) 강웅산, 「구원론: 성경신학적 조직신학」, 279쪽.
9) 양형주, 「바이블 백신 2」, 111쪽.
10) 웨스터민스터 신앙고백 14조 2항.
11) 정성욱, "[정성욱 교수의 조직신학 에세이 7] 믿음이란 무엇인가?"(기독일보, 2020. 11.9.)
12) 양형주, 「바이블 백신 2」, 124쪽.
13) 위의 책, 124쪽.
14) 정성욱, "[정성욱 교수의 조직신학 에세이 7] 믿음이란 무엇인가?"(기독일보, 2020. 11.9.)
15) 매튜 바렛, 김태곤 역, 「구원에 관한 40가지 질문」(서울: 아가페, 2020), 254-255쪽.
16) 위의 책, 257쪽.
17) 정성욱, "[정성욱 교수의 조직신학 에세이 2] 칭의에 대한 오해와 혼란에서 벗어나라"(기독일보, 2020. 10. 5.)
18) 위의 글.
19) 양형주, 「평신도를 위한 쉬운 로마서」(개정증보판), 198쪽.
20) 양형주, 「바이블 백신 2」, 130쪽.
21) 위의 책, 130쪽.
22) 정성욱, "[정성욱 교수의 조직신학 에세이 9] 그리스도인이 누리는 최대의 특권: 양자 됨(adoption)"(기독일보, 2020. 11. 23.)
23) 양형주, 「바이블 백신 2」, 137쪽.
24) 매튜 바렛, 「구원에 관한 40가지 질문」, 318쪽.
25) 위의 책, 316쪽.

26) 양형주, 「바이블 백신 2」, 140-141쪽.
27) 매튜 바렛, 「구원에 관한 40가지 질문」, 339쪽 참조.
28) 위의 책, 340-341쪽.
29) 양형주, 「바이블 백신 2」, 143쪽.
30) 매튜 바렛, 「구원에 관한 40가지 질문」, 389쪽.
31) 위의 책, 394쪽.
32) 루이스 벌코프, 권수경 외 역, 「조직신학 (하)」(서울: 크리스챤다이제스트, 1991), 799쪽.
33) 양형주, 「바이블 백신 2」, 168쪽.
34) 매튜 바렛, 「구원에 관한 40가지 질문」, 415쪽.
35) 위의 책, 425쪽.
36) 위의 책, 442쪽.

〉〉〉 CHAPTER · 08

구원의 과거, 현재, 미래

이단들의 가르침을 보면 성도의 구원을 흔드는 것이 많다. 그중에 구원의 과거, 현재, 미래시제와 관련한 질문이 꽤 많다.

- 당신은 정말 구원받았는가? 그렇다면 몇 년, 몇 월, 몇 시에 구원받았는가? (과거)
- 당신의 지금 현재 상태가 구원받은 것이 맞나? 두렵고 떨림으로 구원을 이루어가라(빌 2:12)고 했는데, 당신은 구원을 이루어가는 중인가? (현재)
- 당신은 장차 하나님의 심판대에서 확실히 구원받을 것인가? 예수께서 주여 주여 하는 자들을 모른다고 하시며 내게서 떠

나가라고 하셨는데, 나는 바깥 어두운 곳으로 쫓겨나지 않을 자신이 있는가? (미래)

주의할 것은 구원을 이러한 과거, 현재, 미래의 구분된 문제로 이해하려 하다가는 자칫 확신을 잃고 두려움에 빠지기 쉽다는 점이다. 그렇다면 성경은 구원의 시제를 어떻게 말하고 있을까? 놀랍게도 성경은 구원을 과거시제로도, 현재시제로도, 미래시제로도 진술하고 있다.

구원의 과거시제
: 이미 구원을 얻었다

성경은 신자가 그리스도를 믿음으로 '이미'(already) 구원을 받았다고 말씀한다. 아래의 구절을 살펴보자.

"내가 진실로 진실로 너희에게 이르노니 내 말을 듣고 또 나 보내신 이를 믿는 자는 영생을 얻었고 심판에 이르지 아니하나니 사망에서 생명으로 옮겼느니라"(요 5:24).

"모든 사람이 죄를 범하였으매 하나님의 영광에 이르지 못하더니 그리스도 예수 안에 있는 속량으로 말미암아 하나님의 은혜로 값없이 의롭다 하심을 얻은 자 되었느니라"(롬 3:23-24).

"그러므로 이제 그리스도 예수 안에 있는 자에게는 결코 정죄함이 없나니 이는 그리스도 예수 안에 있는 생명의 성령의 법이 죄와 사망의 법에서 너를 해방하였음이라"(롬 8:1-2).

"그 기쁘신 뜻대로 우리를 예정하사 예수 그리스도로 말미암아 자기의 아들들이 되게 하셨으니…. 우리는 그리스도 안에서 그의 은혜의 풍성함을 따라 그의 피로 말미암아 속량 곧 죄 사함을 받았느니라"(엡 1:5,7).

"허물로 죽은 우리를 그리스도와 함께 살리셨고 (너희는 은혜로 구원을 받은 것이라)"(엡 2:5).

"너희는 그 은혜에 의하여 믿음으로 말미암아 구원을 받았으니 이것은 너희에게서 난 것이 아니요 하나님의 선물이라"(엡 2:8).

"그가 우리를 흑암의 권세에서 건져내사 그의 사랑의 아들의 나라로 옮기셨으니 그 아들 안에서 우리가 속량 곧 죄 사함을 얻었도다"(골 1:13-14).

"그런즉 누구든지 그리스도 안에 있으면 새로운 피조물이라. 이전 것은 지나갔으니 보라. 새 것이 되었도다"(고후 5:17).

"누구든지 그리스도와 합하기 위하여 세례를 받은 자는 그리스도로 옷 입었느니라"(갈 3:27).

"새 사람을 입었으니 이는 자기를 창조하신 이의 형상을 따라 지식에까지 새롭게 하심을 입은 자니라"(골 3:10).

이와 같은 구절들은 신자의 구원이 '이미' 이루어진 것으로 말씀한다. 성도는 이미 그리스도 안에서 죄 사함을 받고 구원을 얻었다!

주목할 것은 여기서 구원을 진술할 때 그리스도 '안에' 또는 '함께'라는 표현이 종종 등장한다는 점이다. 이는 우리의 구원이 그리스도 안에서 혹은 그리스도와 함께 이미 일어난 과거의 사건임을 의미한다. 또 구원의 과거시제로 사용되는 표현으로 '옷 입는다'는 표현이 있다. 고대 근동에서 낡은 옷을 벗어버리고 새로운 옷으로 갈아입는 것은 신분의 변화를 의미한다(창 41:42, 눅 15:22 참조). 그리스도를 입은 것은 믿음으로 말미암아 의롭다 함을 받고 하나님의 자녀 됨의 신분을 얻었음을 의미한다.[1] 이는 신자가 믿음으로 말미암아 그리스도 안에 거함으로 일어나게 되는 신분의 변화를 가리킨다.

구원의 현재시제
: 구원, 이루어가는 중

성경은 신자가 구원을 이루어가고 있는 존재로 진술한다. 성도는 '이미' 구원 얻은 자이지만 동시에 '지금' 구원을 이루어가고 있는 자이기도 하다.

> "십자가의 도가 멸망하는 자들에게는 미련한 것이요 구원을 받는(being saved) 우리에게는 하나님의 능력이라"(고전 1:18).

여기서 구원은 현재진행형 분사로 현재 이루어지고 있는 사건임을 진술한다. 이러한 구원사건은 지금 계속되며 마지막 예수 그리스도께서 재림하실 때까지 계속된다. 그리스도 안에서 현재 진행 중인 구원을 끝까지 이루어가는 것이 중요하다. 그렇게 하면 장차 그리스도께서 재림하실 때 책망할 게 없는 자로 서게 될 것이다.

> "주께서 너희를 우리 주 예수 그리스도의 날에 책망할 것이 없는 자로 끝까지 견고하게 하시리라"(고전 1:8).

하지만 이러한 현재시제의 구원에는 주변의 저항과 공격이 있다. 특히 공동체의 분열과 상처와 아픔은 교회를 이탈하고 믿음생활을 실족하게 한다. 그래서 성경은 긴장을 늦추지 말고 공동체적 차원에서 같은 마음, 같은 뜻, 같은 사랑으로 다툼을 자제하고 겸손한 마음으로 공동체의 하나 됨을 이루어가라고 권면한다.

> "그러므로 나의 사랑하는 자들아 너희가 나 있을 때뿐 아니라 더욱 지금 나 없을 때에도 항상 복종하여 두렵고 떨림으로 너희 구원을 이루라"(빌 2:12).

특별히 여기에서 구원은 공동체의 지체가 함께 힘을 합하여 날마다 현재적으로 이루어갈 구원의 차원임을 주의할 필요가 있다(1장의 3단원 '두렵고 떨림으로 구원을 이루라' (빌 2:12 참조).

때때로 성도가 이루어가는 현재적 구원은 곤고함과 절망에 가까운 탄식을 쏟아내기도 한다.

"오호라. 나는 곤고한 사람이로다. 이 사망의 몸에서 누가 나를 건져내랴"(롬 7:24).

성도의 괴로움과 치열함이 물씬 배어나는 이러한 고백은 죄와 사망의 공중권세 잡은 세력들의 집요한 공격에 맞서 분투하는 성도의 종말론적 긴장을 보여준다. 성도 개인의 힘과 능력을 바라보면 절망스럽다. 그러나 이것은 신자 개인의 힘으로 이루어내는 구원이 아니다. 이는 신자와 함께하는 성령께서 주권적으로 역사하며 이루어가는 구원이다. 만약 성령이 신자 안에 거하시면 육신에 지지 않고 하나님을 기쁘시게 하는 자로 구원을 이루어갈 수 있다.

"만일 너희 속에 하나님의 영이 거하시면 너희가 육신에 있지 아니하고 영에 있나니 누구든지 그리스도의 영이 없으면 그리스도의 사람이 아니라. …너희가 육신대로 살면 반드시 죽을 것이로되 영으로써 몸의 행실을 죽이면 살리니 무릇 하나님의 영으로 인도함을 받는 사람은 곧 하나님의 아들이라"(롬 8:9, 13-14).

그뿐만이 아니다. 우리 안에 계시는 성령은 날마다 말할 수 없는 탄식으로 우리를 위하여 친히 간구하시며 우리의 연약함을 도우신다(롬 8:26). 이러한 현재적 믿음의 분투를 에베소서는 의와 진리의 거룩함으로 지으심을 받은 새 사람을 입는 과정으로 묘사한다.

"오직 너희의 심령이 새롭게 되어 하나님을 따라 의와 진리의 거룩함으로 지으심을 받은 새 사람을 입으라"(엡 4:23-24).
"오직 주 예수 그리스도로 옷 입고 정욕을 위하여 육신의 일을 도모하지 말라"(롬 13:14).

주목할 점은 새 사람을 입는 중에 역사하는 성령의 역할이다. 성령은 신자의 심령을 새롭게 하여 변화시키고, 의와 진리로 신자를 새롭게 옷 입힌다. 이를 가리켜 로마서 12장 2절은 "너희는… 마음을 새롭게 함으로 변화를 받아"라고 말씀한다. 또 '옷 입는다'는 것은 새로운 신분과 권세를 받았음을 나타낸다. 성도는 하나님 자녀의 신분과 그리스도의 권세가 부여되었기에 이제 공중권세 잡은 자를 향하여 왕의 자녀로서 '예수의 이름'으로 담대히 기도하며 거룩함을 이루어갈 수 있다.

구원의 미래시제 : 장차 얻을 구원

성경은 '이미' 얻은 구원과 '현재' 이루어가는 구원, 그리고 '장차 완성'될 최종적인 미래시제의 구원을 말씀한다. 구원을 미래시제로 진술하는 구절들을 검토하면 다음과 같다.

"그러면 이제 우리가 그의 피로 말미암아 의롭다 하심을 받았으니 더욱 그로 말미암아 진노하심에서 구원을 받을 것이니" (롬 5:9).

이 구절은 칭의 이후 신자가 받아야 할 최종적인 구원이 있음을 암시한다. 그리고 최종 구원에 이르기를 더욱 사모할 것을 촉구한다.

"또한 너희가 이 시기를 알거니와 자다가 깰 때가 벌써 되었으니 이는 이제 우리의 구원이 처음 믿을 때보다 가까웠음이라" (롬 13:11).

여기서 구원은 '이미' 일어난 과거의 사건이 아니라 '장차' 다가올 미래의 최종적인 사건으로 진술한다. 그렇다면 최종적인 구원은 어떤 상태일까? 다음 구절은 이를 잘 보여준다.

"그뿐 아니라 또한 우리 곧 성령의 처음 익은 열매를 받은 우리까지도 속으로 탄식하여 양자 될 것 곧 우리 몸의 속량을 기다리느니라"(롬 8:23).

최종적인 구원은 몸의 속량을 포함한다. 이는 곧 몸의 부활을 가리킨다. 구원 서정에서 살펴본 것처럼 몸의 부활이 있어야 성도의 최종적인 영화가 완성된다. 성경은 몸의 속량이 성령의 주권적 역사로 일어나는 것임을 진술한다.

"예수를 죽은 자 가운데서 살리신 이의 영이 너희 안에 거하시면 그리스도 예수를 죽은 자 가운데서 살리신 이가 너희 안에 거하시는 그의 영으로 말미암아 너희 죽을 몸도 살리시리라" (롬 8:11).

하나님의 거룩한 영이신 성령은 부활의 첫 열매되신 예수 그리스도를 죽은 자 가운데서 살리셨고, 종말에 신자들의 죽을 몸을 부활시켜 최종적인 구원을 완성하실 것이다. 그리하여 인간에게 전가된 죄책뿐만 아니라 죄의 부패성을 완전하게 극복하실 것이다.

"참으로 우리가 여기 있어 탄식하며 하늘로부터 오는 우리 처소로 덧입기를 간절히 사모하노라"(고후 5:2).

고린도후서 본문은 최종 부활을 부활의 몸을 '덧입는다' 라고 표현한다. 앞서 살펴본 것처럼 신약성경에서 구원을 묘사하는 '옷 입는다' 는 표현도 과거, 현재, 미래의 시제가 사용되었다. 이는 그리스도로 옷 입고 신분의 변화를 '이미' 얻은 신자가(갈 3:27) '날마다' 의와 진리의 거룩함으로 새 사람을 입고 삶의 변화를 구체화하며(엡 4:24), '마침내' 우리가 입어야 할 영광스러운 부활의 몸을 입는 것을 의미한다. 성경은 이러한 미래의 최종적인 구원을 확신하며 성도들에게 성화를 날마다 이루어갈 것을 권고한다.

"평강의 하나님이 친히 너희를 온전히 거룩하게 하시고 또 너희의 온 영과 혼과 몸이 우리 주 예수 그리스도께서 강림하실 때에 흠 없게 보전되기를 원하노라. 너희를 부르시는 이는 미쁘시니 그가 또한 이루시리라"(살전 5:23-24).

"너희 안에서 착한 일을 시작하신 이가 그리스도 예수의 날까지 이루실 줄을 우리는 확신하노라"(빌 1:6).

'그리스도 안에' 성령으로 역사하는 구원 서정

구원의 시제를 과거, 현재, 미래로 분리할 때 자칫 구원에 대한 오해와 불안이 생길 수 있다. 그렇다면 구원의 세 가지 시제를 건강하고도 통합적으로 이해할 방법이 없을까? 그 핵심에 바로 '그리스도 안에'(in Christ)서 이루어지는 신비로운 '그리스도와의 연합'(union with Christ)이 있다. 성경에는 '그리스도 안에' '주 안에' '아들 안에' '그리스도와 함께' 등 그리스도와의 연합을 나타내는 표현이 많이 등장한다. '그리스도 안에'라는 문구는 신약성경에 총 76회 등장하는데 이중 베드로전서에서 3회 사용된 것을 제외하고 바울서신 안에서 무려 73회나 등장한다.[2] 성도는 "그리스도 예수 안에 있는 신실한 자들"(엡 1:1)이다. 성령은 신자를 그리스도와 연합하게 하시는데 이 연합으로 말미암아 하나님은 "허물로 죽었던 우리를 그리스도와 함께 살리셨고, 또 함께 일으켜 그리스도 안에서 함께 하늘에 앉히셨다"(엡 2:5-6 참조). 구원의 과거, 현재, 미래의 모든 것이

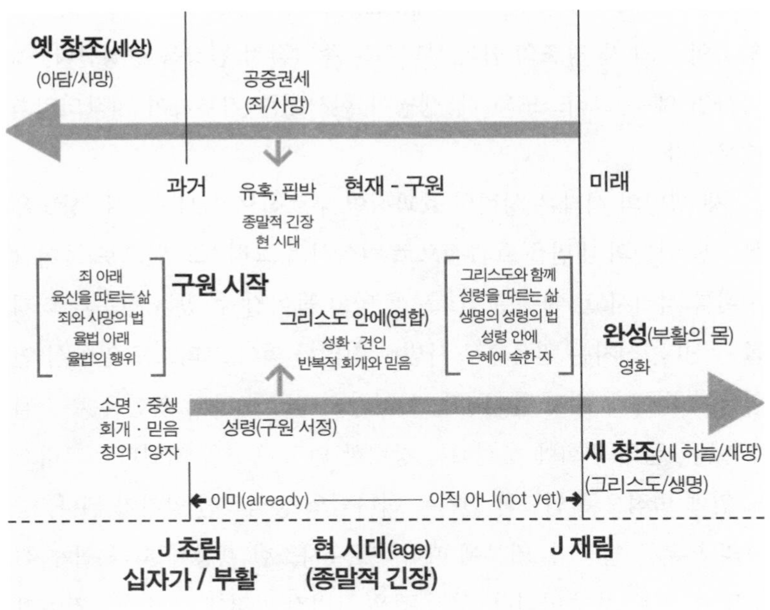

'그리스도 안에' 있는 성도의 실존에서 통합된다. 이를 도표로 나타내면 위와 같다.

이 도표에는 서로 반대 방향으로 크게 상충하는 긴장된 힘이 있다. 그것은 공중권세 잡은 사탄이 휘두르는 옛 창조의 힘과 예수 그리스도의 십자가와 부활로 이 땅에 침투한 새 창조의 힘이다. 사탄이 공중권세를 휘두르는 기간은 얼마 남지 않았다(계 12:12). 곧 다가올 그리스도의 재림과 함께 옛 시대(age)는 끝난다. 이와는 반대로 그리스도의 십자가와 부활로 시작된 새로운 시대(age)는 그리스도의 재림과 함께 영광스럽게 완성된다. 그리스도의 초림과 재림 사이, 즉 다가올 시대를 기다리는 현시대(this present age, 롬 12:2)에는 옛 창조의 힘과 새 창조의 힘이 부딪치는 종말론적 긴장을 형성한다. 왜냐하면 예수 그리스도의 새 생명이 현시대를 침투하여 시작되었기 때문이다.

새 생명의 시작은 성령의 효과적인 부르심으로 시작된다. 성령은 부르신 이들의 내면을 효과적으로 변화시켜 그리스도 안으로 들어갈 준비를 시키시고, 예수 그리스도를 믿고 돌이킬 수 있는 믿음과 회개를 주신다. 신자는 믿음으로 사법적 칭의를 얻어 그리스도 안에서 연합하여 의롭게 된다(갈 2:17). 이러한 그리스도와의 연합은 취소될 수 없는, 삶의 변화에 우선되는 강력한 법적 측면을 지닌다.[3] 그리스도 안에 법적으로 연합한 신자는 하나님의 공식적인 양자가 된다. 양자의 본분은 입양 후 기분에 따라, 또는 사소한 행동에 따라 쉽게 취소될 수 있는 것이 아니다. 양자 됨은 사법적 판결에 근거하는 것이기 때문이다. 이러한 것들이 주로 단회적 과거동사를 사용하여 진술했던 구원의 과거시제에 해당하는 구원 서정이다.

구원의 현재시제는 그리스도 안에 있는 성도의 현재적 서정의 역사를 보여준다. 성도는 그리스도 안에 거하며 성령의 능력으로 거룩해지며(성화), 하나님의 사랑에서 끊어지지 않고 끝까지 보호하심을 얻어 견고하게 서게 된다(견인). 혹여나 그리스도와의 관계가 어긋나더라도 성령의 책망으로 다시 반복적으로 회개하고 거듭 그리스도를 붙들며 나아간다.

구원의 미래시제는 그리스도 안에 있는 최종 심판과 성도의 영화를 가리킨다. 그리스도 안에 연합한 성도는 그리스도의 의를 힘입어 장차 올 최후 심판에 정죄함 없이 의롭다 하심을 선언받을 것이다. 이런 면에서 그리스도 안에 연합한 신자의 칭의는 미래의 종말로 연결된다.[4] 그리스도 안에서 최종적인 종말적 칭의를 확정받은 성도는 그리스도의 재림 때 그의 썩을 몸이 영광스러운 몸으로 부활하여 그의 의를 최종적으로 입증하게 된다. 그리스도께서 부활하심으로 의롭다 선언받으신 것은 또한 신자의 칭의를 위해서 부활하신 것이기도 하다(롬 4:25).[5] 그와 연합한 신자는 마지막 때 최종적인 칭의를 그리스도의 부활에 참여함으로 경험한다. 이때 신자는 완전한 새 생명을 입고 그의 몸이 영광스럽게 부활하여 온전히 그리스도를 닮는다. 이로써 성도의 구원 서정은 최종적으로 완성된다.

'그리스도 안에' 일어나는 성령의 연합은 '그리스도와 함께'[6] '그리스도 안으로'[7] '그리스도를 통해'[8] 등으로도 사용된다. 이는 모두 그리스도와의 연합을 가리키는 표현들로 신자가 경험하는 신비로운 영적 실재(reality)이기도 하다.[9] 더 나아가 성경은 우리가 '그리스도 안에' 거하는 것은 그리스도가 '우리 안에' 거하는 상태임을 말씀한다.[10] 이는 그리스도와의 연합이 매우 강력하고 상호침투적임을 의미한다. 이런 침투가 있기에 그리스도와 연합하게 하신 성령은 신자가 기도할 바를 알지 못할 때조차 말할 수 없는 탄식으로 신자를 위해 기도하실 수 있는 것이다.

그리스도와의 연합은 성경에 여러 가지 이미지로 나타난다.[11]

첫째, '그리스도의 몸'이다(롬 12:4-5, 고전 6:15, 10:16-17). 이는 신자가 그리스도 안에서 서로 결합된 유기적 존재임을 보여준다.

둘째, '성전과 건물' 이다(고전 3:9,16-17, 6:19-20). 성전은 하나님이 그의 백성 가운데 성령으로 거하시는 곳이고 신자는 함께 성령 안에 성전을 이루어간다.

셋째, '결혼' 이다(롬 7:1-4, 고전 6:15-17, 고후 11:2-3, 엡 5:22-32, 계 19:9, 21:2, 22:17). 결혼은 개인적이고 배타적인 결속관계를 상징하며 이는 교회와 그리스도의 영적 연합을 나타낸다.

넷째, '옷' 이다(롬 13:12-14, 8:11, 고전 15:51-54, 고후 5:1-4). 이는 그리스도를 닮고 일치되어 가는 강력한 연합을 상징한다.

요컨대 그리스도를 믿는 것(believing in)은 그리스도 안으로 들어가 그분과 연합하는 것이다. 이 연합은 법적 효력을 갖는 연합이기에 취소될 수 없다. 법적 효력의 근거는 우리를 의롭다 선언하시는 하나님의 의에 근거한다(롬 1:17).[12] 그리스도와 연합할 때 신자는 그리스도의 구속사에 함께 '참여' 하고, 그의 현존에 실재적으로 상호 내주하게 되며, 그리스도의 지체들과 함께 공동체적으로 '통합' 하게 된다.[13]

[8장 각주]

1) 유승원, 「크고 넓은 교회, 높고 깊은 신학: 설교를 위한 에베소서 연구」(서울: 한국성서학연구소, 2001), 232쪽.
2) 콘스탄틴 R. 캠벨, 김규섭 외 역, 「바울이 본 그리스도와의 연합」(서울: 새물결플러스, 2018), 79-260쪽 참조.
3) 매튜 바렛, 「구원에 관한 40가지 질문」, 113쪽.

4) 콘스탄틴 R. 캠벨, 「바울이 본 그리스도와의 연합」, 526-527쪽.

5) 리차드 B. 개핀, 손종국 역 「부활과 구속」(서울: 엠마오, 1985), 159-162쪽.

6) 롬 6:4-8, 8:17,29,32, 고후 13:4, 갈 2:19, 엡 2:5, 골 2:12,13,20, 3:1,3,4, 빌 1:23, 3:10,21, 살전 4:14,17, 5:10.

7) 롬 6:3, 11:36, 16:5, 고전 8:6,12, 고후 1:21, 갈 2:16, 3:24,27, 엡 4:15, 5:32, 빌 1:29, 골 1:16-17,20, 2:5, 몬 1:6.

8) 롬 1:3-5,8, 2:16, 3:22, 5:1-2,8-9,11,17,21, 7:4,25, 15:30, 16:27, 고전 8:6, 15:57, 고후 1:5,20, 3:4, 5:18, 10:1, 갈 1:1,12, 2:16, 6:14, 엡 1:5, 2:17-18, 빌 1:11, 3:9, 골 1:16-17,19-20, 3:17, 살전 5:9, 딛 3:6.

9) 콘스탄틴 R. 캠벨, 「바울이 본 그리스도와의 연합」, 553쪽.

10) 요 6:56, 15:4-5, 롬 8:10, 고후 13:5, 갈 2:20, 엡 3:17, 골 1:27, 요일 4:13.

11) 콘스탄틴 R. 캠벨, 「바울이 본 그리스도와의 연합」, 353-430쪽; 매튜 바렛, 「구원에 관한 40가지 질문」, 107쪽.

12) 하나님의 의에 관해서는 양형주, 「평신도를 위한 쉬운 로마서」(개정증보판), 21-23쪽, 37-47쪽을 참조하라.

13) 콘스탄틴 R. 캠벨, 「바울이 본 그리스도와의 연합」, 556쪽, 566쪽.

〉〉〉 CHAPTER · 09

언약의 성취로서의 구원

지금까지 살펴본 구원은 주로 죄와 사망으로부터의 구원의 관점에서 검토한 것이다. 이는 타락의 관점에서 본 구원이었다. 하지만 구원을 이해하는 또 다른 관점이 있다. 그것은 바로 창조 직후 인류와 맺었던 언약의 관점이다. 이렇게 볼 때 구원의 시야가 더욱 확장되고 풍성해진다. 언약의 관점에서 구원은 하나님이 인류와 맺으셨던 약속을 인류의 타락에도 포기하지 않으시고, 그의 신실하심으로 마침내 이루고 성취하시는 언약 성취의 과정과 완성이다.

성경은 하나님께서 작정하신 영생을 예수 그리스도의 이름을 의지하는 자들에게 주시기 위하여 성령의 감동으로 기록한 구원의 책이다(요 20:31, 요일 5:13, 딤후 3:16). 동시에 성경은 이러한 역사를 이루기까지 이어져 온 하나님의 언약책이다. 성경을 언약의 책으로 볼 때 우리는 구원에 대하여 불의한 인간이 구원받는 것에서 그치지 않고, 하나님이 사람을 처음 창조하실 때의 생명력 충만한 창조신학의 의도와 목적을 보다 풍성하게 발견할 수 있다.

성경은 크게 구약과 신약으로 분류한다. 구약은 옛 언약을, 신약은 새 언약을 가리킨다. 구약(Old Testament)과 신약(New Testament)을 의미하는 영어 'Testament'는 라틴어 'Testamentum'에서 온 것으로 '언약'(Covenant)을 의미한다.[1] 구약은 옛 언약, 신약은 새 언약이란 뜻이다. 여기서 옛 언약은 하나님의 언약을 가리키는 것이 아니라 신약의 새 언약이 나타나기 이전까지 하나님이 구약백성들과 맺었던 이전의 언약들을 총체적으로 가리킨다. 옛 언약과 새 언약 사이에는 연속성과 단절성이 있다. 모두 신실하신 하나님의 언약을 성취하기 위한 것이지만 언약의 최종적 성취는 새 언약을 통해서 이루어진다.

* 언약이란 무엇인가?

언약이란 무엇인가? 한마디로 구속력 있는 선택된 관계이다. 언약으로 맺어진 두 당사자는 서로에 대한 결속력 있는 약속으로 이 관계를 지탱한다. 언약은 다음의 세 가지 특징을 갖는다.[2]

첫째, 언약은 관계적이며, 이는 계약과 다르다. 계약은 당사자 간의 조건이 맞지 않아 계약 이행에 불성실하면 언제라도 파기할 수 있다. 하지만 언약은 서로를 향한 사랑과 성실로 맺어진 관계이기에 비록 당사자 중 한쪽이 불성실해도 쉽게 파기되지 않고 끝까지 인내하며 신실할 것을 내포한다.

둘째, 언약은 선택과 결단으로 체결하고 들어가는 관계다. 대표적인 예가 결혼이다. 결혼은 남녀가 혼인 언약관계 안에 들어가기로 선택하는 것이다.

셋째, 언약관계는 결속력 있는 약속과 의무를 포함한다. 언약관계를 지탱하기 위해서는 관계에 걸맞은 상호 간의 의무와 책임이 따른다. 결혼서약을 생각해보라. 남녀가 부부의 언약관계 안으로 들어갈 때 배우자만을 향한 상호 배타적인 사랑의 관계와 신실함을 약속한다. 배우자와 언약관계에 들어가는 것은 배우자 외에 다른 이성을 쳐다보지도 않겠다 결단하고 선택하는 것이다.

넷째, 언약체결에는 종종 언약체결의 징표와 식사와 같은 언약체결 의식이 수반된다. 마치 결혼식을 통해 남녀가 언약관계를 체결하고, 반지와 같은 결혼 예물을 징표로 교환하며, 결혼 피로연을 하는 것과 같다.

사람이 하나님과 언약관계에 신실할 때 여기서 의로운 관계가 성립한다. 하지만 언약을 깨뜨리면 그 관계는 불의하다. 하나님과 바른 언약관계에서 이탈할 때 죄가 발생한다. 죄를 의미하는 히브리어 '하타트' 와 헬라어 '하마르티아' 는 둘 다 '표적을 빗나가는 것' (missing the mark)을 의미하며, 이는 하나님이 세우신 언약관계의 표적(책임과 의무)을 빗나가는 것을 뜻한다.[3]

불의한 인간은 언약을 번번이 깨뜨리고 죄를 지었다. 그럼에도 신실하신 하나님은 이런 인류와의 언약을 파기하지 않고, 오히려 새롭게 언약을 갱신하며 신실하신 하나님의 의를 계시하셨다. 여기서 언약의 갱신이란 개념을 주목할 필요가 있다. 성경에 등장하는 언약은 이전과 다르게 완전히 새롭게 체결되는 것이 아니라 이전 언약을 더욱 새롭게 갱신하는 것임을 기억하라. 그리고 그 절정에 예수 그리스도를 통하여 계시된 복음이 있다. 복음에는 믿음으로 구원을 주시는 하나님의 신실하신 언약적 의가 선명하게 드러나 있다(롬 1:17). 복음에 계시된 하나님의 언약적 의를 통하여 하나님은 아담의 후손을 하나님의 백성으로 삼고, 하나님은 그들의 하나님이 되어 그의 나라와 통치를 온전히 이루어가신다. 우리는 그 최종적인 성취를 요한계시록의 절정(21:3, 22:5)에서 본다. 언약의 관점에서 신자가 구원받은 것은 하나님의 온전한 언약백성이 된 것이다. 또 '그리스도 안에' 거하는 것은 '새 언약 안에' 거하는 것이다.

* 성경의 언약들

성경에는 하나님의 언약이 어떻게 계시되었고, 또 어떻게 갱신되어 새 언약에 이르게 되었을까? 구약의 언약은 크게 여섯 개로 분류한다. 이는 창조언약, 아담언약, 노아언약, 아브라함언약, 모세언약, 다윗언약이다. 이 언약들은 이전의 언약과 전혀 다른 새로운 언약이 아니다. 각각의 언약은 이전의 언약을 새롭게 갱신하여 체결되며 공통된 언약체결 형식을 취한다.

첫째, 전문이다. 전문에는 하나님 자신을 밝힌다.
둘째, 역사적 서언이다. 여기에는 하나님이 행하신 구원역사와 그 목적을 밝힌다.

셋째, 의무조항이다. 언약체결에 따른 의무사항을 진술한다.

넷째, 상벌조항이다. 언약을 지키는 자에게 주어지는 상과 복이 열거되고 언약을 깨뜨릴 때 마주할 형벌과 저주가 진술된다.

다섯째, 증인채택과 언약 조항의 작성과 보관, 정기적 낭독 조항이다. 조항은 정기적으로 읽고 낭독하여 잊지 않도록 한다.

이러한 언약체결 형식은 특별히 모세(옛) 언약과 새 언약에 두드러지게 대조되어 나타난다. 새 언약은 구약의 언약들과의 연속성을 계승하지만 예수 그리스도의 생애와 사역을 통해 완전히 새롭게 성취한 언약이다. 이제 성경에 등장하는 언약들을 하나하나 살펴보도록 하자.

하나님의 플랜 A, 창조언약

창조언약은 하나님께서 아담과 하와를 창조하시고 이들을 에덴동산으로 들어가게 하실 때 체결한 언약이다(창 1:27-28, 2:15-17). 이를 '에덴언약' '행위언약' '생명언약' '자연언약' 등으로 부르기도 한다. 비록 창세기 본문에는 명시적인 언약에 대한 언급은 없지만 호세아서는 아담이 하나님과 체결했던 언약을 어겼음을 진술한다(호 6:7, 참조 렘 33:20). 창조언약에 나타난 언약체결의 구조는 다음과 같다.[4)]

- 전문과 역사적 서언(창 1:1-2:15) : 하나님이 창조주시며 아담을 위해 천지만물을 창조하시고 아담을 지으셨음을 진술한다.
- 의무조항(창 1:27-28, 2:15) : 하나님은 아담에게 피조세계에 충만하여 땅을 정복하고 모든 생물을 다스리게 하시고, 특별히 에덴동산을 경작하며 지키도록 하신다.
- 상벌조항(창 2:16-17, 참조 창 3:3) : 동산 내의 각종 열매는 자유롭게 먹되 선악과는 먹지 말아야 한다. 선악과를 먹으면 죽을 것을 경고하신다.

하나님이 아담과 맺은 창조언약의 구조 안에는 피조세계가 하나님의 나라로 통치되기를 바라는 염원이 들어 있다. 창조언약의 의무조항(창 1:27-28, 2:15)과 상벌조항(창 2:16-17)을 살펴보면 하나님의 나라를 구성하는 핵심적인 요소가 내포되어 있음을 알 수 있다.

먼저, 의무조항을 보자.

> "하나님이 자기 형상 곧 하나님의 형상대로 사람을 창조하시되 남자와 여자를 창조하시고 하나님이 그들에게 복을 주시며 하나님이 그들에게 이르시되 생육하고 번성하여 땅에 충만하라. 땅을 정복하라. 바다의 물고기와 하늘의 새와 땅에 움직이는 모든 생물을 다스리라 하시니라"(창 1:27-28).

여기에는 하나님이 아담으로 하나님의 나라를 이루어가도록 생육하고 번성하며(후손, 백성), 땅을 정복하고(땅), 모든 생물을 다스리라(주권)는 일종의 위임령(mandate)이 들어 있다. 여기에는 하나님 나라를 이루어가기 위한 주요 외적 요소인 국민, 국토, 주권이 들어 있음을 알 수 있다.[5] 이어지는 2장 15절 조항은 아담의 위임령이 하나님의 나라가 되게 하는 특징을 보여준다.

> "여호와 하나님이 그 사람을 이끌어 에덴동산에 두어 그것을 경작하며 지키게 하시고"(창 2:15).

에덴동산은 온 세상 가운데 하나님의 특별한 임재가 함께하는 성소의 역할을 한다(이에 관한 자세한 설명은 10장 세 번째 주제 '장차 임할 새 하늘과 새 땅'을 참조하라). 에덴을 경작하며 지킨다는 것은 에덴에서 하나님을 섬기고 예배하며 에덴을 거룩하게 지키라는 예배자의 사명, 제사장의 사명을 의미한다. 이는 하나님의 나라가 국민, 국토, 주권만이 아니라 하나님을 예배하는 성전이 포함됨을 특징적으로 보여준다. 성전은 신정국가의 상징적인 특징이다. 이상으로 살펴본 창조언약 안에 들어 있는 백성, 땅, 주권, 성전은 하나님 나라를 구성하는 외부 구조(external structure)를 구성한다.

둘째, 상벌조항을 보자.

> "여호와 하나님이 그 사람에게 명하여 이르시되 동산 각종 나무의 열매는 네가 임의로 먹되 선악을 알게 하는 나무의 열매는 먹지 말라. 네가 먹는 날에는 반드시 죽으리라 하시니라"(창 2:16-17).

상벌조항은 일반적으로 금지조항으로 알려졌지만 이를 자세히 살펴보면 보다 풍성한 하나님 나라의 통치 원리가 들어 있음을 알 수 있다.[6] 이는 하나님 나라의 통치 헌법으로서 기능하며, 하나님 나라를 이루어가는 다음과 같은 내적 구조(internal structure)를 이룬다.

첫째, 여기에는 하나님의 절대 주권이 들어 있다. 에덴에서 살아가려면 하나님의 주권을 인정해야 한다. "여호와 하나님이 그 사람에게 명하여 이르시되"라는 말씀은 에덴동산이 하나님의 주권적인 말씀 아래 있음을 보여준다. 아담이 하나님의 형상을 가진 존재로 세상을 통치하고 다스리지만, 궁극적으로는 하나님만이 통치권자이자 입법권자이며 사법권자가 되신다.

둘째, 하나님 나라의 통치 헌법으로서의 상벌조항에는 자유의 가치와 원리가 들어 있다. "동산 각종 나무의 열매는 네가 임의로 먹되"라는 말씀이 이를 잘 보여준다. 여기서 '임의로'는 '마음껏', 또는 '자유롭게'(freely)라는 의미다. 하나님은 인간에게 에덴동산에서 하나님이 허락하신 각종 결실을 자유롭게 누릴 수 있도록 자유의지를 허락하셨고, 최대한의 자유를 보장하셨다. 하나님의 나라는 종의 멍에를 지고 시키는 대로 따르는 나라가 아니라 자유의지를 가지고 하나님이 주신 아름다운 결실을 마음껏 누리고 즐기고 창의적으로 사용할 수 있는 자유의 나라다(갈 5:1 참조).

셋째, 하나님 나라는 자유와 함께 '순종'이라는 가치와 원리가 공존한다. 이는 "선악을 알게 하는 나무의 열매는 먹지 말라"는 말씀에 잘 드러난다. 하나님은 모든 것을 허락하셨지만 단 한 가지, 즉 선악과를 허락하지 않으셨다. 인간은 자유를 부여받았지만 하나님만이 하실 수 있는 선악의 판단까지 하는 한계 없는 자유를 부여받은 것은 아니다. 인간의 자유는 하나님이 정하신 한계 안에서의 자유다. 인간은 하나님이 정하신 한계 앞에 순종해야 하는 피조물이다. 에덴에서 마음껏 자유를 누리되 그 자유는 하나님의 주권에 대한 존중, 그리고 하나님이 정하신 계명에 대한 순종의 한계 안에서만 누릴 수 있다. 하나님의 법치 안에 누리는 자유인 것이다.

넷째, 상벌조항은 법치의 가치와 원리를 담는다. 하나님이 정하신 계명의 한계를 넘어가는 순간, 법령을 어기는 순간 "반드시 죽으리라"고 하셨다. 하나님은 인간이 자유 안에 지켜야 할 법을 세우신 입법자인 동시에, 법을 어길 때 상응하는 형벌을 내리는 사법적 집행자이기도 하시다.

이상 하나님 나라의 상벌조항은 헌법에 기초한 법치의 원리와 같다. 이러한 하나님 나라의 원리를 함축적으로 표현한 것이 로마서 말씀이다.

> "하나님의 나라는 먹는 것과 마시는 것이 아니요 오직 성령 안에 있는 의와 평강과 희락이라"(롬 14:17).

여기서 의는 하나님과 바른 관계를 뜻한다. 하나님 나라는 한계 없는 무제한의 방탕과 쾌락이 아니라 하나님과 바른 관계에 기초할 때 누릴 수 있는 평강과 기쁨인 것이다.

＊ 창조언약에 들어 있는 아담의 3대 사명

하나님은 하나님의 형상과 모양대로 인간을 지으셨다(창 1:26). '형상'(히. 첼렘)은 대상을 원형으로 해서 조각한 모양을 말하고, '모양'(히. 테무트)은 원형을 닮은 모형을 뜻한다.[7] 사람이 하나님의 형상과 모양대로 창조되었다는 것은 하나님을 반영하는 대표자로 지음 받았다는 것이다. 하나님을 형상을 반영하는 대표자란 이 땅에서 하나님의 임재를 표상하고 자신의 복을 전달하는 지점을 가리킨다.[8] 고대 근동에서 '하나님의 형상'은 주로 왕들에게 적용되었다. 왕은 신의 형상을 가진 신의 아들이자 대리통치자로 세상에 신의 임재와 통치와 위엄을 반영하는 자로 여겨졌다.

하나님이 창조언약을 통해 아담에게 부여하신 사명은 크게 세 가지이다.

첫째, 왕적 사역이다(창 1:28). 아담이 땅을 정복하고 모든 생물을 다스리라는 명령을 받은 것은 그가 하나님으로부터 왕권을 부여받고 하나님의 임재와 복을 전달하는 왕적 사역을 임명받은 것이다.

둘째, 제사장적 사역이다. 하나님은 피조세계 중 특별히 에덴동산에 아담을 두어 이를 경작하며 지키게 하셨다(창 2:15). 에덴동산은 성전의 원형이다. 하나님은 에덴에 임재하셨고 한가운데는 마치 지성소의 언약궤를 상징하듯 생명나무와 선악을 알게 하는 소중한 나무가 있었다. 동산으로 들어가는 입구는 성전 입구와 같이 동쪽이다. 또 에덴에서 사방으로 강이 흘러나와 동산에 물을 대고 열매를 맺는데, 이는 장차 회복될 성전의 모습을 반영한다(겔 47:1-12, 계 22:1-5). 에덴에서 나오는 금과 보석(창 2:11-12)은 성막 건설과 제사장 흉패 제작에 사용된다(출 25:7,11,17,31).

하나님이 아담을 에덴동산에 '둔'(히. 누아흐-안식하다) 것은 하나님의 안식을 반영하고, '경작하게'(히. 아바드-섬기다, 예배하다) 하신 것은 에덴동산을 통해 하나님을 섬기고 예배하게 하신 것을 의미하며, '지키게'(히. 솨마르) 하신 것은 후에 제사장이 성막을 지키도록 한 사역을 나타낸다. 섬기고 지키는 사역은 제사장이 성막 봉사의 책무를 지키는 것을 나타낸다(민 3:7-8, 8:25-26, 18:5-7, 대상 23:32, 겔 44:14).[9] 아담이 에덴을 지키는 사명에는 악의 세력이 에덴동산의 성소를 침범하지 못하도록 지키는 것도 포함된다. 하지만 아담은 뱀의 침입을 허용함으로 이 사명에 실패했다.

셋째, 선지자적 사역이다. 아담은 하나님의 말씀을 잘 간직하여 하나님의 형상을 담지한 다음세대에 잘 가르치고 전해야 했다. 또한 생육하고 번성하여 이런 세대들이 땅에 충만해야 했다. 하지만 에덴동산에서 뱀의 유혹을 받았을 때 이 사명을 온전히 감당하는 데 실패했다.

하나님이 이러한 사명을 맡기고 언약을 체결하신 것은 아담에게 더 큰 복을 주시기 위함이었다. 만약 아담이 이 언약에 신실하게 순종했더라면 아담은 뱀을 다스리고 정복하였을 것이다. 그뿐만 아니라 온 땅을 정복하고 다스렸을 것이며, 하나님의 형상을 담지한 그의 후손이 하나님의 말씀대로 온 땅에 생육하고 번성하여 하나님의 이상적인 통치를 온전히 드러냈을 것이다. 물이 바다를 덮음같이 온 땅이 여호와를 아는 지식으로 충만하게 되었을 것이다(사 11:9, 합 2:14 참조).

또한 동산 중앙에 있는 생명나무 열매를 먹고 영생을 경험하는 상을 얻었을 것이다(창 3:22). 그렇게 되면 아담의 몸은 절대 썩지 않는 영광스러운 몸으로 영원히 살았을 것이다. 이때 아담은 영원한 종말론적 안식을 경험했을 것이고, 하나님은 이들에게 임시적인 가죽옷이 아니라 영광스러운 왕이자 제사장에 걸맞은 옷을 입혀 주셨을 것이다(창 3:7,12 참조). 아담은 하나님의 형상을 담지한 영광스러운 왕이자 제사장이요, 선지자이자 아들로 하나님의 나라에서 영생 복락을 누리는 존재가 되었을 것이다.

하지만 아담은 선악과를 먹음으로 인해 언약을 깨뜨렸고 에덴동산에서 쫓겨나게 되었다. 죄의 결과로 그의 육신은 죽음을 맞이하게 되었고 피조세계는 저주를 받아 아담의 삶을 힘들고 고단하게 하였다. 임시적인 가죽옷을 입고 평생 죽을 때까지 땀을 흘려야 먹고살 수 있게 되었다(창 3:17-19). 복이고 즐거움이었던 생육과 번성의 과정은 고통과 수고로 점철되었다(창 3:16). 그리고 그의 끝은 영생이 아닌 흙으로 돌아가야 했다.

이렇게 볼 때 에덴동산 중앙에 있는 생명나무와 선악을 알게 하는 나무는 창조언약의 내용을 보여주는 표지역할을 한다. 생명나무는 아담이 창조언약을 온전히 준수했을 때, 처음 창조되었을 때보다 훨씬 더 좋은 영생의 상태에 도달할 수 있는 표지를 보여준다. 반면 선악을 알게 하는 나무는 아담이 언약을 깨뜨렸을 때 그가 처음 창조되었을 때보다 훨씬 더 나쁜 죽음의 상태에 도달할 수 있음을 보여주는 표지역할을 한다.

결국 아담은 왕권을 잃어버렸고 제사장으로서, 선지자로서의 사명도 더 이상 감당할 수 없었다. 하나님의 형상을 잃어버린 아들로 추락했다. 그렇다면 하나님의 언약은 실패했는가? 언약에 신실하신 하나님은 여기서 모든 것을 포기하지 않으셨다. 하나님은 결정적일 때 사탄의 세력을 물리치시고 새로운 아담을 통해 하나님의 통치가 절대로 소멸되지 않고, 온 땅에 아담의 후손이 생육하고 번성하여 원래 작정하셨던 아담의 온전한 영생과 영광을 회복시키실 것이다. 그 첫 출발이 바로 타락의 현장에서 주신 아담언약이다.

좌초될 수 없는 구원 계획, 아담언약

아담언약은 선악과의 금령을 어김으로 창조언약을 깨뜨린 아담에게 곧바로 주신 약속이다.

> "내가 너로 여자와 원수가 되게 하고 네 후손도 여자의 후손과 원수가 되게 하리니 여자의 후손은 네 머리를 상하게 할 것이요 너는 그의 발꿈치를 상하게 할 것이니라 하시고"(창 3:15).

하나님은 인류가 불성실함으로 깨뜨린 언약을 신실하게 다시 회복시킬 것을 선언한다. 여기에는 세 가지 약속이 들어 있다.

첫째, 하나님께서는 인류를 타락하게 한 뱀을 심판하실 것이다. 그의 머리는 으깨져 부서질(crush, NIV) 것이고, 결국 패배할 것이다. 뱀의 머리를 상하게 한다는 것은 사탄의 주권(headship)을 깨뜨린다는 뜻이다.

둘째, 하나님은 뱀의 심판을 여자의 후손을 통해서 하실 것이다. 여자의 후손이 뱀의 머리를 상하게 할 것이다. 이는 뱀에게 패배하여 잃어버린 왕권을 여인의 후손이 인류를 대표하여 되찾아올 것을 예고하는 것이다. 사탄은 머리가 으깨져 힘을 잃고 아담의 타락 이래 장악했던 세상에 대한 주권을 여인의 후손에게 넘길 것이다. 여인의 후손은 뱀의 머리를 으깰 메시아적 인물이며, 죄 가운데 신음하던 인류는 잃어버린 하나님의 형상과 왕권을 그를 통해 회복하여 왕 같은 제사장으로 세워질 것이고(벧전 2:9 참조), 온 세상의 주가 될 것이다(빌 2:11 참조). 이로써 창조언약은 아담의 불성실함으로 좌절되지 않고, 마침내 성취될 것이다.

셋째, 여자의 후손은 뱀의 머리를 상하게 하지만 뱀은 여자 후손의 발꿈치를 상하게 할 것이다. 이는 여자의 후손이 어떤 방법으로 창조언약을 회복할 것인지를 보여준다. 그것은 바로 그리스도의 십자가와 부활이다. 사탄은 예수 그리스도가 십자가에 달릴 때 그에게 치명적인 타격을 가하고 자신이 승리했다고 환호할 것이다. 사탄은 예수의 십자가 죽음이 실패였다고 조롱할지 모른다. 그러나 그것은 겨우 예수님의 발꿈치를 문 것에 불과하다. 예수 그리스도는 결국 죽음을 이기고 승리하여 죄와 사망의 권세를 완전히 밟고 이기실 것이다(롬 16:20 참조).

아담언약은 하나님이 주도하는 일방적 구속역사를 선포하는 은혜의 언약이다. 깨진 언약을 회복하기 위해 아담에게 선행이나 대가

〈 행위언약 〉	〈 은혜언약 〉
조건적 타락 이전 인간의 순종과 불순종이 축복과 저주를 초래 순종 여부가 언약의 유지 / 폐기에 영향을 끼침. 인간의 신실함을 요구 창조언약-타락 이전의 가능성	무조건적 타락 이후 인간의 불순종이 언약을 무효화 할 수 없음. 하나님의 주권적이고 압도하는 은혜로 주시는 선물 하나님의 신실함을 요구 아담언약, 노아언약 아브라함언약, 다윗언약 〉〉 새 언약

〈 모세(시내산) 언약 〉
출애굽의 압도적 은혜로 체결 인간의 신실함을 요구, 타락 이후의 무능력 순종 여부가 언약의 유지 / 폐기에 영향 이스라엘 나라를 언약백성으로 삼기 위한 언약 피의 제사 임시적, 쇠퇴와 갱신을 암시 새 언약으로 갱신

를 요구하지 않는다. 인류는 하나님이 행하실 은혜의 역사를 믿음으로 기다리며 받아들이면 된다. 창조언약 이후로 하나님이 아담과 깨진 언약을 회복시키기 위하여 구속사를 통하여 주신 일련의 언약들이 있다. 아담언약, 노아언약, 아브라함언약, 모세언약, 다윗언약이다. 그리고 이러한 언약은 새 언약에서 절정에 이르러 마침내 창조언

약의 최종적인 회복과 완성을 성취한다. 창조언약 이후의 언약들을 가리켜 '구속언약'이라고 한다. 깨진 창조언약을 회복하기 위한 하나님의 구원행위를 약속한 언약이기 때문이다. 창조언약과 같이 행위 준수 여부가 중요하게 작용하는 '행위언약'이 아니라 은혜로 주시는 선물의 측면이 강하기에 '은혜언약'이라고도 한다.

창조언약이 행위언약인 것은 인류가 타락하기 이전에 선한 자유의지와 능력으로 언약을 준수할 수 있는 역량과 가능성이 있었기 때문이다. 하지만 창조언약에도 선행하는 하나님의 은혜가 전제되어 있다. 은혜로 세상을 지으시고 하나님의 형상을 따라 사람을 지으셨다. 그리고 에덴동산을 선물로 주셨다. 하나님은 이 모든 것을 은혜로 주셨고, 타락 이전 사람에게 주신 지·정·의로 하나님이 주신 선물을 더욱 풍성하게 가꾸어갈 것을 언약으로 체결하신 것이다.

하지만 타락 이후 사람은 자기 힘으로 언약을 준수할 수 있는 능력을 상실하였다. 오직 은혜로만 언약 안에 머무를 수 있게 되었다. 물론 시내산에서 맺은 모세언약은 행위의 요소를 강조하기는 하지만 모세언약 역시 이스라엘을 먼저 구속하신 하나님의 압도적인 은혜가 전제되어 있다. 행위언약과 은혜언약을 대조하면 앞의 표와 같다.

하나님의 신실하심이 이긴다, 노아언약

노아언약은 하나님이 세상을 물로 심판하신 후 노아와

맺은 언약(창 8:20-9:17)이다. 이는 죄로 말미암아 처한 멸망의 위기에도 인류와 피조세계를 물로 심판하지 않고 끝까지 보존해주겠다는 은혜언약이다.

> "내가 너희와 언약을 세우리니 다시는 모든 생물을 홍수로 멸하지 아니할 것이라. 땅을 멸할 홍수가 다시 있지 아니하리라" (창 9:11).

이 언약을 체결하기 전, 인류는 죄로 말미암아 거의 멸망 직전까지 갔다. 아담의 타락 이후로 죄는 빠르게 퍼져나갔다. 가인은 최초의 형제 살인을 감행하였고(창 4:8), 그의 후손은 타락한 도시 문명을 건설하여 번성해갔다(창 4:16-24). 이후 인류가 빠르게 번성하였으나 그들 마음에는 악이 가득했고 세상은 죄로 가득 찼다(창 6:5-7,11-12). 하나님은 세상을 창조하신 것을 한탄하시며 세상의 창조를 원점으로 돌리셨다. 창조 이전에 온 세상이 물로 가득 찼던 것처럼(창 1:2), 물과 물을 나누어 만드신 궁창을 다시 물로 채워 역창조를 진행하셨다(창 7:11). 사람의 불성실함과 죄악이 하나님의 진노의 심판을 자초했던 것이다. 그러나 하나님은 인류를 완전히 쓸어버리지 않고 한 믿음의 가정을 남겨두셨다. 바로 당대의 의인 노아와 그의 가족이었다. 노아는 하나님께 은혜를 입은 자였고(창 6:8) 믿음으로 하나님과 동행했던 자였다(히 11:7).

믿음으로 동행했던 노아와 그의 가족은 하나님의 크신 은혜로 구원을 받았고, 홍수 이후 하나님과 언약을 체결한다. 하나님은 앞으로 모든 생물을 결코 홍수로 멸하지 않겠다고 하신다. 이는 인간의 불성실함과 죄로 하나님의 창조언약이 좌절되지 않을 것을 의미한다. 인간의 불성실함이 하나님의 신실하심을 압도할 수 없다는 뜻이다. 이는 하나님이 아담에게 주신 아담언약을 성취하기 위해서라도 필요한 일이었다. 여인의 후손이 나타나 뱀의 머리를 상하게 할 때까지 인류는 하나님의 은혜로 보존되어야만 한다. 그래서 노아언약을 '보존언약'이라고도 한다.

하나님께서는 노아언약의 징표로 무지개를 주신다. '무지개'(히. 케쉐트)는 전쟁무기인 '활'(bow)을 의미한다. 하나님은 물(rain)을 화살로 무기 삼아 이 땅에 활(bow)을 당기셨었다. 그러나 이제는 이 활(rainbow)을 하늘에 걸어두셨다. 무지개는 하나님이 자신의 전쟁무기를 내려놓으셨고 다시는 인류를 쓸어버리지 않을 것을 약속하는 징표다.[10] 이 언약이 있었기에 인류는 바벨탑의 위기에서도 멸망당하지 않을 수 있었다. 홍수 이후 또다시 급속한 타락으로 인류는 바벨탑을 쌓기 시작했다. 이때 하나님은 바벨탑도 능히 잠기게 할 수 있는 홍수를 또다시 내리실 수 있었다. 그러나 인간의 불성실함이 하나님의 신실함을 결코 압도할 수 없다. 하나님은 노아언약을 기억하시고 홍수심판 대신 인간의 언어를 흩어버리셨다. 사람들은 언어에 따라 흩어지게 되었다.

하나님의 신실하심은 이것으로 끝나지 않는다. 장차 여인의 후손이 와서 뱀의 머리를 부순 후 그를 믿고 따르는 이들에게 성령을 부어 언어를 통일하실 것이다. 오순절 성령 강림 때 기도하던 사람들이 성령의 말하게 하심을 따라 말하기 시작할 때 이런 역사가 나타났다

(행 2:4). 더 나아가 이들을 여인의 후손의 증인으로 삼아 땅끝까지 이르러 온 인류의 흩어진 언어를 복음으로 통일하여 하나 되게 하는 역사로 회복시킬 것이다.

하나님은 이를 위하여 아담에게 주셨던 창조언약의 사명을 노아에게 이관시킨다. 역창조로 온 세상이 물로 뒤덮인 상태에서 하나님은 다시 창조를 시작하신다. 하나님의 숨결, 곧 그의 '영'(히. 루아흐)이 땅 위에 운행하시며 하늘과 땅의 물을 그치게 하시고 다시 물이 줄어들게 하고 뭍이 드러나게 하신다(창 8:1-5). 땅에는 식물과 나무가 자라게 하시고 새들과 기는 것들과 짐승들이 다시 번식하게 하신다(창 8:17-19). 바다 생물을 회복시킨다(창 9:2). 홍수 이후 피조세계는 다시 천체의 규칙적인 운행으로 인하여 심음과 거둠과 추위와 더위와 여름과 겨울과 낮과 밤이 재개되었다(창 8:22). 온 세상에 내려주시는 일반은총을 재개하신 것이다. 이후 하나님은 아담에게 주셨던 창조 명령을 다시 주신다.

> "하나님이 노아와 그 아들들에게 복을 주시며 그들에게 이르시되 생육하고 번성하여 땅에 충만하라"(창 9:1).
> "하나님이 자기 형상대로 사람을 지으셨음이니라. 너희는 생육하고 번성하며 땅에 가득하여 그중에서 번성하라 하셨더라"(창 9:6b-7).

노아는 아담의 사명을 계승했다. 일종의 새 아담이라 할 수 있다. 하나님이 아담에게 주셨던 사명을 다시 노아에게 주시는 것은 홍수 이후 인류가 완전히 새롭게 되었기 때문이 아니다. 하나님은 홍수심판 이후에도 인간 내면의 부패성이 절대 바뀌지 않았음을 아셨다.

> "여호와께서 그 향기를 받으시고 그 중심에 이르시되 내가 다시는 사람으로 말미암아 땅을 저주하지 아니하리니 이는 사람의 마음이 계획하는 바가 어려서부터 악함이라. 내가 전에 행한 것같이 모든 생물을 다시 멸하지 아니하리니"(창 8:21).

그렇다. 아담의 후손은 여전히 아담 안에서 죄책과 부패성을 안고 있었다. 하나님은 노아의 제사를 기쁘게 받으셨지만 여전히 인간의 타락성에 대해서 잘 알고 계셨다. 하나님은 세상을 재창조하셨지만 노아와 그의 가족을 에덴으로 들어오게 하지 않으셨다. 모든 피조물은 인류의 악함을 알고 두려워하기 시작했고(창 9:5) 하나님은 육식을 허용하셨다. 단 피째 먹는 것은 금하셨기에 피를 빼고 먹어야 했다(창 9:4). 하나님은 재창조된 세상에 이제부터는 인간 사회가 폭력을 폭력으로, 피를 피로 제어하여 악을 억제하게 하신다(창 9:5). 하나님의 형상으로 지음받은 사람의 생명을 함부로 빼앗는 것은 반드시 생명으로 그 대가를 치러야 한다. 그런데도 이전처럼 홍수로 돌아가지 않는다. 이는 하나님의 창조명령이 인간의 부패와 불성실함으로 결코 취소될 수 없음을 보여준다. 이로써 하나님은 여인의 후손이 올 때까지 인류의 악을 제어하며 보존하기로 작정하신다.

믿음으로 말미암는 신인류의 시작, 아브라함언약

아브라함언약은 노아언약과 마찬가지로 인류의 부패와 타락으로 희망이 보이지 않는 암담한 때에 체결되었다. 홍수심판 이후 인류는 전혀 나아질 조짐이 보이지 않았고, 바벨탑사건이라는 하나님을 향한 초유의 반란 사태가 일어나기에 이른다. 모두가 타락의 길을 걷고 있을 때 하나님은 한 사람 아브라함을 부르셨고, 그의 후손을 통해 잃어버린 세상을 되찾겠다고 약속하셨다. 아브라함이 부름받은 것은 그의 선행과 공로 때문이 아니다. 그도 역시 한때 우상 숭배에 빠져 있던 죄인이었다.

> "여호수아가 모든 백성에게 이르되 이스라엘의 하나님 여호와께서 이같이 말씀하시기를 옛적에 너희의 조상들 곧 아브라함의 아버지 나홀의 아버지 데라가 강 저쪽에 거주하여 다른 신들을 섬겼으나 내가 너희의 조상 아브라함을 강 저쪽에서 이끌어 내어 가나안 온 땅에 두루 행하게 하고 그의 씨를 번성하게 하려고 그에게 이삭을 주었으며"(수 24:2-3).

로마서는 아브라함이 경건하지 아니한 자였다고 한다(롬 4:5). 이렇게 볼 때 아브라함언약의 체결 근거는 아브라함이 아닌 하나님의 신실하심에 있다. 아브라함언약은 크게 세 곳(창 12:1-3, 15장, 17장)에 등장한다. 먼저 창세기 12장에서 나오는 하나님의 언약을 보자.

> "여호와께서 아브람에게 이르시되 너는 너의 고향과 친척과 아버지의 집을 떠나 내가 네게 보여 줄 땅으로 가라. 내가 너로 큰 민족을 이루고 네게 복을 주어 네 이름을 창대하게 하리니 너는 복이 될지라. 너를 축복하는 자에게는 내가 복을 내리고 너를 저주하는 자에게는 내가 저주하리니 땅의 모든 족속이 너로 말미암아 복을 얻을 것이라 하신지라"(창 12:1-3).

이 내용에는 창조언약의 기본적인 방향이 들어 있다. 노아언약을 전제하는 가운데 아담언약의 성취를 위하여 전진하고 있다. 아브라함언약은 이전 언약과 완전히 다른 전면적인 새 언약이 아닌 갱신된 언약이다. 아브라함언약에 나타난 세 가지 요소를 주목해볼 필요가 있다. 하나님은 언약을 갱신하며 첫 사람 아담에게 주셨던 사명을 아브라함에게 이관하신다.

첫째, 큰 민족이다. 하나님은 아브라함을 통해 큰 민족을 이룰 것을 약속하셨다(출 1:7, 왕상 4:20 참조). 하나님은 아브라함의 후손을 하늘의 별과 같이, 바다의 모래같이 많게 하셔서 큰 민족을 이룰 것이다(창 15:5, 22:17, 참조 창 26:4, 28:14). 이러한 약속은 생육하고 번성하여 땅에 충만하라는 창조명령(창 1:27-28)이 아브라함에게 그대로 이관됨을 보여준다.[11] 큰 민족은 강대한 나라(창 18:18) 또는 왕국을 의미한다. 왜냐하면 아브라함의 후손에게서 왕들이 나올 것이기 때문이다(창 17:6, 35:11, 49:10). 이 나라는 이전에 실패해서 흩어졌던 바벨 제국과는 다른 하나님의 뜻에 따라 통치가 이루어지는 하나님의 나라가 될 것이다.

둘째, 땅이다. 하나님은 아브라함에게 그의 후손들이 하나님의 나라를 세울 땅을 허락하셨다. 바로 약속의 땅 가나안이다. 이 땅은 하나님의 온전한 통치를 구현할 일종의 새로운 에덴이었다.[12] 하나님은 그 땅의 경계를 애굽 강에서부터 큰 강 유브라데까지로 정해주셨다(창 15:18). 그리고 이 약속은 솔로몬 왕에 이르러 온전히 성취된다(왕상 4:21).

셋째, 아브라함을 통해 모든 민족이 복을 받는 것이었다. 이는 아브라함의 자손을 통해 복을 받는다는 말과 같다. 왜냐하면 이 약속은 이삭(창 26:4)과 야곱(창 28:14)에게 동일하게 이관되기 때문이다. 더 나아가 아브라함의 후손은 대적의 성문을 차지하게 될 것이다(창 22:17). 이는 가깝게는 아브라함의 후손이 가나안과 그 주변의 대적을 정복한다는 의미도 있지만 더 나아가 여인의 후손이 대적의 머리를 부수는 아담언약과도 연결되어 있다. 아브라함의 씨로 오는 여인의 후손은 대적의 머리를 부수고 모든 민족에게 복을 가져다줄 것이다.

창세기 15장에서는 이러한 언약이 성취되는 매우 중요한 두 가지 원리를 보여준다.

첫째, 아브라함언약은 오직 믿음으로 이루어질 것이다.

> "아브람이 여호와를 믿으니 여호와께서 이를 그의 의로 여기시고"(창 15:6).

아브라함은 언약을 성취하실 하나님을 신뢰했고, 하나님은 이런 아브라함을 그의 믿음으로 말미암아 의롭게 여기셨다. 사도 바울은 아브라함의 의는 행위가 아닌 오직 믿음으로 인한 것임을 명시한다(롬 4:1-25, 갈 3:6-9).

둘째, 아브라함언약은 오직 언약에 신실하신 하나님의 자기 투신으로 이루어질 것이다. 창세기 15장 8절 이하에는 하나님과 아브라함의 언약체결 장면이 나온다. 하나님은 아브라함에게 언약체결식에 필요한 짐승, 곧 3년 된 암소, 암염소, 숫양과 산비둘기와 집비둘기 새끼를 가져와 그 둘을 쪼개어 놓으라고 하신다. 언약체결식에서는 언약의 두 당사자가 함께 그 사이를 지나간다. 이렇게 지나가는 이유는 만약 언약을 지키지 못하면 그 당사자는 쪼개진 짐승처럼 쪼개질 것이라는 처벌조항을 감수하도록 하기 위함이다.[13] 그만큼 이 약속에 헌신하겠다는 엄숙한 맹세인 것이다. 그런데 쪼개진 짐승 사이로 하나님께서 친히 불이 되어 지나가신다! 우리는 여기서 언약이 하나님과 아브라함의 신인협력으로 이루어지는 것이 아니라 오직 하나님의 주권적인 은혜의 역사에 따라 이루어짐을 알 수 있다.

창세기 17장은 아브라함언약을 위한 증표를 요구한다. 그것은 바로 할례였다. 언약 안에 들어오는 구성원은 아브라함 가족의 남자뿐 아니라 종이라도 누구나 할례의 표징을 받아야 했다(10절). 아브라함은 하나님의 이 요구에 즉각 순종한다(27절). 아브라함은 언약을 받은 이후 연약함으로 인해 흔들릴 때도 있었지만, 하나님 나라의 왕으로 모든 민족에게 복과 하나님의 말씀을 주는 제사장과 선지자로 순종하기에 끊임없이 힘쓴다(창 22:12, 26:3 참조). 성경은 하나님께서 아브라함을 택하시고 언약을 체결하신 이유를 다음과 같이 말씀한다.

"내가 그로 그 자식과 권속에게 명하여 여호와의 도를 지켜 의와 공도를 행하게 하려고 그를 택하였나니 이는 나 여호와가 아브라함에게 대하여 말한 일을 이루려 함이니라"(창 18:19).

아브라함언약은 일방적인 은혜의 언약이지만 신실하신 하나님과의 관계가 전제되어 있다. 하나님은 하나님과의 관계를 올바르게 지켜나가기 위해서 하나님의 뜻과 다스림에 기쁘게 순종할 것을 기대하신다. 이처럼 하나님과 올바른 관계에는 그 관계에 합당한 올바른 행동양식이 요구된다. 이러한 아브라함의 언약은 일차적으로는 이스라엘에 성취되지만 궁극적으로는 신약시대의 새 언약으로 그리스도의 몸 된 교회를 통해 성취된다.

제사장 나라로의 부르심, 모세언약

모세언약은 하나님이 모세를 중보자로 삼아 이스라엘 백성과 시내산에서 맺은 언약을 가리킨다. '모세언약'으로 부르는 것은 모세가 이스라엘의 대표자가 되었기 때문이다. 이를 '시내산언약'으로도 부르는데, 이는 언약이 시내산에서 체결되었기 때문이다. 하나님은 모세언약을 통해 이스라엘을 하나님의 언약백성으로 삼으셨다. 이스라엘과 언약관계가 성립되었음을 보여주는 언약 공식어구가 "나는 너의 하나님이 되고 너희는 내 백성이 될 것"이라는 표현이다(출 6:7, 19:5-6, 레 11:44-45, 민 15:41, 렘 11:4, 24:7, 30:22, 31:33, 히 8:10, 계 21:3).

모세언약은 '예수 그리스도께서 세우신 새 언약'과 대조하여 '첫 언약'으로도 부른다. 특히 '첫 언약'이란 용어는 히브리서에 집중적으로 등장하는데(히 8:7, 9:1,15,18), 이는 히브리서의 수신자인 히브리파 기독교인들이 '새 언약'을 받기 전에 앞서 가지고 있던 언약임을 구분하기 위해서다. '첫 언약'은 구약성경에 나오는 언약의 가장 대표적 상징성을 갖는다. 그도 그럴 것이 '첫 언약'은 그동안 믿음의 족장들이 체결했던 여타 언약들과 달리, 하나님께서 이스라엘 백성을 언약백성으로 삼으시기 위해 공식적으로 처음 체결한 구약의 가장 대표적인 언약이기 때문이다. 첫 언약이 새 언약과 대조되는 것은 첫 언약은 실패했지만 새 언약은 첫 언약이 실패한 지점에서 놀라운 은혜로 다시 체결되어 새 이스라엘의 언약백성을 세워가기 때문이다. 새 언약은 옛 언약과 비교할 때 유사성과 대조성이 뚜렷하게 드러난다.

* 모세언약에 담긴 언약체결 형식

모세언약은 전형적인 언약체결 형식을 갖추고 있다. 언뜻 볼 때 모세언약은 전형적인 행위언약이며 행위의 준수 여부에 따라 구원이 결정되는 것으로 여기기 쉽다. 그렇다면 모세언약은 과연 행위언약일까? 모세언약을 가만히 들여다보면 행위언약 이전에 은혜언약이 전제된 것을 볼 수 있다. 즉 은혜언약에 기초한 행위언약인 것이다. 따라서 모세언약에는 행위언약과 은혜언약의 특성이 모두 나타난다.

아래 언약체결에 관한 출애굽기 본문을 보라.

"내가 애굽 사람에게 어떻게 행하였음과 내가 어떻게 독수리 날개로 너희를 업어 내게로 인도하였음을 너희가 보았느니라. 세계가 다 내게 속하였나니 너희가 내 말을 잘 듣고 내 언약을 지키면 너희는 모든 민족 중에서 내 소유가 되겠고 너희가 내게 대하여 제사장 나라가 되며 거룩한 백성이 되리라"(출 19:4-6).

"나는 너를 애굽 땅, 종 되었던 집에서 인도하여 낸 네 하나님 여호와니라"(출 20:2).

"모세가 와서 여호와의 모든 말씀과 그의 모든 율례를 백성에게 전하매 그들이 한 소리로 응답하여 이르되 여호와께서 말씀하신 모든 것을 우리가 준행하리이다"(출 24:3).

"모세가 피를 가지고 반은 여러 양푼에 담고 반은 제단에 뿌리고 언약서를 가져다가 백성에게 낭독하여 듣게 하니 그들이 이르되 여호와의 모든 말씀을 우리가 준행하리이다. 모세가 그 피를 가지고 백성에게 뿌리며 이르되 이는 여호와께서 이 모든 말씀에 대하여 너희와 세우신 언약의 피니라"(출 24:6-8).

"모세와 아론과 나답과 아비후와 이스라엘 장로 칠십 인이 올라가서…. 그들은 하나님을 뵙고 먹고 마셨더라"(출 24:9,11).

이상의 내용은 전형적인 언약체결 형식의 특징을 잘 보여준다.

첫째, 하나님은 자신을 이스라엘을 종 되었던 집에서 인도하여 낸 하나님 '여호와' 로 밝힌다. 하나님은 이스라엘에게 자신의 이름을 계시하신 인격적인 하나님이시다.

둘째, 하나님은 크신 은혜를 베풀어 놀라운 구원역사를 행하셨고, 이들을 독수리 날개로 업어 인도하셨다. 이는 하나님의 선행하는 은혜를 보여준다. 이스라엘은 자신의 힘과 능력으로 결코 자신을 구원할 수 없었다. 이스라엘의 구원은 오직 하나님의 은혜로 말미암아 이루어졌다.

셋째, 하나님은 큰 은혜로 구원 얻은 이스라엘 백성이 하나님의 백성으로서 행하여야 할 법도와 의무를 밝히신다(출 20-23장, 신 12-26장). 이는 하나님의 통치와 주권을 드러내는 구별된 거룩한 백성으로 살아가야 할 조항들이다. 하나님의 거룩함을 드러내는 것은 곧 하나님의 통치와 다스림을 보여주는 하나님 형상 됨의 표지를 드러내주는 것이다.

넷째, 언약조항을 잘 준행하고 지키면 이스라엘은 하나님의 보물 같은 소유,[14] 거룩한 백성, 제사장 나라가 될 것이다. 언약에 순종하면 이스라엘은 하나님이 허락하실 약속의 땅에 들어가 대대로 거하며 커다란 번영과 평화, 복과 기쁨을 맛볼 것이다. 반면 언약을 저버리면 각종 저주와 심판이 임하게 되고, 급기야는 대적들의 공격을 받고 약속의 땅에서 쫓겨날 것이다(레 26장, 신 26-28장).

다섯째, 이스라엘은 언약조항을 모든 백성에게 낭독하고, 증거로 돌판에 새긴 증거판을 받아 언약궤에 보관하였으며, 피를 뿌려 조약을 체결하였다. 이스라엘은 언약을 맺기 전 피로 깨끗하게 될 필요가 있었다. 언약체결 이후 체결의 당사자인 이스라엘 백성은 하나님의 임재로 나아가 먹고 마시며 연회를 갖는다.

* 창조언약과의 유사성

이러한 모세언약의 형식은 태초에 하나님이 아담과 맺었던 창조언약과 유사한 모습을 갖는다.

첫째, 아담은 인류의 대표로서 에덴동산에 풍성히 거할 것을 기대하며 언약을 맺는다. 모세언약에서는 이스라엘 민족 전체가 모세의 중보로 약속의 땅에 들어가 거할 것을 기대하며 언약을 맺는다. 하나님은 이스라엘을 '내 아들 내 장자'로 삼으셨다(출 4:22). 이스라엘은 하나님의 형상을 드러내야 할 집단적 아들, 집합적 아담이다.

둘째, 모세언약은 창조언약과 같이 선행하는 하나님의 은혜를 전제한다. 하나님은 은혜로 아담을 에덴동산에 두셨고, 에덴에 지속해서 거하며 복락을 누리도록 언약을 체결하셨다. 모세언약에 있어서도 마찬가지다. 하나님은 선행하는 은혜로 이스라엘을 애굽의 압제로부터 구원하셨고, 장차 약속의 땅에 들어가 그 안에 지속해서 거하며 복락을 누리도록 언약을 체결하셨다.

셋째, 하나님은 아담에게 순종해야 할 법과 하지 말아야 할 금령을 주셨다. 마찬가지로 하나님은 이스라엘에게 지키고 금해야 할 율법을 주셨다.

넷째, 아담이 순종하면 지속해서 에덴에 거하며 생육하고 번성하여 온 땅에 충만하여 온 땅을 다스리게 된다. 반면 불순종하면 에덴에서 쫓겨난다. 마찬가지로 이스라엘이 순종하면 약속의 땅 가나안에서 생육하고 번성하며 하나님이 통치하시는 신정국가로 살아가지만, 불순종하면 가나안에서 쫓겨난다.

다섯째, 하나님께서는 아담이 창조언약을 깨뜨린 후 에덴에서 그의 수치와 부끄러움을 가리기 위해 짐승의 가죽으로 옷을 지어 입혀 주셨다(창 3:21). 가죽옷을 마련하기 위해서는 짐승이 피를 흘려 죽임을 당해야 한다. 여기서 우리는 대속적 죽음과 제사의 원형적 모습을 본다. 이후 모세언약에서는 이스라엘의 수치와 죄악을 가리고 해결하기 위한 대속적 제사제도가 발전한다.

여섯째, 가나안 땅은 하나님이 자기 백성에 대한 통치를 드러내야 하는 에덴동산의 역할을 한다.[15] 이런 면에서 모세언약은 창조언약의 근본적인 방향을 고스란히 계승한다. 즉 생육하고 번성하며 온 땅을 정복하고 다스리는 사명이다. 이는 창조언약을 계승하는 아브라함언약의 계승이기도 하다(창 12:2-3 참조). 하나님은 이스라엘이 약속의 땅에 들어갈 때 모든 자손에게 할례를 행하게 함으로써 아브라함언약의 계승자임을 확인하신다(수 5:2-3). 하나님께서 이스라엘과 모세언약을 맺으신 것은 아브라함과 이삭과 야곱에게 세우신 언약을 성취하기 위해서다(출 2:24-25, 6:8). 이스라엘이 언약조항을 지킬 때 이들은 세상에 하나님의 통치와 영광을 드러내는 하나님의 아들이자 제사장 나라가 되어 땅의 모든 족속이 이스라엘로 말미암아 복을 얻을 것이다.

* 창조언약과의 차이점

하지만 모세언약은 창조언약과 근본적인 차이점이 있다.

첫째, 창조언약은 아담의 타락 전에 체결한 언약으로 아담에게는 언약을 준수할 수 있는 타락하지 않은 지 · 정 · 의가 있었지만 이스라엘은 아담의 타락 이후로 함께 전가된 전적인 부패성이 있었다. 아담의 타락 이후 죄가 세상에 들어왔고 죄와 함께 가시와 엉겅퀴가 들어왔다(창 3:17-19).

둘째, 모세언약은 창조언약과 달리 정치적 차원과 더 발전된 종교적 차원을 지닌다. 창조언약은 최초의 사람인 아담과 하와에게 주어졌지만 모세언약은 이스라엘 백성이 하나님의 다스림을 드러내는 차원에서 신정적(theocratic) 통치에 관련된 세부 조항이 있다. 이는 이스라엘이 다른 이방 민족과 구별되어 하나님의 통치 아래 사는 것이 무엇인가를 보여주기 위함이다. 에덴 성소를 모티브로 발전된 성막에 관한 조항들도 마찬가지다.[16] 이는 하나님 앞에 이스라엘의 민족적 죄의 문제를 해결하고 정결함과 거룩함을 유지하기 위한 것이다.

셋째, 하나님은 모세언약의 징표로 십계명을 주셨고 그중에서 안식일은 가장 대표적인 언약의 징표가 되었다. 안식일은 십계명 중에서도 가장 긴 계명이며 계명 목록에서도 중앙을 차지한다. 안식일은 이스라엘 백성에게 '대대의' '영원한' 표징 역할을 한다(출 31:13-16). 안식일을 거룩하게 지키는 것은 이스라엘이 장차 약속의 땅에 세워질 신정왕국, 거룩한 나라로서 취해야 할 가시적 표지였다.[17] 이는 에덴동산의 안식을 반영하며 장차 완성될 하나님 나라에서 누릴 영원한 안식을 예고하는 것이었다.

넷째, 창조언약과 달리 모세언약에는 처음부터 이스라엘이 실패할 가능성에 대한 비관주의가 드리워져 있다.[18] 아담의 타락으로 부패한 이스라엘 백성에게 하나님은 깨닫는 마음과 보는 눈과 듣는 귀를 허락하지 않으셨다(신 29:4, 참조 사 6:9, 막 4:12, 요 16:29-31, 행 28:26).

언약체결식을 보도하는 신명기 28장에는 언약 준수에 따른 복과 저주가 열거된다. 이 중 순종의 복은 불과 열네 절(1-14절)이지만 불순종의 저주는 무려 네 배에 가까운 54절(15-68절)이나 된다! 레위기 26장의 언약체결 본문에도 순종의 복은 불과 11절(3-13절)에 불과하지만, 불순종의 저주는 세 배가 넘는 32절(14-45절)이나 된다. 이는 모세언약에 실패의 그림자를 드리운다.

* 모세언약을 뛰어넘는 새로운 희망

모세는 언약체결식을 마치며 이에 대해 다음과 같이 예고한다.

> "내가 알거니와 내가 죽은 후에 너희가 스스로 부패하여 내가 너희에게 명령한 길을 떠나 여호와의 목전에 악을 행하여 너희의 손으로 하는 일로 그를 격노하게 하므로 너희가 후일에 재앙을 당하리라 하니라"(신 31:29, 참조 신 30:1-3, 31:16-17).

이처럼 모세언약은 언젠가 쇠퇴할 것이고 영원히 지속되지 않을 것이다. 이는 장차 모세언약의 한계를 극복할 새 언약의 필요성을 요청하게 된다. 첫 언약(모세언약) 아래에서 하나님의 백성은 오직 이스라엘에만 국한됐다. 그러나 이스라엘의 한계를 넘어 모든 민족이 하나님의 백성이 되고, 타락한 지 · 정 · 의가 새롭게 되어 보다 온전한 하나님의 백성으로 서는 역사가 나타날 것이다. 이를 짐작했던 모세는 일찍이 자신과 같은 제2의 모세가 출현할 것을 예고한다.

"네 하나님 여호와께서 너희 가운데 네 형제 중에서 너를 위하여 나와 같은 선지자 하나를 일으키시리니 너희는 그의 말을 들을지니라"(신 18:15).

'나와 같은 선지자'는 모세를 계승하는 여호수아를 가리키지 않는다. 왜냐하면 신명기 끝부분에서 "그 후에는 이스라엘에 모세와 같은 선지자가 일어나지 못하였나니"(신 34:10)라고 명시하기 때문이다. 이는 장차 예수 그리스도를 통해 성취된다(행 7:37). 이와 더불어 모세는 이스라엘 백성이 할례를 받고 율법을 가진 것으로는 언약 백성으로 서기에 한계가 있음을 알고 장차 새로운 할례가 필요함을 예고한다.

"네 하나님 여호와께서 네 마음과 네 자손의 마음에 할례를 베푸사 너로 마음을 다하며 뜻을 다하여 네 하나님 여호와를 사랑하게 하사 너로 생명을 얻게 하실 것이며"(신 30:6, 참조 신 10:16).

이는 장차 예수 그리스도께서 새 언약을 통하여 마음을 새롭게 하여 변화를 주심으로 가능하게 된다(롬 12:2). 이처럼 모세언약은 새로운 언약의 필요성을 시작부터 예고한다.

참고로 모세언약은 이후 약속의 땅에 들어가기 전 모압 땅에서 새롭게 갱신되고(신 29:1), 약속의 땅에 들어가 가나안 땅을 정복한 후 세겜에서 다시 한 번 갱신된다(수 24:25, 참조 수 24:1-27). 그러나 이렇게 맺은 모압언약과 세겜언약은 모두 모세언약의 갱신이기에 본서에서는 모세언약의 범주 안에 포함시킨다.

메시아에 대한 예고, 다윗언약

다윗언약은 하나님이 다윗과 맺으신 은혜의 언약이다. 노아언약이나 아브라함언약과 같이 하나님의 일방적인 은혜의 선물로 주시는 언약이기에 이를 왕의 '하사조약'에 비견하기도 한다.[19] 다윗언약의 배경은 다음과 같다. 다윗은 여호와를 위한 집을 지으려 했다. 다윗은 오랜 세월 낡은 휘장에 보관된 여호와의 궤를 생각하며 "나는 백향목 궁에 살거늘 하나님의 궤는 휘장 가운데에 있도다"(삼하 7:2)라고 탄식하며 고백한다. 다윗의 여호와를 향한 열정과 안타까움은 성전건축의 소망을 품게 하였다.

이런 다윗의 고백과 중심은 하나님을 기쁘게 했다. 다윗은 여호와를 위한 집을 짓고자 했지만 하나님은 이를 만류하시고, 도리어 여호와께서 다윗을 위한 영원한 집을 짓겠다고 약속하시며 언약을 세우신다.

> "네 수한이 차서 네 조상들과 함께 누울 때에 내가 네 몸에서 날 네 씨를 네 뒤에 세워 그의 나라를 견고하게 하리라. 그는 내 이름을 위하여 집을 건축할 것이요 나는 그의 나라 왕위를

영원히 견고하게 하리라. 나는 그에게 아버지가 되고 그는 내게 아들이 되리니 그가 만일 죄를 범하면 내가 사람의 매와 인생의 채찍으로 징계하려니와 내가 네 앞에서 물러나게 한 사울에게서 내 은총을 빼앗은 것처럼 그에게서 빼앗지는 아니하리라. 네 집과 네 나라가 내 앞에서 영원히 보전되고 네 왕위가 영원히 견고하리라 하셨다 하라"(삼하 7:12-16, 참조 대상 7:11-14).

언약에 따르면 하나님은 다윗의 후손을 통하여 집을 건축할 것이고, 하나님은 다윗의 후손이 세우는 나라의 왕위를 영원히 견고하게 하실 것이다. 이는 다윗의 후손으로 오신 예수 그리스도께서 친히 무너지지 않는 성전이 되어주시고(요 2:19-21), 그의 백성을 통해 성전으로 지어져가는 역사를 통해 성취된다(고전 3:16). 하나님은 결국 그 후손을 통해 다윗 왕국을 영원히 세울 것이며 다윗의 집에서 그의 은총(히. 헤세드), 곧 신실하신 언약적 사랑을 결코 빼앗지 아니하실 것이다. 하나님은 신실하신 사랑으로 다윗의 집과 나라를 영원히 보전하시고 왕위를 영원히 견고하게 세우실 것이다.

본문을 자세히 살펴보면 '언약'이란 용어가 등장하지 않는다. 하지만 시편에는 이것이 분명 하나님께서 다윗과 맺은 결코 철회될 수 없는 영원한 언약임을 분명히 진술한다.

"그를 위하여 나의 인자함(히. 헤세드)을 영원히 지키고 그와 맺은 나의 언약을 굳게 세우며 또 그의 후손을 영구하게 하여 그의 왕위를 하늘의 날과 같게 하리로다"(시 89:28-29).

그의 왕위가 '하늘의 날과 같다'는 의미는 '하늘이 지속되는 만큼'(as long as the heavens endure-NRSV, NIV) 오래도록 계속될 것이라는 뜻이다. 하나님께서는 다윗과의 언약을 끝까지 신실하게 지키실 것이다. 이처럼 다윗언약은 조건 없는 은혜언약의 특성이 있다.

그러나 우리는 다윗의 아들 솔로몬 왕조차 다윗언약에 신실하지 못했음을 알고 있다. 솔로몬이 신실하지 못함으로 그의 사후 다윗의 나라는 남유다와 북이스라엘로 나뉘었다. 이후 율법을 저버리고 하나님을 떠나 우상을 따라갔던 왕들은 징계를 받고 비참한 최후를 경험하기도 하였다. 이런 면에서 다윗언약은 조건적 행위언약의 특징을 갖고 있기도 하다. 이어지는 시편의 다윗언약에 대한 진술을 보라.

"만일 그의 자손이 내 법을 버리며 내 규례대로 행하지 아니하며 내 율례를 깨뜨리며 내 계명을 지키지 아니하면 내가 회초리로 그들의 죄를 다스리며 채찍으로 그들의 죄악을 벌하리로다"(시 89:30-32).

이처럼 하나님의 법을 떠나는 왕은 다윗언약 안에 약속된 복을 경험하지 못할 것이다. 그렇다면 은혜언약적 특징과 행위언약적 특징 간의 긴장을 어떻게 이해할 것인가? 언약을 깨뜨리면 다윗언약은 파기되는 것인가? 이어지는 시편의 진술은, 그럼에도 하나님의 신실하심이 마침내 언약을 성취할 것을 선언한다.

"그러나 나의 인자함을 그에게서 다 거두지는 아니하며 나의 성실함도 폐하지 아니하며 내 언약을 깨뜨리지 아니하고 내 입술에서 낸 것은 변하지 아니하리로다. 내가 나의 거룩함으로 한 번 맹세하였은즉 다윗에게 거짓말을 하지 아니할 것이라. 그의 후손이 장구하고 그의 왕위는 해같이 내 앞에 항상 있으며 또 궁창의 확실한 증인인 달같이 영원히 견고하게 되리라 하셨도다"(시 89:33-37).

하나님은 왕들의 불성실함에도 불구하고 반드시 다윗과 맺은 언약을 성취하실 것이다. 그렇다면 불순종하는 왕들은 어떻게 될 것인가? 대답은 하나님은 분명히 자신의 언약을 성취하시겠지만 성취는 오직 순종하는 왕과 함께 이루어지리라는 것이다.[20] 불순종하는 왕들은 반드시 죄에 대한 징계를 받을 것이기 때문이다. 심지어 불순종하는 왕들로 인해 이스라엘이 포로로 끌려간다고 하더라도 하나님은 먼 훗날 반드시 순종하는 미래의 한 왕을 통해 다윗과의 언약을 성취하실 것이다.

다윗언약은 창조언약을 계승한다. 생육하고 번성하여 땅에 충만하고 땅을 정복하고 다스리라는 아담의 사명(창 1:27)을 계승한다. 하나님께서는 다윗으로 어디를 가든지 이기게 하셨고(삼하 8:6,14, 대상 18:6,13 참조), 그의 후손을 통해 궁극적인 승리를 거두게 하실 것이다. 다윗언약은 이후 아담의 범죄 후에 체결한 아담언약 또한 계승한다. 장차 뱀의 머리(head), 곧 통치주권(headship)을 깰 여인의 후손이 다윗의 후손을 통해 영원히 이루어질 것을 구체화하는 언약이기 때문이다. 또한 다윗언약은 아브라함언약을 계승한다. 한 사람 아브라함의 후손을 통해 하늘의 별과 같이, 바다의 모래와 같이 많아져 큰 민족 이룰 것을 성취하실 것이기 때문이다(왕상 4:20 참조). 주목할 것은 하나님께서는 아브라함에게 언약을 맺으며 그의 후손에서 왕들이 나올 것을 약속하셨다는 점이다.

> "보라. 내 언약이 너와 함께 있으니 너는 여러 민족의 아버지가 될지라. 이제 후로는 네 이름을 아브람이라 하지 아니하고 아브라함이라 하리니 이는 내가 너를 여러 민족의 아버지가 되게 함이니라. 내가 너로 심히 번성하게 하리니 내가 네게서 민족들이 나게 하며 왕들이 네게로부터 나오리라"(창 17:4-6).

하나님께서는 야곱에게도 언약을 다시 한번 확증하셨고, 야곱의 유언 중에 특별히 유다의 후손을 통해 나올 것을 약속하셨다.

> "하나님이 그에게 이르시되 나는 전능한 하나님이라. 생육하며 번성하라. 한 백성과 백성들의 총회가 네게서 나오고 왕들이 네 허리에서 나오리라"(창 35:11).
>
> "규가 유다를 떠나지 아니하며 통치자의 지팡이가 그 발 사이에서 떠나지 아니하기를 실로가 오시기까지 이르리니 그에게

모든 백성이 복종하리로다"(창 49:10).

'규' (scepter)는 통치자가 가진 통치권을 상징하는 지휘봉이다. 여기서 '실로' 란 크게 세 가지 의미가 있다.[21] 첫째, 이스라엘이 가나안에 들어가 성막을 두었던 도시 이름이다. 실로가 온다는 것은 하나님의 임재와 통치가 임한다는 뜻이다. 둘째, 실로는 평강을 의미하는 히브리어 '샬롬' 과 같은 어근을 가진 단어다. 따라서 실로가 온다는 것은 화평하게 하는 자, 곧 평강의 왕이 오신다는 뜻이다. 셋째, 실로는 직역하면 '이것(규)이 그에게 속한 분' 이란 뜻이다. 즉 참된 통치자인 메시아가 올 때까지 유다 지파를 통해 영적 권위와 은혜가 임한다는 뜻이다. 따라서 참된 왕은 장차 메시아를 통해 임할 것을 예고한다. 민수기(24:17-19)는 야곱에게서 나오는 한 지도자가 원수를 파멸시키고 세계 통치권을 갖게 될 것을 예고한다. 이는 아담언약과 창조언약의 회복을 예고하는 동시에 아브라함언약과 다윗언약을 반영한다. 이를 잘 보여주는 본문이 시편 72편이다.

"그가 바다에서부터 바다까지와 강에서부터 땅끝까지 다스리리니 광야에 사는 자는 그 앞에 굽히며 그의 원수들은 티끌을 핥을 것이며 다시스와 섬의 왕들이 조공을 바치며 스바와 시바 왕들이 예물을 드리리로다. 모든 왕이 그의 앞에 부복하며 모든 민족이 다 그를 섬기리로다. …그의 이름이 영구함이여 그의 이름이 해와 같이 장구하리로다. 사람들이 그로 말미암아 복을 받으리니 모든 민족이 다 그를 복되다 하리로다"(시 72:8-11,17).

다윗 가문의 한 통치자를 통해 언약을 성취할 것은 다윗 왕조가 하나님의 법을 떠나 기울어져 가고 있을 때도 철회되지 않고 여전히 유효했다. 심지어 포로로 끌려갔을 때도 유효했다. 도리어 그럴 때일수록 하나님의 언약 성취의 계획은 더욱 선명하게 드러난다.

> "여호와의 말씀이니라. 보라. 때가 이르리니 내가 다윗에게 한 의로운 가지를 일으킬 것이라. 그가 왕이 되어 지혜롭게 다스리며 세상에서 정의와 공의를 행할 것이며 그의 날에 유다는 구원을 받겠고 이스라엘은 평안히 살 것이며 그의 이름은 여호와 우리의 공의라 일컬음을 받으리라"(렘 23:5-6).
>
> "내가 한 목자를 그들 위에 세워 먹이게 하리니 그는 내 종 다윗이라. 그가 그들을 먹이고 그들의 목자가 될지라. 나 여호와는 그들의 하나님이 되고 내 종 다윗은 그들 중에 왕이 되리라. 나 여호와의 말이니라"(겔 34:23-24).
>
> "이는 한 아기가 우리에게 났고 한 아들을 우리에게 주신 바 되었는데 그의 어깨에는 정사를 메었고 그의 이름은 기묘자라, 모사라, 전능하신 하나님이라, 영존하시는 아버지라, 평강의 왕이라 할 것임이라. 그 정사와 평강의 더함이 무궁하며 또 다윗의 왕좌와 그의 나라에 군림하여 그 나라를 굳게 세우고 지금 이후로 영원히 정의와 공의로 그것을 보존하실 것이라. 만군의 여호와의 열심이 이를 이루시리라"(사 9:6-7).

다윗의 가지(히. 네쩨르)에서 난 아들이 나사렛 사람 메시아 예수이다. 결국 다윗언약의 최종 성취는 예수 그리스도에게로 이어진다. 그는 이 땅에서 옛 언약에 요구되는 모든 조항을 순종으로 성취하셨다(요 17:4, 빌 2:7-8). 모든 원수를 정복하시고 하나님의 보좌 우편에 앉아 온 세상을 통치하시는 왕이 되셨다(마 22:41-46, 롬 1:3-4, 고전 15:25, 빌 2:9-11, 벧전 3:21-22, 히 1:3, 8:1, 10:12, 12:2, 계 5:5, 11:15).

언약의 끝판왕,
새 언약

* 새 언약이란?

새 언약은 첫 언약이 더 이상 효력을 발휘할 수 없게 되었을 때 하나님이 주도적으로 주셨던 언약이다. 첫 언약 안에서 이스라엘 백성은 더 이상 하나님과 올바른 관계를 맺어갈 수 없었다. 첫 언약을 지키도록 기준을 주셨고, 실패할 경우 이를 만회할 속죄의 통로를 주셨지만, 이것만으로는 거룩한 제사장 나라가 되기에는 턱없이 부족했다. 아담 안에 전가된 죄책과 부패성은 이스라엘을 지속해서 부패하게 했다. 하나님은 첫 언약 안에 있던 이스라엘이 패역하게 되어 머리끝에서 발바닥까지 온통 죄의 흔적으로 가득하고 부패했음을 탄식하셨다(사 1:4-6).

급기야 첫 언약에서 주요한 속죄의 통로였던 제사를 거부하시기까지 이른다(사 1:11). 하나님은 그의 언약백성들에게 더는 헛된 제물을 가져오지 말라고 하시며, 이들이 지키는 안식일, 월삭, 절기를 싫어하니 더 이상 지키지 말라고까지 하신다(사 1:11-14). 이는 이스라엘 백성이 형식적으로는 거룩한 날을 지킨다고 하면서도 여전히 하나님 보시기에 가증한 악을 행하였기 때문이다. 결국 이스라엘은 멸망하고 약속의 땅에서 내쫓겨 포로로 끌려가기에 이른다. 이스라엘이 멸망한 근본적인 원인에는 바로 이 죄의 문제가 결정적이었다.

> "너를 사랑하던 자가 다 너를 잊고 찾지 아니하니 이는 네 악행이 많고 네 죄가 많기 때문에 나는 네 원수가 당할 고난을 네가 받게 하며 잔인한 징계를 내렸도다. 너는 어찌하여 네 상처 때문에 부르짖느냐. 네 고통이 심하도다. 네 악행이 많고 네 죄가 허다하므로 내가 이 일을 너에게 행하였느니라"(렘 30:14-15).

*** 새 언약의 등장 배경 : 이전 언약의 좌절**

이런 상태로는 하나님의 형상을 반영하는 아담의 후손으로 하나님의 통치를 드러낼 수 없다(창조언약의 좌절). 이런 상태로는 뱀의 머리를 상하게 하기는커녕 도리어 뱀에게 둘둘 감겨 멸망하기 쉽다(아담언약의 좌절). 아브라함의 후손을 통해 모든 이방 민족이 복을 받기는커녕 이방 민족에게 짓밟혀 멸망하고 모든 민족의 비웃음을 사기 쉽다(아브라함언약의 좌절). 하나님의 거룩한 제사장 나라로 온 열방에 빛을 비추는 거룩한 백성, 거룩한 나라는커녕 정수리까지 죄로 가득한 허물지고 부패하여 더러워진 백성이 되었다(모세언약의 좌절). 영구하겠다는 다윗의 후손은 이방 민족에게 포로로 끌려가 더는 다윗 왕가를 통한 통치의 소망은 끊어졌다(다윗언약의 좌절). 결국 이스라엘의 불성실함으로 하나님이 창조언약 이래 맺으셨던 언약들이 무효가 될 위기에 처하게 되었다.

하지만 그런 가운데서도 하나님의 언약은 유효했다. 이스라엘의 선행과 신실함 때문이 아니었다. 오직 하나님의 신실하심과 자비하심 때문이었다. 이를 보여주는 것이 바로 여전히 지속되는 노아언약의 시행이다. 모든 언약이 무너질 위기 가운데서도 세상을 물로 심판하지 않겠다고 약속하셨던 노아언약은 아직도 온 세상을 하나님의 신실하신 손길로 붙들고 계심을 보여주었다. 세상이 물로 멸망하지 않는 한 언약을 성취하실 하나님의 신실하심은 여전히 유효하다.

*** 구약에 나타난 새 언약**

이런 가운데 하나님이 허락하신 것이 바로 '새 언약'이다. 그렇다면 새 언약이란 무엇일까? 새 언약을 설명하는 대표적인 본문이 예레미야 31장이다.

> "여호와의 말씀이니라. 보라. 날이 이르리니 내가 이스라엘 집과 유다 집에 새 언약을 맺으리라. 이 언약은 내가 그들의 조상들의 손을 잡고 애굽 땅에서 인도하여 내던 날에 맺은 것과 같지 아니할 것은 내가 그들의 남편이 되었어도 그들이 내 언약을 깨뜨렸음이라. 여호와의 말씀이니라. 그러나 그날 후에 내가 이스라엘 집과 맺을 언약은 이러하니 곧 내가 나의 법을 그들의 속에 두며 그들의 마음에 기록하여 나는 그들의 하나님이

되고 그들은 내 백성이 될 것이라. 여호와의 말씀이니라. 그들이 다시는 각기 이웃과 형제를 가리켜 이르기를 너는 여호와를 알라 하지 아니하리니 이는 작은 자로부터 큰 자까지 다 나를 알기 때문이라. 내가 그들의 악행을 사하고 다시는 그 죄를 기억하지 아니하리라. 여호와의 말씀이니라"(렘 31:31-34).

새 언약에는 시내산에서 맺은 모세언약과 결정적인 차이점이 있다. 그것은 모세언약 아래서 이스라엘은 돌판에 기록한 하나님의 법을 가졌던 반면, 새 언약 아래 하나님의 백성은 마음에 기록한 하나님의 법을 갖게 되었다는 점이다. 이스라엘이 아담의 부패성을 물려받아 언약을 준수할 능력이 없었던 반면, 새 언약의 백성에게는 하나님이 그의 법을 친히 백성의 마음에 새기실 것이다. 이는 첫 언약을 깨뜨렸던 역사를 되풀이하지 않기 위한 보다 근본적인 대안이다.

새 언약이 근본적인 대안이 될 수 있는 또 다른 이유는 하나님께서 그의 백성의 죄 문제를 친히 해결하실 것이기 때문이다. 하나님은 언약백성이 언약을 깨뜨린 죄대로 심판하지 않고, 이들의 악행을 친히 사하고 그 죄를 기억하지 않겠다고 약속하신다(렘 31:34). 그렇다면 하나님은 어떤 방법으로 백성의 마음에 친히 하나님의 법을 기록하실까? 이를 보여주는 것이 에스겔 본문이다.

"또 새 영을 너희 속에 두고 새 마음을 너희에게 주되 너희 육신에서 굳은 마음을 제거하고 부드러운 마음을 줄 것이며 또 내 영을 너희 속에 두어 너희로 내 율례를 행하게 하리니 너희가 내 규례를 지켜 행할지라. 내가 너희 조상들에게 준 땅에서 너희가 거주하면서 내 백성이 되고 나는 너희 하나님이 되리라"(겔 36:26, 참조 히 8:8-12, 10:16-18).

"내가 그들에게 한 마음[22]을 주고 그 속에 새 영을 주며 그 몸에서 돌 같은 마음을 제거하고 살처럼 부드러운 마음을 주어 내 율례를 따르며 내 규례를 지켜 행하게 하리니 그들은 내 백성이 되고 나는 그들의 하나님이 되리라"(겔 11:19-20).

＊ 마음에 새겨지는 새 언약

본문은 하나님이 어떻게 그의 법을 새 언약백성의 마음에 기록할 수 있는지를 보여준다. 이는 하나님의 거룩한 영, 곧 성령을 통해서다(고후 3:3,6). 성령은 죄에 물든 육신의 굳은 마음을 제거하고 기쁘게 순종할 수 있는 부드러운 새 마음으로 변화시켜주실 것이다. '부드러운 마음' 이란 말씀에 순종하는 마음을 뜻한다. 돌같이 단단하여 그 어떤 하나님의 말씀에도 반응하지 않던 심령이 성령의 능력으로 옥토와 같이 부드럽게 변화되어 하나님의 말씀에 반응하고 순종할 수 있는 상태가 된다(마 13:23, 눅 8:15 참조). 더 나아가 하나님의 백성은 성령의 역사로 말미암아 하나님의 법을 일점일획까지 기쁘게 지킬 힘과 능력을 얻게 된다(마 5:17-18). 이는 아담이 에덴동산에서 실패했던 언약의 순종이 새 언약으로 고쳐짐을 의미한다.[23] 새 언약의 백성은 마음을 새롭게 함으로 변화를 받아(롬 12:2) 하나님이 허락하신 새 영토에 거주하며 하나님의 새 언약백성으로 살아가게 될 것을 약속받는다.

■ 새 언약의 증표 1 : 마음의 할례

첫 언약백성이 언약백성의 증표로써 육체에 할례를 받았다면 새 언약백성은 마음에 할례를 받는다. 모세는 일찍이 첫 언약백성이 육체에 할례를 받아도 결국 마음에 할례를 받아야 할 것을 예고했다(신 10:16, 신 30:6). 이는 첫 언약백성이 비록 육체에 할례를 받기는 했으나 변화되지 않고 거듭나지 않은 채 언약백성이 되었음을 의미한다. 이스라엘은 육체에 할례를 받아도 하나님의 계명을 지키지 않고 하나님을 신뢰하는 믿음도 저버려 결국 언약에 실패하고 말았다.

그래서 바울은 새 언약백성은 할례를 마음에 받아야 한다고 선언한다(롬 2:29). 첫 언약백성이 자부심의 근거로 내세우던 육체의 할례는 아무것도 아니고 오직 하나님의 계명을 지키며(고전 7:19), 사랑으로 역사하는 믿음을 발휘하고(갈 5:6), 새 창조의 변화를 받는 것만이 중요하다(갈 6:15). 마음에 성령으로 할례를 받는다는 것은 새 언약백성이 곧 아브라함의 자손이요(롬 4:9-22, 갈 3:6-9) 참된 이스라엘(갈 6:16), 참된 유대인이라는 뜻이다. 더 이상 육체에 받는 할례는 참된 유대인 됨의 표지가 아닌 것이다.

> "무릇 표면적 유대인이 유대인이 아니요 표면적 육신의 할례가 할례가 아니니라. 오직 이면적 유대인이 유대인이며 할례는 마음에 할지니 영에 있고 율법 조문에 있지 아니한 것이라. 그 칭찬이 사람에게서가 아니요 다만 하나님에게서니라" (롬 2:28-29).

따라서 새 언약백성은 마음의 할례를 받아 변화된 마음, 거듭난 마음, 곧 중생한 마음을 소유하게 된다. 거듭난 백성은 자신이 육체의 할례 유무가 아닌 성령의 능력으로 말미암는 마음의 변화 여부로 영생을 소유하고 하나님의 언약백성 됨을 안다. 이를 요한일서는 다음과 같이 말씀한다.

> "너희는 거룩하신 자에게서 기름 부음을 받고 모든 것을 아느니라"(요일 2:20).
> "너희는 주께 받은 바 기름 부음이 너희 안에 거하나니 아무도 너희를 가르칠 필요가 없고 오직 그의 기름 부음이 모든 것을 너희에게 가르치며"(요일 2:27).

여기서 기름 부음은 성령의 역사로 말미암아 마음에 변화를 받아 믿음으로 영생을 얻고 자녀 됨을 확신하게 한다. "가르칠 필요가 없다"는 말씀은 어떤 가르치는 자도 필요 없다는 뜻이 아니다. 이는 새로운 생명을 받은 것에 대해 다른 누구에게 가르침을 받을 필요가 없다는 뜻이다.[24] 신자는 성령께서 마음에 할례를 행하여 변화를 주시고 거듭나게 하셨기에 거짓 율법 교사와 같은 이들이 제시했던 기준, 곧 육체의 할례 유무로 영생 여부를 판단받을 필요가 없다.

■ 새 언약의 증표 2 : 성령의 보증

새 언약의 백성은 성령으로 하나님의 소유된 백성임을 보증받은 자이다.

"그가 또한 우리에게 인치시고 보증으로 우리 마음에 성령을 주셨느니라"(고후 1:22).
"곧 이것을 우리에게 이루게 하시고 보증으로 성령을 우리에게 주신 이는 하나님이시니라"(고후 5:5).
"그 안에서 너희도 진리의 말씀 곧 너희의 구원의 복음을 듣고 그 안에서 또한 믿어 약속의 성령으로 인치심을 받았으니 이는 우리 기업의 보증이 되사 그 얻으신 것을 속량하시고 그의 영광을 찬송하게 하려 하심이라"(엡 1:13-14).

'인치다'(헬. 스프라기조)는 상업적 용어로 어떤 물건을 인(brand, seal)으로 표시하는 것을 뜻한다.[25] 이는 그 물건이 누구의 소유인지를 가시적으로 보여주기 위한 것이다. 하나님이 신자에게 인치셨다는 것은 신자의 소유권이 하나님께 있고, 신자의 진정성은 하나님이 보증하시며, 신자의 안전도 하나님이 지켜주신다는 흔들릴 수 없는 확신을 의미한다. 이러한 인침을 보증하는 분이 바로 성령이시다.

'보증'(헬. 아라본)이란 어떤 물건을 살 때 값의 상당 부분을 미리 지불하여 앞으로 그 물건의 소유권이 다른 사람에게로 넘어가게 됨을 약정하는 것이다.[26] 하나님이 신자에게 성령을 주신 것은 하나님이 그를 자신의 소유로 만드셨다는 것을 보증하는 보증금(downpayment)을 가리킨다. 성령이 신자에게 언약의 첫 보증으로 부어졌다면 이는 하나님께서 신자와 맺으신 새 언약이 반드시 성취되어 신자를 그의 온전한 언약백성으로 삼으실 것을 보증하는 것이다.

주목할 점은 새 언약 안에 들어가는 새 언약의 백성이라면 누구나 다 성령을 보증으로 받는다는 사실이다. 이는 구약시대와 비교할 때 커다란 파격이다. 구약에서 하나님의 영은 하나님이 기름 부어 세운 특별한 왕, 선지자, 제사장에게 임했다. 민수기에는 하나님이 이스라엘 백성의 대표 70명에게, 모세에게 주셨던 하나님의 영을 부어 주셨던 적이 있다. 그러자 백성들은 예언하기 시작했다. 이때 여호수아는 진영의 장막 밖에서 두 사람이 예언하고 있다고 보고한다. 그러자 모세는 미래에는 성령이 모든 백성에게 임하기를 바란다는 소망을 진술한다.

> "모세가 그(여호수아)에게 이르되… 여호와께서 그의 영을 그의 모든 백성에게 주사 다 선지자가 되게 하시기를 원하노라" (민 11:29).

하나님은 이러한 소망이 장차 성취될 것을 요엘서에 약속하신다.

> "그 후에 내가 내 영을 만민에게 부어주리니 너희 자녀들이 장래 일을 말할 것이며 너희 늙은이는 꿈을 꾸며 너희 젊은이는 이상을 볼 것이며 그때에 내가 또 내 영을 남종과 여종에게 부어줄 것이며"(욜 2:28-29).

이 약속은 사도행전에서 오순절 마가의 다락방에 성령이 불의 혀 같이 갈라지며 강림하심으로 성취된다. 이때 사도 베드로는 이것이 바로 요엘서의 성취임을 선언한다(행 2:16-17). 하나님은 예수 그리스도를 믿는 모든 사람에게 성령을 부어주셔서 그의 소유로 인쳐주시는 것이다.

* 이미 시작된 그러나 아직 완성되지 않은 성령의 역사

그렇다면 성령이 임하시는 것은 신자들에게 어떤 변화를 일으키는가?

먼저, 신자의 마음을 거듭나게 하여 하나님의 법을 마음에 두고 순종할 수 있는 능력을 주신다. 예수 그리스도께서 구속사를 통해 성취하신 구원의 서정을 적용하게 하여 신자의 삶을 거룩하게 하신다.

둘째, 신자의 죽을 몸도 거룩하게 하신다. 성령께서는 신자의 영혼을 거듭나게 하실 뿐 아니라 장차 그리스도의 강림 때 그의 죽을 몸도 거듭나게 하여 신자의 구원을 최종적으로 완성하신다.

> "예수를 죽은 자 가운데서 살리신 이의 영이 너희 안에 거하시면 그리스도 예수를 죽은 자 가운데서 살리신 이가 너희 안에 거하시는 그의 영으로 말미암아 너희 죽을 몸도 살리시리라" (롬 8:11).

이런 면에서 신자에게 이미 시작된 하나님의 착한 일은 아직 완성되지 않았다. 신자는 이것이 그리스도 예수께서 강림하시는 날에 반드시 완성될 것을 확신하며 나아가야 한다. 여기 중요한 점이 있다. 성령께서 신자 안에 거하시면 죽을 몸을 살리실 때까지 절대 떠나지 않으신다는 사실이다. 이는 신자에게 거하시는 성령은 영구적으로 내주하심을 의미한다.

*** 완전한 죄 사함을 약속한 새 언약**

새 언약은 완전한 죄 사함을 약속한다(렘 31:34). 이는 새 언약을 세우신 예수 그리스도가 구약의 그 어떤 제사장보다 더 좋은 제사장(히 8:1, 9:11)이자 더 좋은 언약의 중보자(히 8:6), 영원한 제사장(히 7:24)이 되시기 때문이다. 그뿐만이 아니다. 그는 구약의 그 어떤 제물보다 더 좋은 제물(히 9:23)이 되어 자신을 단번에 드려(히 9:12) 자기 피로 성소에 들어가 영원한 속죄를 이루셨다.

> "염소와 송아지의 피로 하지 아니하고 오직 자기의 피로 영원한 속죄를 이루사 단번에 성소에 들어가셨느니라"(히 9:12).

영원한 속죄를 이루기 위해 예수 그리스도는 우리의 질고를 대신 지고, 우리의 슬픔을 대신 당하셨다(사 53:1–12). 우리의 허물 때문에 대신 찔림을 당했고, 우리의 죄악으로 대신 상하셨다. 이로 말미암아 곤욕을 당하여 괴로울 때도 제물로 잡기 위해 도수장으로 끌려가는 어린 양과 같이 입을 열지 않고 잠잠하셨다. 그는 많은 사람을 위해 자기 영혼을 버려 사망에 이르렀고 죄인으로 헤아림을 받았다. 그러나 이는 많은 사람의 죄를 담당하기 위한 것이었다.

우리 주 예수 그리스도의 피는 새 언약을 비준하는 '언약의 피'이다(마 26:28, 막 14:24, 눅 22:20). 이를 통해 예수 그리스도는 더 좋은 언약(히 7:22)을 세우시고, 더 좋은 소망의 약속을 주셨다(히 8:6).

그러므로 예수 그리스도를 힘입어 하나님께 나아가는 자들을 온전히 구원하실 수 있다(히 7:25).

> "그가 거룩하게 된 자들을 한 번의 제사로 영원히 온전하게 하셨느니라"(히 10:14).

그리스도께서 단번에 드리신 온전한 제사는 완전하고 결정적으로 죄를 해결하였으며, 더 이상의 반복적인 제사를 필요로 하지 않는다(히 9:9,14, 10:14,22). 이는 새 언약의 효력이 첫 언약과는 다르게 영구함을 의미한다. 새 언약 안에 들어온 백성의 구원은 일시적이지 않다. 새 언약의 보증되시는 예수 그리스도는 그를 믿는 신자를 끝까지 떠나지 않고 세상 끝날까지 항상 함께하실 것이다(마 28:20, 참조 벧전 1:3-5).

예수께서는 새 언약백성이 행할 기념예식을 제정하셨다. 바로 성찬이었다. 성찬은 새 언약의 증표는 아니다. 원래 첫 언약을 기념하는 유월절 만찬이었던 것을 예수께서 자신의 피로 세운 새 언약을 기념하는 예식으로 새롭게 제정하셨다. 그리고 새 언약의 백성에게 "이를 행하여 나를 기념하라"(눅 22:19, 고전 11:24-25)고 하셨다.

* 새 언약을 가져오는 제2의 아담, 모세, 아브라함과 다윗의 자손

구약성경은 새 언약을 가져오는 예수 그리스도를 제2의 아담, 모세, 아브라함과 다윗의 자손 등으로 진술한다. 이들은 구약의 이전

언약들을 체결했던 인물들이다. 새 언약을 가져오는 예수 그리스도는 이들보다 더욱 온전한 새 아담으로, 새 모세로, 또 새로운 아브라함과 다윗의 자손으로 오신다.

■ 새 아담

예수 그리스도는 인류의 새로운 대표, 제2의 아담이다. 누가복음에 등장하는 예수의 족보는 예수님이 아담의 후손으로 온 제2의 아담임을 드러낸다(눅 3:38). 로마서 5장 12~21절은 예수 그리스도를 아담과 비교하며 어떻게 제2의 아담이 되는가를 진술한다. 인류의 대표인 아담으로 말미암아 세상에 죄와 사망이 들어오게 되었다. 아담이 순종하지 아니함으로 많은 사람이 죄인되었고, 아담의 범죄함으로 말미암아 인류가 정죄와 사망에 이르게 되었다. 이런 면에서 아담은 인류의 대표이기는 했지만 결국 인류를 절대적 파탄으로 빠뜨렸으니 진정한 대표는 아니었다. 아담은 새로 오신 그리스도의 모형에 불과했다.

사람의 아들(the Son of Man), 곧 인자로 오신 예수 그리스도는 아담이 실패한 지점을 온전히 회복시키셨다. 예수님은 하나님께 온전히 순종하셨고, 심지어 죽기까지 순종하여 많은 사람이 의롭다 하심을 받고 생명에 이르게 하셨다. 또한 아담언약에서 하나님이 약속하신 대로 뱀의 머리를 상하게 하고 승리하셨다(창 3:15, 롬 16:20). 이 세상에 대한 참된 통치주권을 사탄에게서 되찾으신 것이다(빌 2:10-11). 그래서 예수께서는 부활하신 후 제자들에게 "하늘과 땅의 모든 권세를 내게 주셨다"(마 28:18)고 선언하신다. 그런즉 아담 안에 모든 사람이 죽었다면 그리스도 안에 모든 사람이 영생을 얻게 되었다(고전 15:22).

새 아담은 하나님이 아담에게 창조언약을 맺으며 주셨던 하나님 나라의 백성, 주권, 땅, 성전, 헌법을 온전히 회복할 뿐 아니라 충만하게 성취하였다. 예수께서는 뱀의 머리를 부수고 그가 장악했던 세상 주권을 회복하셨다. 하늘과 땅의 모든 권세를 되찾으셨다. 또한 잃어버린 백성을 되찾고 거듭나게 하시고, 그의 소유된 백성이자 왕 같은 제사장으로 삼으셨다(벧전 2:9). 그리고 이들로 성령의 권능으로 예루살렘과 온 유대와 사마리아와 땅끝까지 이르러(행 1:8) 모든 민족에게(마 28:19) 나아가 예수 그리스도의 복음으로 충만하게 정복하도록 하셨다. 또한 새 아담은 예루살렘 성전 대신 이 땅에 그리스도의 임재가 거하는 교회를 세우고, 두세 사람이 주의 이름으로 모인 곳에 세상 끝날까지 함께하겠다고 약속하셨다. 하나님 나라를 다스리는 헌법(율법)을 예수 그리스도의 새 계명으로 대체하셨다. 새 아담을 통해 복음으로 생육하고 번성하여 정복한 이 땅에는 장차 거룩한 성 예루살렘이 내려와 새 하늘과 새 땅으로 놀랍게 변화될 것이다.

■ 새 모세

먼저 성경은 새 언약을 가져오는 이는 제2의 모세일 것을 말씀한다. 모세는 이스라엘 백성들을 죄와 사망의 권세에서 출애굽시키고 시내산에서 첫 언약을 가져왔던 인물이다. 하나님의 백성들은 첫 언약 안에서 돌판에 새긴 하나님의 법을 받았고 짐승의 피로 드리는 제사를 드려 한시적인 죄 사함을 받았다. 하지만 모세는 훗날 자신과 같은 선지자가 나타나 한시적인 첫 언약을 새롭게 갱신할 것을 예고한다.

> "네 하나님 여호와께서 너희 가운데 네 형제 중에서 너를 위하여 나와 같은 선지자 하나를 일으키시리니 너희는 그의 말을 들을지니라"(신 18:15).

신약성경은 그가 바로 예수 그리스도임을 확증한다. 예수의 제자 빌립은 "모세가 율법에 기록하였고 여러 선지자가 기록한 그이를 우리가 만났으니 요셉의 아들 나사렛 예수니라"(요 1:45)고 고백한다. 스데반 집사도 유대인에게 모세가 "하나님이 너희 형제 가운데서 나와 같은 선지자를 세우리라"(행 7:37)고 예언했던 분이 곧 그리스도임을 증거한다. 예수는 그의 백성을 죄로부터 출애굽시켰고 구원하셨다(눅 9:31).[27] 모세가 물에서 건져냄을 의미한다면(출 2:10) 예수는 "자기 백성을 그들의 죄에서 구원할 자"(마 1:21)임을 의미한다. 모세가 출애굽의 역사를 이루었다면 예수는 제2의 영적 출애굽을 이루신 분이다.

이스라엘의 근본 문제는 정치적인 문제가 아니라 영적인 문제였다(렘 32:23). 이스라엘은 여호와를 떠나 죄를 짓고 포로가 되었다. 이스라엘에게 필요한 보다 근본적인 출애굽은 죄로부터의 출애굽이었다. 이를 위해 예수는 자기 자신을 속죄 제물로 드리기에 이른다(막 10:45). 모세가 짐승의 피로 속죄함을 받는 제사제도를 가져왔다면 제2의 모세는 "영원하신 성령으로 말미암아 흠 없는 자기를"(히 9:14) 완전한 제물로 하나님께 드려 단번에 속죄를 이루셨다.

새 모세는 옛 모세가 이 땅에 가져온 율법을 새 계명으로 선포하였다(요 13:34, 마 22:37-40). 이는 율법이 전제하는 굳은 마음을 뛰어넘는 성령으로 새롭고 부드러운 마음에 기초한 계명이다.

■ 새 다윗

예수 그리스도는 새로운 제2의 다윗이다. 하나님은 새 언약을 약속하시며 하나님의 백성이 마음을 새롭게 하여 변화를 받고 죄의 포로에서 돌아올 때 다윗에게서 난 한 의로운 가지를 왕으로 세우실 것을 예고하셨다.

> "여호와의 말씀이니라. 보라. 때가 이르리니 내가 다윗에게 한 의로운 가지를 일으킬 것이라. 그가 왕이 되어 지혜롭게 다스리며 세상에서 정의와 공의를 행할 것이며"(렘 23:5).
>
> "그날 그때에 내가 다윗에게서 한 공의로운 가지가 나게 하리니 그가 이 땅에 정의와 공의를 실행할 것이라. 그날에 유다가 구원을 받겠고 예루살렘이 안전히 살 것이며 이 성은 여호와는 우리의 의라는 이름을 얻으리라"(렘 33:15-16).
>
> "내 종 다윗이 그들의 왕이 되리니 그들 모두에게 한 목자가 있을 것이라. 그들이 내 규례를 준수하고 내 율례를 지켜 행하며"(겔 37:24).

예수 그리스도는 다윗에게서 나오는 의로운 가지(히. 네쩨르) 사람이 될 것이다. 성경은 예수께서 나사렛이란 동네에서 사신 이유가 나사렛 사람이라 칭하리라고 한 성경의 예언을 이루려 함이라고 진술한다(마 2:23). 난하주에 따르면 이는 이사야 11장 1절의 말씀을 성취하기 위한 것이다.

> "이새의 줄기에서 한 싹이 나며 그 뿌리에서 한 가지가 나서 결실할 것이요"(사 11:1).

이사야는 장차 다윗의 아버지인 이새의 뿌리에서 나오는 한 가지가 결실할 것이라고 한다. 가지로 나오는 '네쩨르' 사람이 나와 결실할 것이라는 예언을 이루기 위해서 예수께서는 나사렛, 즉 네쩨르란 동네에서 사신 것이다.

장차 하나님의 백성들은 자신의 의로 구원받는 것이 아니다. 다윗에게 나오는 한 의로운 가지로 말미암아 구원받는다. 이스라엘의 구원과 의는 스스로에게서 온 것이 아니라 외부에서 온 "하나님의 의"(롬 1:17, 참조 렘 33:16)다.

예수 그리스도는 제2의 다윗인 동시에 제2의 아브라함이다. 그래서 신약성경은 예수 그리스도가 '아브라함과 다윗의 자손'으로 오셨음을 선언한다. 하나님은 아브라함에게 그로 큰 민족(창 12:2)을 이루고, 강대한 나라를 이룰 것이며(창 18:18), 그로 말미암아 모든 민족이 복을 얻을 것이라고 약속하셨다(창 12:3). 예수 그리스도는 이 땅에 오셔서 땅끝까지 이르러 모든 민족을 제자로 삼아 하나님의 나라를 세우고 흥왕하게 하셨다. 또 믿는 자는 누구나 구원을 주시는 하나님의 커다란 복을 복음으로 증거하셨다.

새 언약백성은 아브라함언약의 성취로 인해 아브라함의 자녀로 간주된다. 이들은 종말에 아브라함과 이삭, 그리고 야곱과 함께 천국 잔치에 참여할 것이다(마 8:11). 이들은 아브라함이 믿음으로 말미암아 의롭다 하심을 얻은 것처럼 자신의 의가 아닌 하나님께서 예수 그리스도를 통해 이루어 놓으신 의로 말미암아 의롭다 함을 얻는다(갈 3:6-9, 롬 4:9-22).

엄밀하게 말하면 예수 그리스도가 제2의 아브라함이라기보다 아브라함이 예수 그리스도의 모형 또는 예표라고 하는 것이 더 적합하다. 예수께서는 아브라함이 나기 전부터 계셨고(요 8:58), 아브라함은 예수 그리스도가 세상에 오실 때 볼 것을 즐거워하다가 보고 기뻐하였기 때문이다(요 8:56). 예수 그리스도는 아브라함이 예표로 보여 준 믿음으로 말미암는 의를 온전히 성취하시고 선물로 주셨다.

* 새 언약백성이 거하는 '그리스도 안에'

첫 언약은 약속의 땅 가나안을 전제한다. 가나안은 언약백성이 거하고 머무르는 물리적 장소요 경계다. 하나님은 이스라엘 백성을 약속의 땅 가나안 안으로 들어가게 하고, 또 그 땅에서 그의 백성이 하나님의 법을 순종하면 생육하고 번성하며 땅을 정복하고 다스리며 복을 얻을 것을 약속했다. 하지만 이스라엘은 범죄했고 죄가 땅을 더럽혔으며 급기야 그 땅에서 쫓겨나 포로상태로 전락했다. 그렇다면 새 언약백성은 다시 약속의 땅으로 들어가야 할까?

성경은 새 언약백성이 하나님이 장차 새롭게 창조하실 '새 하늘과 새 땅'으로 들어갈 것을 예고한다.

> "보라. 내가 새 하늘과 새 땅을 창조하나니 이전 것은 기억되거나 마음에 생각나지 아니할 것이라"(사 65:17).
> "우리는 그의 약속대로 의가 있는 곳인 새 하늘과 새 땅을 바라보도다"(벧후 3:13).

새 하늘과 새 땅은 이전 하늘과 이전 땅을 대체하는 언약백성의 궁극적인 새 처소다. 여기서 한 가지 걸리는 것이 있다. 바로 노아언약이다. 노아언약에 따르면 땅을 멸할 홍수가 다시 있지 않을 것이라고 말씀하셨다. 이는 곧 하나님의 신실하심이 이 땅이 지속되는 한 절대 철회되지 않을 것임을 의미하는 언약이다. 하지만 계시록은 옛 하늘과 옛 땅은 사라질 것이라고 말씀한다. 그렇다면 이 언약은 과연 철회된 것인가? 아니면 성취된 것인가?

노아언약은 두 가지 차원에서 성취된 것으로 본다. 첫째, 옛 땅은 물로 심판받지 않는다. 마지막 때 땅은 불로 멸망당한다.

> "이로 말미암아 그때에 세상은 물이 넘침으로 멸망하였으되 이제 하늘과 땅은 그 동일한 말씀으로 불사르기 위하여 보호하신 바 되어 경건하지 아니한 사람들의 심판과 멸망의 날까지 보존하여 두신 것이니라. …그러나 주의 날이 도둑같이 오리니 그날에는 하늘이 큰 소리로 떠나가고 물질이 뜨거운 불

에 풀어지고 땅과 그중에 있는 모든 일이 드러나리로다"(벧후 3:6-7,10).

옛 땅은 뜨거운 불에 풀어지고 새 땅으로 변화된다. 이렇게 변화된 새 땅의 특징이 있다. 이는 세상을 멸망시켰던 혼돈과 공허의 세력인 '바다'가 더 이상 존재하지 않게 되었다는 점이다.

"또 내가 새 하늘과 새 땅을 보니 처음 하늘과 처음 땅이 없어졌고 바다도 다시 있지 않더라"(계 21:1).

이는 물로 세상을 멸망하지 않겠다는 하나님 약속의 더욱더 온전한 성취다. 세상을 멸망시킬 여지가 있던 바다를 아예 제거한 것이다. 이때는 하나님의 완전한 통치가 성취되기에 이 땅에는 더 이상 혼돈과 공허의 세력이 발붙일 여지가 없다.

하지만 현재 옛 하늘과 옛 땅에 살아가는 성도에게 새 하늘과 새 땅은 아직 임하지 않은 미래의 현실이다. 여전히 공중권세 잡은 사탄의 세력에 영향을 받고 때로는 강력한 공격을 받기도 한다. 성경은 이 땅에 살아가는 새 언약의 백성을 '그리스도 안에' 들어와 '그리스도와 함께' 거하도록 초대한다. 그리스도는 그를 믿는 새 언약의 백성을 자신에게로 초대하셨다.

"수고하고 무거운 짐 진 자들아 다 내게로 오라. 내가 너희를 쉬게 하리라"(마 11:28).

> "내 안에 거하라. 나도 너희 안에 거하리라. 가지가 포도나무에 붙어 있지 아니하면 스스로 열매를 맺을 수 없음 같이 너희도 내 안에 있지 아니하면 그러하리라"(요 15:4).
> "자녀들아 이제 그의 안에 거하라. 이는 주께서 나타내신 바 되면 그가 강림하실 때에 우리로 담대함을 얻어 그 앞에서 부끄럽지 않게 하려 함이라"(요일 2:28).

새 언약백성은 옛 하늘 아래 그리스도 안에 거하며 살아간다. 그래서 성도에게는 종말론적 긴장과 고난이 있다. 옛 하늘과 땅은 사라지겠지만 그리스도 안에 거하는 삶은 이 땅에서 시작하여 새 하늘과 새 땅이 펼쳐진 이후에도 영원히 계속된다. 이때가 되면 새 언약백성은 몸의 부활을 경험하여 더욱더 영광스럽고 온전한 형태로 그리스도의 얼굴을 실제로 마주할 것이다. 이전보다 더욱 생생하고 친밀하게, 그리고 더욱 가깝게 그 안에 거하는 풍성하고 가슴 설레는 새 언약백성의 삶을 만끽할 것이다.

[9장 각주]

1) 양형주, 「바이블 백신 1」, 63쪽.
2) 토머스 R. 슈라이너, 임요한 역 「언약으로 성경읽기」(서울: CLC, 2020), 18-19쪽.
3) 양형주, 「바이블 백신 1」, 247쪽.
4) 위의 책, 244쪽.
5) 정성욱, 「정성욱 교수의 밝고 행복한 종말론」(남양주: 눈출판그룹, 2016), 96-97쪽.
6) 위의 책, 99-101쪽.
7) 양형주, 「바이블 백신 1」, 220쪽.
8) 그레고리 K. 빌, 「신약성경신학」, 47쪽.
9) 그레고리 K. 빌, 김귀탁 역, 「성전신학」(서울: 새물결플러스, 2014), 89쪽.
10) 토마스 R. 슈라이너, 「언약으로 성경읽기」, 54쪽.
11) 그레고리 K. 빌, 「성전신학」, 69쪽.
12) 토마스 R. 슈라이너, 「언약으로 성경읽기」, 69쪽.
13) 양형주, 「평신도를 위한 쉬운 창세기 1」(서울: 브니엘, 2018), 378쪽.
14) 소유(히. 세굴라)는 보물(treasure), 또는 보석(jewelry)을 의미한다.
15) 토마스 R. 슈라이너, 「언약으로 성경읽기」, 106쪽.
16) 그레고리 K. 빌, 「성전신학」, 89-100쪽 참조.
17) 전정구, 김태형 역, 「하나님 나라와 언약적 관점으로 보는 성경신학」(서울: 부흥과 개혁사, 2019), 264쪽. 모세언약 아래 있던 이스라엘 백성들은 안식일 준수와 함께 할례를 행해야 했다. 이는 모세언약의 징표라기보다 아브라함언약의 징표로 보아야 한다. 그럼에도 모세언약 아래 있던 이스라엘이 모두 할례를 받은 것은 모세언약이 외형적으로는 율법언약으로 이루어져 있지만 내적으로는 은혜언약으로 구성되었음을 보여준다.
18) 토마스 R. 슈라이너, 「언약으로 성경읽기」, 109쪽.
19) 고대 근동에서 언약은 크게 왕의 하사조약과 종주와 봉신 간의 종주권조약으로 분류한다. 하사조약은 종주가 봉신에게 일방적으로 은혜를 베푸는 약속이며, 종주권조약은 언약을 유지하기 위한 일정한 조건을 지켜야 할 의무를 동반한다. 이런 면에서 모세조약은 종주권조약과 유사한 점이 더 많고, 노아, 아브라함, 다윗언약은 하사조약과 유사한 점이 더 많다. 참조. 전정구, 김태형 역, 「하나님 나라와 언약적 관점으로 보는 성경신학」, 96-103쪽, 152-167쪽, 271-284쪽; 이에 대한 다른 견해로는 토마스 R. 슈라이너, 「언약으로 성경읽기」, 80-82쪽을 참조하라.

20) 토마스 R. 슈라이너, 「언약으로 성경읽기」, 126쪽.

21) 양형주, 「평신도를 위한 쉬운 창세기 1」, 375-376쪽.

22) NRSV는 한마음(one heart)을 난하주에서 새 마음(new heart)으로 읽을 것을 제안한다.

23) 토마스 R. 슈라이너, 「언약으로 성경읽기」, 149쪽.

24) 위의 책, 153쪽.

25) 김철홍, 「참사도 참복음」, 62쪽.

26) 위의 책, 62쪽.

27) 누가복음 9장 31절은 예수께서 모세와 예루살렘에서 별세하실 것에 대해 대화를 나눈다. 여기 '별세'란 헬라어 '엑소더스'로 출애굽을 가리키는 단어와 같다. 이는 예수님의 별세가 단순한 죽음을 넘어 그의 백성을 죄로부터 출애굽시킬 역사를 의미한다.

〉〉〉 CHAPTER · 10

그리스도 안에 새로운 피조물로 살라

구원 이후의 풍성한 삶을 보라

신자의 구원은 과연 천국 가느냐 마느냐의 좁은 문제에만 국한되지 않는다. 그리스도 안에 들어간 이후 주어지는 풍성한 생명과 복, 그리고 영생의 약속에 집중해야 한다. 따라서 성도는 구원에 대해 단순히 지옥에 가느냐 마느냐의 문제에만 머무를 것이 아니라 그 너머 그리스도 안에 감추인 구원의 풍성함을 인식하고 나아갈 필요가 있다.

* 신자에게 이미 시작된 새 창조의 능력

성경은 '그리스도 안에' 거하는 성도의 삶에 이미 새 하늘과 새 땅을 만드시는 하나님의 새 창조의 역사가 시작되었음을 선언한다.

> "그런즉 누구든지 그리스도 안에 있으면 새로운 피조물이라. 이전 것은 지나갔으니 보라. 새 것이 되었도다"(고후 5:17).

새로운 피조물이란 새롭게 지으심을 받은 존재라는 뜻이다. 그리스도 안에 거하는 새 언약백성에게는 이미 새 창조가 시작되었다. 새 창조의 역사는 새로운 피조물에 걸맞은 새로운 은혜를 부어주신다. 새 창조는 새 창조의 영, 곧 성령의 능력으로 일어난다. 성령은 태초에 땅이 혼돈하고 공허하며 흑암이 깊음 위에 있을 때 수면 위에 운행하며 하나님의 창조에 동참했던 분이다(창 1:2). 혼돈스럽고 공허한 세상에 질서와 의미, 생명을 주셨던 하나님의 영은 이제 예수 그리스도 안에서 새 생명을 주는 영(life-giving spirit)으로 역사한다(고전 15:45 참조). 성령은 생명의 기운을 마른 뼈에 불어 죽은 이들이 살아나게 한다(겔 37:5,9 참조). 죽어 굳어진 심령에 생명의 바람을 불어넣어 거듭나게 하시고(요 3:1-15), 그 속에서 생수의 강이 흘러나오게 하신다(요 7:37-39). 생명을 얻을 뿐만 아니라 더 풍성한 생명을 주신다.

> "내가 온 것은 양으로 생명을 얻게 하고 더 풍성히 얻게 하려는 것이라"(요 10:10, 참조 사 32:15-18).

예수께서는 신자에게 주시는 구원의 선물로 그가 더 풍성한 생명을 만끽하기 원하셨다. 이것은 단순히 천국 갈 자격을 얻고 끝나는 문제가 아니다. 이 땅에서 그 풍성함을 선취적으로 맛보는 삶을 포함한다. 이는 성령이 주시는 부활의 생명을 통해 가능하다. 성령은 이 능력으로 성도들을 새롭게 창조하시고 새 창조로 말미암는 풍성한 삶을 허락하신다(갈 6:15).

* 새 창조의 능력으로 지으신 새 인류

성령께서는 새 창조의 능력으로 그리스도 안에 새 사람, 새 인류를 창조하신다.

> "새 사람을 입었으니 이는 자기를 창조하신 이의 형상을 따라 지식에까지 새롭게 하심을 입은 자니라"(골 3:10).
> "하나님을 따라 의와 진리의 거룩함으로 지으심을 받은 새 사람을 입으라"(엡 4:24).

새 사람은 새 창조의 능력 안에 의와 진리의 거룩함으로 지으심을 받은 자이다. 자기를 창조하신 하나님의 형상을 지식에까지 새롭게 지음받아 하나님의 형상을 드러내는 자이다. 새 창조의 능력은 신자에게 죄와 싸워 이길 능력을 준다(엡 6:10-13). 또한 새 창조의 능력은 영생의 확신을 준다(요일 2:20,27). 새 창조의 능력은 성도를 하나님의 인친 소유로 삼고 거룩하게 구별한다(고후 1:22, 5:5, 엡 1:13-14). 더 나아가 새 창조의 능력은 성도의 죽을 몸을 장차 영광스러운 부활의 몸으로 일으키실 것이다(롬 8:11). 이로써 신자의 성화는 영광스러운 영화(glorification)를 맞이한다.

이러한 새 사람은 첫 언약 아래 있던 선민의 지식 경계를 넘어간다. 이는 새로운 인류(new humanity, NRSV)로 육체의 할례 여부를 따라 나누었던 이방인과 유대 선민의 구분을 무효로 하고 하나님의 새 언약백성으로 통일된다.

> "법조문으로 된 계명의 율법을 폐하셨으니 이는 이 둘로 자기 안에서 한 새 사람(one new humanity)을 지어 화평하게 하시고 또 십자가로 이 둘을 한 몸으로 하나님과 화목하게 하려 하심이라. 원수 된 것을 십자가로 소멸하시고 또 오셔서 먼 데 있는 너희에게 평안을 전하시고 가까운 데 있는 자들에게 평안을 전하셨으니 이는 그로 말미암아 우리 둘이 한 성령 안에서 아버지께 나아감을 얻게 하려 하심이라. 그러므로 이제부터 너희는 외인도 아니요 나그네도 아니요 오직 성도들과 동일한 시민이요 하나님의 권속이라"(엡 2:15-19).

첫 언약 아래서는 유대 이스라엘 선민과 이방인의 경계는 뚜렷했다. 그러나 새 언약 안에서는 이 경계가 십자가로 허물어지고 한 성령 안에서 새롭게 지으심을 받은 새 인류가 하나님의 진정한 새 이스라엘 백성이 된다. 요한계시록에 따르면 이들은 각 나라와 족속과 백성과 방언에서 나온 커다란 무리로(계 7:9), 하나님의 새 이스라엘을 상징하는 14만 4천이다(계 7:4-8). 이들이 유대인들로 구성된 이스라엘이 아닌 결정적인 이유가 있다.

첫째, 요한계시록에서 유대인들은 그 영적 실체가 사탄의 회당이라고 규정하고 있기 때문이다(계 2:9, 3:9).[1] 사탄의 회당이 천상의 14만 4천이 될 수 없다.

둘째, 14만 4천을 구성하는 열두 지파는 이스라엘 열두 지파와 그 구성이 다르다. 요한계시록 7장 5~8절에서 소개하는 열두 지파에는 원래 이스라엘 열두 지파에 있던 '단' '에브라임' 지파가 빠졌고, '레위' 와 '요셉' 지파가 들어가 있다.[2] 게다가 각 지파별로 균일한 1만 2천 명으로 구성되어 있다. 이는 새로운 이스라엘을 의미하는 상징적인 표현이다.

■ 새 이스라엘, 새 상속자

새 언약 안에 부름받은 새 이스라엘은 하나님 나라의 새로운 상속자가 된다.

"이는 이방인들이 복음으로 말미암아 그리스도 예수 안에서 함께 상속자가 되고 함께 지체가 되고 함께 약속에 참여하는 자가 됨이라"(엡 3:6, 참조 롬 9:25-26).

새 이스라엘은 하나님이 처음 아담에게 주셨던 창조언약의 사명, 곧 왕과 제사장의 사명을 감당하는 언약백성으로 부름받았다.

"그러나 너희는 택하신 족속이요 왕 같은 제사장들이요 거룩한 나라요 그의 소유가 된 백성이니 이는 너희를 어두운 데서 불러 내어 그의 기이한 빛에 들어가게 하신 이의 아름다운 덕을 선포하게 하려 하심이라. 너희가 전에는 백성이 아니더니 이제는 하나님의 백성이요 전에는 긍휼을 얻지 못하였더니 이제는 긍휼을 얻은 자니라"(벧전 2:9-10, 참조 롬 9:25-26, 호 1:9-2:1).

첫 언약 아래 이스라엘은 하나님의 소유, 제사장 나라, 거룩한 백성으로 부름받았다.

"세계가 다 내게 속하였나니 너희가 내 말을 잘 듣고 내 언약을 지키면 너희는 모든 민족 중에서 내 소유가 되겠고 너희가 내게 대하여 제사장 나라가 되며 거룩한 백성이 되리라. 너는 이 말을 이스라엘 자손에게 전할지니라"(출 19:5-6).

그러나 이제 새 언약 아래서 새 언약백성으로 부름받은 새 이스라엘이 '왕 같은 제사장'이자 '거룩한 나라' '그의 소유가 된 백성'이 되었다!

성령의 열매 맺는 언약백성으로 살라

새 언약백성의 특징은 성령으로 말미암는 새 생명의

능력으로 열매를 맺는다는 것이다. 열매는 절대 자신의 힘과 노력으로 맺을 수 없다(요 15:4). 열매는 가지가 나무에 붙어 있을 때 생명의 수액이 가지로 전달되어 자연스럽게 맺히게 된다. 그리스도 안에 거하는 새 언약백성은 신자 안에 거하는 성령의 능력으로 말미암아 열매를 맺는다.

> "오직 성령의 열매는 사랑과 희락과 화평과 오래 참음과 자비와 양선과 충성과 온유와 절제니 이 같은 것을 금지할 법이 없느니라"(갈 5:22-23).

이러한 열매는 고린도전서 13장에서 묘사하는 사랑과 매우 유사한 특성을 갖는다(4-7절). 성령의 열매를 사랑의 열매라고 불러도 과장된 표현이 아닐 것이다. 여기서 우리는 "사랑하는 자는 율법을 다 이루었느니라"(롬 13:8)는 진술과 더불어 "사랑은 율법의 완성이니라"(롬 13:10)는 말씀에 주목할 필요가 있다. 이는 새 언약백성이 맺을 성령의 열매가 곧 율법의 성취임을 의미한다. 일찍이 예수께서도 율법의 핵심을 '사랑'으로 요약하신 바 있다.

> "선생님 율법 중에서 어느 계명이 크니이까. 예수께서 이르시되 네 마음을 다하고 목숨을 다하고 뜻을 다하여 주 너의 하나님을 사랑하라 하셨으니 이것이 크고 첫째 되는 계명이요 둘째도 그와 같으니 네 이웃을 네 자신같이 사랑하라 하셨으니 이 두 계명이 온 율법과 선지자의 강령이니라"(마 22:36-40).

'강령'이란 사전적인 의미로 '근본이 되는 큰 줄거리'를 말한다. 영어성경은 '이 두 계명에 온 율법과 선지자가 매달려 있다'(all the Law and the Prophets hang on these two commandments-NRSV, NIV)고 번역한다. 이런 면에서 사랑은 모든 율법에 가장 크고 우선되는 대(大)계명이다. 더 나아가 예수께서는 사랑을 구약 율법을 대체하는 새 계명으로 선포하셨다.

> "새 계명을 너희에게 주노니 서로 사랑하라. 내가 너희를 사랑한 것같이 너희도 서로 사랑하라. 너희가 서로 사랑하면 이로써 모든 사람이 너희가 내 제자인 줄 알리라"(요 13:34-35).

예수께서는 이웃을 향한 서로 사랑의 새 계명을 선언하시며, 새계명의 원천에 예수 그리스도의 사랑이 있음을 명시하신다. 예수께서 "너희(신자)를 사랑하신 것같이" 서로 사랑해야 한다. 그런데 이러한 예수 그리스도의 사랑은 삼위일체 하나님 간의 사랑에 기초한다.

> "아버지께서 나를 사랑하신 것같이 나도 너희를 사랑하였으니 나의 사랑 안에 거하라. 내가 아버지의 계명을 지켜 그의 사랑 안에 거하는 것같이 너희도 내 계명을 지키면 내 사랑 안에 거하리라. 내 계명은 곧 내가 너희를 사랑한 것같이 너희도 서로 사랑하라 하는 이것이니라"(요 15:9-10,12).

예수께서 신자를 죽기까지 사랑하신 것은 성부의 성자 사랑에 기초한다. 성자의 사랑은 성부의 사랑에서 흘러나왔다. 성자는 죽기까지 온 인류를 사랑함으로 아버지의 사랑 안에 거하셨고, 신자 또한 서로 사랑하라는 계명에 순종함으로써 그리스도의 사랑 안에 거한다. 이는 이웃 사랑이 삼위일체 하나님의 사랑과 구조적으로 연결되어 있음을 보여준다. 성자를 사랑하신 하나님의 사랑이 그리스도 안의 신자에 내주하고, 그러한 신자 안에 그리스도 또한 거하신다. 하나님의 사랑이 삼위일체로 신자에게 연결되고, 신자에게는 삼위일체 하나님이 그리스도 안에 성령의 능력으로, 사랑으로 거하며 역사하신다.

율법은 그 내용상 크게 세 가지로 분류한다. 의식법(성전규례, 제사법, 정결법 등), 시민법(국가적 사법 규례), 도덕법 등이다. 이 가운데 의식법은 그리스도께서 자기 피로 세우신 새 언약으로 말미암아 그리스도 안에서 성취되었고, 이스라엘의 시민법은 이스라엘이 주후 70년에 멸망하며 중지되었다.[3] 그러나 의식법과 시민법 근본에 깔린 하나님을 사랑하고 이웃을 사랑하기 위한 율법의 근본정신은 도덕법을 통해 이어진다. 신자는 자기 힘으로 하나님 사랑과 이웃 사랑을 실천할 수 없다. 이는 오직 그리스도 안에 성령의 능력으로 가능하다. 성령께서는 하나님의 법을 신자의 가슴에 새기시고 육신을 죽이고 성령으로 행하게 하신다.

이것은 이방인이 더 이상 참 이스라엘이 되기 위하여 이스라엘 국가법의 표지와 관습, 제사 의식들을 지킬 필요가 없음을 의미한다. 이스라엘 남자라면 누구나 받아야 할 육체의 할례를 받을 필요가 없고, 날과 절기를 지킬 필요도 없다. 그리스도는 자신의 피로 세운 새 언약 안에서 이러한 외적 율법 규정, 곧 먹고 마시는 것과 절기나 초하루나 안식일을 폐하셨다. 이제는 성령의 능력으로 마음에 할례를 받고, 그리스도를 예배하는 날에 함께 모여 예배하며, 하나님을 사랑하고 이웃을 사랑하면 된다. 이처럼 그리스도는 유대인과 이방인을 구분하는 의식법과 시민법을 그의 피로 세운 새 언약을 통해 폐지함으로 그들이 그리스도 안에서 하나가 되게 하셨다. 그리스도는 하나님의 백성들로 열매 맺게 하려고 택하셨다.

> "너희가 나를 택한 것이 아니요 내가 너희를 택하여 세웠나니 이는 너희로 가서 열매를 맺게 하고 또 너희 열매가 항상 있게 하여 내 이름으로 아버지께 무엇을 구하든지 다 받게 하려 함이라"(요 15:16).
>
> "예수 그리스도로 말미암아 의의 열매가 가득하여 하나님의 영광과 찬송이 되기를 원하노라"(빌 1:11).
>
> "이 복음이 이미 너희에게 이르매 너희가 듣고 참으로 하나님의 은혜를 깨달은 날부터 너희 중에서와 같이 또한 온 천하에서도 열매를 맺어 자라는도다"(골 1:6).
>
> "주께 합당하게 행하여 범사에 기쁘시게 하고 모든 선한 일에 열매를 맺게 하시며 하나님을 아는 것에 자라게 하시고"(골 1:10).

이처럼 열매는 새 언약백성이 그리스도 안에 거하며 그리스도로 말미암아 율법의 강령을 성취하고 있음을 보여주는 중요한 표지가 된다.

장차 임할 새 하늘과 새 땅

새 언약의 최종 완성은 이 땅에 장차 임할 새 하늘과 새 땅을 바라본다. 요한계시록 21~22장은 완성될 새 하늘과 새 땅의 모습을 생생하게 묘사한다. 이는 신자가 도달할 구원의 절정이자 최종상태를 보여준다.

> "또 내가 새 하늘과 새 땅을 보니 처음 하늘과 처음 땅이 없어졌고 바다도 다시 있지 않더라. 또 내가 보매 거룩한 성 새 예루살렘이 하나님께로부터 하늘에서 내려오니 그 준비한 것이 신부가 남편을 위하여 단장한 것 같더라. 내가 들으니 보좌에서 큰 음성이 나서 이르되 보라. 하나님의 장막이 사람들과 함께 있으매 하나님이 그들과 함께 계시리니 그들은 하나님의 백성이 되고 하나님은 친히 그들과 함께 계셔서 모든 눈물을 그 눈에서 닦아 주시니 다시는 사망이 없고 애통하는 것이나 곡하는 것이나 아픈 것이 다시 있지 아니하리니 처음 것들이 다 지나갔음이러라. 보좌에 앉으신 이가 이르시되 보라. 내가 만물을 새롭게 하노라 하시고 또 이르시되 이 말은 신실하고 참되니 기록하라 하시고"(계 21:1-5).

새 언약의 완성은 새 창조의 완성으로 완결된다. 새 창조로 말미암아 처음 하늘과 처음 땅은 사라지고 새 하늘과 새 땅이 펼쳐진다.

여기서 '새롭다'(헬. 카이네)는 시간적 새로움보다 본질의 새로움을 강조한다.[4] 처음 하늘과 땅은 하나님의 이전 언약들, 곧 아담, 노아, 아브라함, 모세, 다윗에게 하신 언약을 유효하게 지켜가는 무대였다.[5] 그러나 예수 그리스도의 피로 새 언약이 세워진 이후 새 언약이 장차 가져올 놀라운 종말의 궁극적 성취와 변화는 처음 하늘과 땅으로는 한계가 있었다.

새 하늘과 새 땅의 특징은 바다가 없다는 것이다. 바다는 태초에 온 땅을 덮고 있던 물로 혼돈과 공허, 깊음과 흑암이 가득하던 곳이다. 바다는 악이 활동하는 혼돈과 공허의 무대로 말세까지 성도들을 괴롭히며 미혹하는 일곱 머리 열 뿔 난 짐승의 활동무대이기도 하다(계 13:1). 악한 세력은 바다를 무대 삼아 이미 시작되었지만 아직 완성되지 않은 종말론적 긴장이 흐르는 세상 속에 성도들을 미혹하고 핍박하는 활동을 했었다. 예수께서는 공생애 동안 이런 바다를 꾸짖고 잠잠하게 하셨다(막 4:39 참조).

그러나 종말에 하나님은 사탄과 그를 따르던 모든 자, 심지어 사망과 음부도 영원한 불못에 던져 완전히 심판하셨다(계 20:10,14). 새 하늘과 새 땅은 더 이상 악이 존재하지 않는 완성된 하나님의 나라다. 더 이상 죄와 사망의 권세로 죽음, 애통, 아픔, 곡하는 것이 존재하지 않는다. 따라서 노아언약으로 인해 그동안 임시로 제어했던 바다는 새 언약의 완성 때 더 이상 바다가 없는 새 하늘과 새 땅으로 변화되었다. 하나님이 새 창조의 능력으로 온 세상을 새롭게 창조하셨기 때문이다.

새 하늘과 새 땅 아래 거룩한 성 예루살렘이 하늘에서 땅으로 내려온다. 예루살렘에는 하나님의 임재가 머무르는 성전이 있었다. 그런데 천상의 성전이 이 땅에 직접 내려와 사람들과 함께 계시는 임마누엘의 역사가 완성된다. 거룩한 성은 그 길이와 너비와 높이가 각각 12,000스다디온(약 2,304km)으로 정육면체의 모양인데, 이는 거룩한 성이 그 자체로 거대한 지성소임을 보여준다(계 21:16).

이는 요한계시록이 기록된 당시 욥바에서 유브라데까지 이르는 제국의 국경 전체를 포괄하는 크기이면서 동시에 하나님의 백성을 상징하는 12에 많음을 의미하는 1000을 곱한 숫자로, "각 족속과 방언과 백성과 나라에서 나아온 성도들"(계 5:9, 7:9 참조)을 수용하기에 충분한 크기를 상징한다.[6] 특이한 것은 거룩한 성안에는 성전이 없다는 사실이다! 왜 그럴까? 하나님과 어린 양이 친히 성전이 되시기 때문이다(계 21:22).

기억할 점은 성도는 그리스도 안에서 그리스도와 연합하였기에 이미 성전의 일부가 되었다는 것이다. 성전의 궁극적 목적은 하나님이 그의 백성과 영원히 함께하여 하나님은 그들의 하나님이 되시고, 그들은 하나님의 백성이 되는 것이다. 모세언약 당시 최초의 장막이 세워질 때 하나님은 그 목적을 "나는… 너희의 하나님이 되고 너희는 내 백성이 될 것"(레 26:12)으로 밝히셨다. 이는 언약의 공식어구로 하나님께서 출애굽 때 이스라엘을 부르며 주셨던 약속이기도 했다(출 6:7, 19:5-6). 이 약속이 마침내 새 하늘과 새 땅에 거룩한 성이 내려올 때 이전보다 더 충만하고 완전하게 성취된다. 새 하늘과 새 땅은 지성소와 세상이 하나 되어 온 땅에 하나님의 임재와 영광이 구석구석까지 충만한 나라이다.

언약의 최종 성취는 여기서 그치지 않는다. 하나님이 처음 아담에게 주셨던 에덴동산의 원형보다 더 놀랍고 풍성하고 영광스럽게 회복되고 성취된다. 에덴동산에서 인류에게 처음으로 주셨던 창조 언약을 에덴동산에서보다 더욱 충만하고 영광스럽게 성취하고 완성한다.

"또 그가 수정같이 맑은 생명수의 강을 내게 보이니 하나님과 및 어린 양의 보좌로부터 나와서 길 가운데로 흐르더라. 강 좌우에 생명나무가 있어 열두 가지 열매를 맺되 달마다 그 열매를 맺고 그 나무 잎사귀들은 만국을 치료하기 위하여 있더라. 다시 저주가 없으며 하나님과 그 어린 양의 보좌가 그 가운데에 있으리니 그의 종들이 그를 섬기며 그의 얼굴을 볼 터이요 그의 이름도 그들의 이마에 있으리라. 다시 밤이 없겠고 등불과 햇빛이 쓸 데 없으니 이는 주 하나님이 그들에게 비치심이라 그들이 세세토록 왕 노릇 하리로다"(계 22:1-5).

마지막 때 이루어질 새 하늘과 새 땅의 모습은 첫 창조의 에덴동산을 반영한다. 하지만 새 하늘과 새 땅은 이전의 에덴동산과는 비교할 수 없을 정도로 충만하고 완벽하고 영광스러운 모습이다.

에덴에 있던 강이 에덴으로부터 사방으로 흘러갔던 것처럼 새 예루살렘에도 수정같이 맑은 생명수의 강이 하나님과 어린 양의 보좌로부터 길 가운데로 흘러갔다. 에덴에 있던 생명나무가 거룩한 성에는 강 좌우에 수없이 있어 열두 종류의 열매를 가득 맺는다. 성도들은 여기서 생명나무 열매를 먹으며 아담이 결코 누리지 못했던 영생을 맛볼 것이다(창 3:22 참조). 에덴에 있던 금, 진주(베델리엄), 호마노 등 성전의 영광을 나타내는 보석은 새 예루살렘의 건축 재료로 사용되었다(계 21:11,18-21).

이곳에서 성도는 삼위일체 하나님의 충만한 영광과 거룩하심, 그리고 아름다우심을 맛보며 아름다운 교제를 나누게 될 것이다. 그 옛날 모세는 시내산에서 부분적으로 마주했다면 이제는 직접 얼굴과 얼굴을 마주하게 될 것이다(출 33:18-23 참조). 하나님의 영광을 감당할 수 있는 것은 성도들이 성령의 능력으로 몸의 부활을 경험하고, 그리스도와 같이 영광스러운 존재로 영화(glorification)되었기 때문이다. 또 성도들의 이마에는 하나님과 어린 양의 이름이 있을 것이다. 이는 성도들이 인침받은 표로(계 7:3, 14:1) 하나님의 영원한 보석 같은 소유된 백성임을 나타내는 표지이다.

성도는 그곳에서 하나님을 친히 뵙는 왕-제사장으로 그리스도와 더불어 세세토록 왕 노릇할 것이다. 이것이 마침내 성도가 누릴 구원의 최종적인 완성이자 충만함이다. 이곳에서 성도는 충만한 생명을 누리며 풍성하고 영광스럽고 아름답게 영원히 살아갈 것이다.

하나님의 형상을 온 세상에 가득 비추며 생육하고 번성하여 땅에 충만하고 땅을 다스리라는 하나님의 첫 창조언약이 마침내 온 세상을 충만하게 하시고, 그의 백성을 왕 같은 제사장으로, 그의 소유된 백성으로 삼으심으로 충만하게 완성되었다. 최초의 창조언약(창 1:26-28)이 마침내 요한계시록의 새 하늘과 새 땅(계 22:1-5)에서 생명력이 충만한 영광스러운 모습으로 완성된 것이다.

또한 아담언약으로 주셨던 뱀의 궤멸에 관한 약속은 이들의 무대였던 옛 땅에서 바다를 완전히 제거하고 이들을 영원한 불못에 던져 넣으심으로 완성하셨다. 또한 노아언약으로 임시로 제어하셨던 바다도 마침내 새 하늘과 새 땅의 창조로 사라졌다. 옛 언약의 한계를 그리스도의 피로 세운 새 언약으로 극복하셨다. 이는 아담이 실패한 그곳에서 그리스도께서 온전히 순종하심으로 가능하게 되었다(롬 5:12-19, 고전 15:21-22). 이로 말미암아 성령으로 마음에 할례를 받은 온전한 새 언약백성들을 세우셨다.

더 나아가 아브라함과의 언약을 통해 모든 민족이 복음을 듣고 의롭다 함을 얻어 하나님의 자녀가 되는 역사가 일어났으며, 이들의 몸도 부활하여 거룩한 성 예루살렘에 하늘의 별과 같이 땅에 모래와 같이 충만하게 되었다. 다윗의 언약은 다윗의 후손으로 오신 예수 그리스도의 성육신으로 성취되었다.

우리 주 예수 그리스도는 다윗 혈통의 왕으로 하나님의 참 아들이 된다(삼하 7:14, 시 2:7,12, 사 9:6). 땅에 대한 약속은 마침내 새 하늘과 새 땅으로 성취되었다. 이 모든 것은 하나님이 자기 언약에 신실하심과 의로우심으로 그리스도 안에서 성취되었다. 성도가 얻을 영광스러운 구원 이면에는 그만큼 놀랍고도 신실하신 하나님의 영원하신 사랑과 자비가 드러난다. 모든 영광을 오직 하나님께만 돌리라!

구원의 확신과 풍성함 속에 거하라

혹시 아직도 내가 믿음으로 얻은 구원을 잃어버리면 어떻게 하나 걱정하지 않는가? 예수를 믿는다고는 하지만 아직 게으르고 온전하지 못한 자신의 모습에 실망하며, 이런 모습으로는 천국에 가지 못한다고 생각하지 않는가? 혹 지금까지 잘 믿고 거룩하게 살다가 최근 며칠간 유혹에 빠져 타락했으면, 그러다 갑자기 죽으면 지옥에 갈까?

한마디로 말하면 그렇지 않다! 구원은 신실하신 하나님이 붙드시고 반드시 성취하시기 때문이다. 하나님의 선물(은사)과 부르심에는 후회가 없다(롬 11:29). 이러한 부르심은 불가항력적이다. 하나님은 미리 아심과 작정하심 가운데 신자를 부르셨고, 그 뜻대로 성령의 효과적인 부르심을 받은 자들에게는 모든 것이 합력하여 하나님의 아름다운 구원을 이루어간다(롬 8:28-30). 예수께서는 아버지께서 그에게 주신 자들이 실패 없이 그에게 올 것을 거듭 가르치셨다.[7]

> "아버지께서 내게 주시는 자는 다 내게로 올 것이요 내게 오는 자는 내가 결코 내쫓지 아니하리라"(요 6:37).
> "나를 보내신 아버지께서 이끌지 아니하시면 아무도 내게 올 수 없으니 오는 그를 내가 마지막 날에 다시 살리리라"(요 6:44).

예수께서 말씀하신 것같이 우리는 하나님이 먼저 부르시지 않으면 절대 예수께 나아갈 수 없다. 구원에 관해 우리는 철저히 무능한 죄인인 것이다. 그런 우리를 하나님이 영원하신 계획과 작정하심 가운데 부르시고, 의롭다 하시며, 거룩하게 하시고 영화롭게 하신다(롬 8:30). 예수께서는 이런 신자들을 "내 손에서 빼앗을 자가 없느니라"(요 10:28)고 말씀하셨다.

신자는 그 구원을 결코 잃어버릴 수 없지만, 단 거부할 수는 있다.[8] 신학자 달라스 윌라드가 지적했듯 지옥은 실수로, 간발의 차이로 가는 곳이 아니다. 하나님을 피하고 그분에게서 도망치려는 지속적인 노력의 결과로 놓치는 것이다.[9] 이는 성령을 모독하는 것으로 성령의 지속적인 감동과 부르심을 지속해서 거부한 결과이다.

신자가 구원받은 자라면 그는 그리스도 안에 거하는가 점검해야 한다. 믿음으로 그리스도 안에 들어왔고, 진심으로 회개했으며, 날마다 그리스도 안에 거하며 그를 따르는가? 우리가 예수 그리스도를 따르는 것은 단순히 영혼 구원을 위해서가 아니다. 예수님을 따르는 것이 인류에게 주신 최고의 선물이기 때문에 그분을 따르는 것이다.[10] 그리스도 안에 기쁨으로 거하며 날마다 그를 따르다 보면 우리는 이 땅에서뿐만 아니라 장차 임할 새 하늘과 새 땅에서도 말로 다 할 수 없는 커다란 영광과 복락을 충만하게 만끽할 것이다. ■

[10장 각주]

1) 토마스 R. 슈라이너, 「언약으로 성경읽기」, 187쪽.
2) 양형주, 「평신도를 위한 쉬운 요한계시록 1」, 293쪽.
3) 그레고리 K. 빌, 「신약성경신학」, 879쪽.
4) 그레고리 K. 빌, 김귀탁 역, 「그레고리 빌 요한계시록 주석」(서울: 복있는사람, 2015), 726쪽.
5) 양형주, 「평신도를 위한 쉬운 요한계시록 2」, 310쪽.
6) 위의 책, 331쪽.
7) 매튜 바렛, 「구원에 관한 40가지 질문」, 175쪽.
8) 존 오트버그, 정성묵 역 「내가 구원받았는지 어떻게 할 수 있는가」(서울: 두란노, 2019), 59쪽.
9) 달라스 윌라드, 윤종석 역, 「마음의 혁신」 (서울: 복있는사람, 2003), 97쪽.
10) 존 오트버그, 「내가 구원받았는지 어떻게 할 수 있는가」, 62쪽.

구원은 삼위일체 하나님의 사랑이 담겨 있는 놀라운 선물이다. 사도 바울은 에베소교회를 향해 모든 성도가 "지식에 넘치는 그리스도의 사랑을 알고 그 너비와 길이와 높이와 깊이가 어떠함을 깨닫기"(엡 3:18-19)를 기도했다. 구원에는 이러한 하나님 사랑의 너비와 길이와 높이와 깊이가 풍성하게 담겨 있다. 구원을 단순히 영혼 구원의 차원으로만 인식할 것이 아니다. 하나님의 창조계획과 신비로운 섭리, 그리고 언약과 창조의 완성에 이르는 보다 넓고 길고 높고 깊은 차원으로 확장해야 한다. 그럴 때 성도는 그가 얻은 구원의 풍성한 은혜 안에 거하며, 구원의 벅찬 감격과 확신 안에 거할 수 있다.

신자는 태초부터 계획하신 구원의 놀라운 역사를 믿음으로 받은 이들이고, 신자의 믿음으로 하나님의 구원역사는 이미 시작되었다. 우리 안에 시작된 하나님의 선하신 구원역사가 그리스도 예수의 날까지 반드시 온전하게 이루어질 것을 확신하며, 그리스도 안에 거하라! 주님을 사랑하는 기쁨, 찬양하는 기쁨, 예배하는 기쁨을 그 무엇에게도 빼앗기지 말라!

| 주요 참고문헌 |

1. 성경류

- 개역개정
- 개역한글
- 새번역
- 공동번역
- 메시지
- 독일어성서공회판.「해설. 관주 성경전서」
- *BHS* : Biblia Hebraica Stuttgartensia.
- *ESV* : English Standard Version.
- *NA*[27] : E. Nestle, B. Aland, et at. Novum Graece. 27th ed.
- *NIV* : New International Version.
- *NRSV* : New International Version.

2. 주석류

- 김명수,「야고보서」(대한기독교서회창립100주년기념주석 47), 서울: 대한기독교서회, 1994.
- 김지철,「고린도전서」(대한기독교서회창립100주년기념주석 38), 서울: 대한기독교서회, 1999.
- 김철홍,「참사도 참복음」, 서울: 한국성서학연구소, 2016.

- 박영호, 「빌립보서」(그리스도인을 위한 통독 주석 시리즈), 서울: 홍성사, 2017.
- 박철현, 「레위기: 위험한 거룩성과의 동행」, 서울: 솔로몬, 2018.
- 양용의, 「히브리서 어떻게 읽을 것인가」, 서울: 성서유니온, 2014.
- 유승원, 「크고 넓은 교회, 높고 깊은 신학: 설교를 위한 에베소서 연구」, 서울: 한국성서학연구소, 2001.
- 이풍인, 「히브리서 강해: 은혜와 책임」, 서울: 킹덤북스, 2016.
- 이희학, 「다니엘」(대한기독교서회 창립100주년 기념주석 25), 서울: 대한기독교서회, 2004.
- 장흥길, 「예수를 바라보자: 설교를 위한 히브리서 연구」, 서울: 한국성서학연구소, 2019.
- 랄프 P. 마틴. 홍찬혁 역. 「야고보서」(WBC 48), 서울: 솔로몬. 2001.
- 제랄드 호돈 저, 채천석 역, 「빌립보서」(WBC 43), 서울: 솔로몬, 1999.
- 조재천, 「히브리서」(그리스도인을 위한 통독 주석시리즈), 서울: 홍성사, 2016.
- 그레고리 빌 저, 김귀탁 역, 「그레고리 빌 요한계시록 주석」, 서울: 복있는사람, 2015.
- 데이비드 터너, 배용덕 역, 「BECNT 마태복음」, 서울: 부흥과개혁사, 2014.
- 램지 마이클스 저, 박문재 역, 「베드로전서」(WBC 49), 서울: 솔로몬, 2006.
- 윌리암 L. 레인 저, 채천석 역, 「히브리서」(WBC 47하), 서울: 솔로몬, 2007.
- 크레이그 R. 쾨스터 저, 우성훈 역, 「앵커바이블 히브리서」, 서울: 기독교문서선교회, 2018.
- Bock, Darrell L, *Luke Vol 2. 9:51-24:53. BECNT*, Grand Rapids: Baker Books, 1996.
- Calvin, *The Second Epistle of Paul the Apostle to the Corinthians. trans*, by T. A. Small, Grand Rapids: Eerdmans, 1964.
- Collins, A. Y., & Attridge, H. W., *Mark A Commentary. Hermeneia Series.* Minneapolis. MN: Fortress Press, 2007.
- Fee, Gordon, *The First Epistle To The Corinthians, NICNT*, Grand Rapids, Eerdmans, 1987.
- Hagner, D. A, *Matthew 1-13 WBC Vol.* 33A, Dallas: Word, 1993.
- Jobes, K. H., *1 Peter BECNT*, Grand Rapids: Baker Academic, 2005.

- Kruse, Colin G., *The Letters of John, Pillar Commentary*, Grand Rapids: Apollos, 2000.
- Luz, Ulrich. trans. by James E. Crouch. *Matthew 8-20 A Commentary. Hermeneia Series*, Minneapolis: Fortress, 2001.
- Mounce, R. H., *The Book of Revelation*, Revised, NICNT, Grand Rapids: Eerdmans, 1998.
- Harris J. Murray, *The Second Epistle to the Corinthians. NIGTC*, Grand Rapids: Eerdmans, 2005.

3. 사전류

- 라이온社, 송광택 역, 「교회사 핸드북」. 서울: 생명의말씀사, 1989.
- BDAG - Bauer, Walter. ed. by Frederick William Danker. *A Greek-English Lexicon of the New Testament and Other Early Christian Literature.* 3rd ed. University of Chicago Press, 1957.

4. 단행본류

- 강웅산, 「구원론: 성경신학적 조직신학」, 화성: 말씀과 삶, 2016.
- 김세윤, 「칭의와 성화」, 서울: 두란노, 2013.
- ______, 「칭의와 하나님 나라」, 서울: 두란노, 2020.
- 김주철, 「내 양은 내 음성을 듣나니」(영문3판), 서울: 멜기세덱, 1998.
- ______, 「하나님의 비밀과 생명수의 샘」, 서울: 멜기세덱, 2001.
- ______, 「내 양은 내 음성을 듣나니」, 서울: 멜기세덱, 2008.

- 문선명, 「원리강론」, 서울: 성화사, 1978.
- 박옥수, 「죄사함 거듭남의 비밀 1」, 서울: 기쁜소식사, 1988.
- 박정관, 「성서해석학: 말씀과 일상. 과거 속의 현재」, 서울: 복있는사람, 2018.
- 박진영, 「무엇을 위해 살죠」, 서울: 은행나무, 2020.
- 변승우, 「지옥에 가는 크리스천들」, 서울: 은혜출판사, 2005.
- ______, 「지옥에 가는 크리스천들」(수정증보판), 서울: 큰믿음출판사, 2011.
- ______, 「주 달려 죽은 십자가」, 서울: 큰믿음, 2009.
- 알론조 제이 워너, 「성서기초교리」, 서울: 제칠일안식일예수재림교 한국연합회, 1975.
- 왕대아, 「최대의 책에서 얻는 문답」, 서울: 시조사, 1965.
- 양형주, 「바이블 백신 1」, 서울: 홍성사, 2019.
- ______, 「바이블 백신 2」, 서울: 홍성사, 2019.
- ______, 「평신도를 위한 쉬운 로마서」(개정증보판), 서울: 브니엘, 2019.
- ______, 「평신도를 위한 쉬운 요한계시록1」, 서울: 브니엘, 2020.
- ______, 「평신도를 위한 쉬운 요한계시록2」, 서울: 브니엘, 2020.
- ______, 「신천지 백신1」, 서울: 두란노, 2020.
- ______, 「신천지 백신2」, 서울: 두란노, 2020.
- 정동섭, 「구원개념 바로잡기: 구원파 교리에 대한 성경적 비판」, 서울: 새물결플러스, 2015.
- 진용식, 「안식교의 오류」, 서울: 복음사역, 1998.
- ______, 「안상홍 증인회의 실체는」(증보판), 서울: 백승, 2007.
- ______, 「여호와의 증인의 정체와 상담」, 고양: 비전북. 2020.
- 엘렌 G. 화잇, 「각 시대의 대쟁투 합본」, 서울: 시조사, 1974.
- __________, 「교회에 보내는 권면 2권」, 서울: 시조사, 1965.
- __________, 「청년에게 보내는 기별」, 서울: 시조사, 1980.
- __________, 「식생활과 음식물에 관한 권면」, 서울: 시조사, 1997.
- 그레고리 빌, 김귀탁 역, 「신약성경신학」, 서울: 개혁과부흥사, 2013.
- ________________, 「성전신학」, 서울: 새물결플러스, 2014.
- 달라스 윌라드, 윤종석 역, 「마음의 혁신」, 서울: 복있는 사람, 2003.

- 로널드 내쉬 외 2인, 박승민 역, 「복음을 듣지 못한 사람은 어떻게 되는가」, 서울: 부흥과개혁사, 2010.
- 루이스 벌코프, 권수경, 이상원 역, 「조직신학 (하)」, 서울: 크리스챤다이제스트, 1991.
- 리차드 B. 개핀, 손종국 역, 「부활과 구속」, 서울: 엠마오, 1985.
- 매튜 바렛, 김태곤 역, 「구원에 관한 40가지 질문」, 서울: 아가페, 2020.
- 서사라, 「이제도 있고 전에도 있었고 장차 올 자 예수 그리스도: 성경편1-창세기」, 남양주: 하늘빛, 2015.
- ______, 「요한 계시록 핵심: 하나님께서 열어 주신 계시록 핵심정리」, 남양주: 하늘빛출판사, 2019.
- 워치타워성서책자협회, 「성서는 실제로 무엇을 가르치는가」, 뉴욕: 워치타워성서책자협회, 2016.
- 웨인 그루뎀, 노진준 역, 「조직신학(중)」, 서울: 은성, 2006.
- 전정구, 김태형 역, 「하나님 나라와 언약적 관점으로 보는 성경신학」, 서울: 부흥과개혁사, 2019.
- 존 오트버그, 정성묵 역, 「내가 구원받았는지 어떻게 알 수 있는가」, 서울: 두란노, 2019.
- 카톨릭사전, http://maria.catholic.or.kr/dictionary/
- 콘스탄틴 R. 캠벨, 김규섭, 장성우 역, 「바울이 본 그리스도와의 연합」, 서울: 새물결플러스, 2018.
- 토머스 R. 슈라이너, 임요한 역, 「언약으로 성경읽기」, 서울: CLC, 2020.
- 하나님의교회 세계복음선교협회, 「확실한 증거」.
- 한국천주교중앙협의회, 「카톨릭교회교리서」, ebook, https://cbck.or.kr/Documents/Catechism
- 홍정현, 「영원한 속죄: 변하지 않는 하나님의 사랑」, 안양: 영생의말씀사, 2013.

5. 논문 및 기사

- 김경천, "기독교복음선교회(JMS) 30개론의 특징", 현대종교, 2016. 1. 20.
- 김명혁, "마르틴 루터와 종교개혁(2)", 크리스천투데이, 2006. 8. 2.
- 김명희, "유월절은 하나님이 인류에게 선물한 행복의 진리", 동아일보, 2020. 3. 12.
- 박유신, "아담과 하와가 지옥에 갔을까?", 기독교포털뉴스, 2020. 9. 1.
- 백상현, "'안식교신자 율법주의로 인생 허비' 엔돌핀 박사의 회심: 제칠일안식일교회 공식 탈퇴한 이상구 박사의 새로운 소명", 국민일보, 2018. 11. 29.
- 이윤석, "김세윤의 칭의와 성화에 대한 관점 비판", 「개혁논총」 35권(2015), 138-163쪽.
- 정동섭, "성도의 행복을 위해 주신 율법… 은혜와 관계는?", 교회와신앙, 2015. 12. 3.
- 정윤석, "[이단성 핵심체크] 만민중앙교회(이재록)", 교회와신앙, 2010. 3. 4.
- ______, "[이단성 핵심체크] 정명석(JMS)", 교회와신앙, 2023. 10. 3.
- ______, "[이단계보3] 새주님이라며 12제자를 뒀던 김성도(1882-1944)", 기독교포털뉴스, 2018. 9. 13.
- 특별취재팀, "하나님의 교회 '성탄절 지키는 교회는 거짓 종교' 매도", 국민일보, 2014. 9. 17.

■ 나의 신앙 고백 1

이 책을 읽고 가장 은혜가 되었던 것은 무엇이며,
나의 신앙생활에 도전이 되었던 점은 무엇입니까?

■ 나의 신앙 고백 2

이 책을 읽고 가장 은혜가 되었던 것은 무엇이며,
나의 신앙생활에 도전이 되었던 점은 무엇입니까?

■ 나의 신앙 고백 3

이 책을 읽고 가장 은혜가 되었던 것은 무엇이며,
나의 신앙생활에 도전이 되었던 점은 무엇입니까?